W0223387

NIEDERLÄNDISCH

Hans Hoogendoorn
Linda Gräfe
Dick van Ouwerkerk

2. Auflage

ISBN 90-18-010979

Impressum
Umschlaggestaltung: Studio ANWB
Kartographie: Softmap, Nieuwegein
Titelbild: Audiovisuele Dienst (ANWB)
Illustrationen: Hilbert Bolland
Piktogramme: Arie Hogendoorn
Einleitung, Grammatik und Reiseinformation: RomText, Den Haag
Desktop Publishing: PS Holland bv, Amsterdam
Druck: Habo Da Costa, Vianen

Inhalt

Einleitung

Hinweise zur Benutzung

Dieser Sprachführer ist in mehrere Themenbereiche gegliedert, die bestimmte Situationen behandeln, die Ihnen häufig begegnen werden und in denen Sie ein Gespräch auf niederländisch führen müssen oder wollen: an der Grenze, unterwegs, im Hotel, an der Tankstelle, bei einem Arzt, in einem Restaurant oder Geschäft oder bei der Besichtigung von Sehenswürdigkeiten. Zu Beginn jedes Kapitels finden Sie ein kleines Piktogramm. In jedem Kapitel bringen wir eine große Auswahl von Sätzen, die in kleine und große Textabschnitte von jeweils drei Zeilen eingeteilt sind. In der ersten Zeile steht der deutsche Satz (**fettgedruckt**), in der zweiten Zeile die entsprechende niederländische Übersetzung (blau). Die dritte Zeile gibt die Aussprache des niederländischen Satzes so genau wie möglich wieder. In einigen Fällen steht das Symbol ◄ am Anfang des deutschen Satzes. Es deutet auf eine Frage oder Antwort hin, die Sie von einem niederländischen Gesprächspartner erwarten können. Weiterhin ist in jedem Kapitel bei allen Situationsbeschreibungen eine kurze Wortliste Deutsch/Niederländisch aufgeführt; oft können Sie die Wörter in die Sätze einbauen. Am Ende des Sprachführers ist außerdem ein ausführliches Wörterverzeichnis aufgenommen. Wir wünschen Ihnen viel Erfolg bei Ihrem Versuch, die schwierige niederländische Aussprache in den Griff zu bekommen. Lassen Sie sich nicht durch die vielen Leute entmutigen, die sofort Deutsch oder Englisch mit Ihnen sprechen wollen, sobald sie hören, daß Sie Ausländer sind. Wenn Niederländer merken, daß Sie trotzdem den Versuch machen, Niederländisch zu sprechen, werden Sie viel Anerkennung finden!

Holland? Niederlande?

Viele Ausländer verstehen nicht, warum das Land, das sie Holland nennen, in Wirklichkeit "die Niederlande" heißt. Die Landessprache heißt auch nicht Holländisch, sondern Niederländisch. Um diese Frage klären zu können, müssen wir ein wenig auf die Geschichte eingehen. Die 17 Grafschaften, Herzogtümer und Bistümer im Delta der drei großen Flüsse Rhein, Maas und Schelde wurden schon im Mittelalter *die Niederlande* genannt. Obwohl sie autonom waren, standen sie unter dem starken (politischen) Einfluß des Deutschen Reiches und Frankreichs. Die beiden Einflußbereiche hatten scharfe kulturelle und später auch religiöse Gegensätze zwischen den nördlichen (den kleinen Staaten nördlich des Rheins) und den südlichen Niederlanden zur Folge. Um 1500 herum übernahmen die Habsburger die

Macht in den Niederlanden. Nach dem Tod des großen Kaisers Karls V. ererbte sein Sohn, der König von Spanien, das Gebiet. Die nördlichen Niederlande hatten sich inzwischen dem Protestantismus geöffnet. Religiöse Gegensätze zum katholischen Spanien und wirtschaftliche Interessen führten zu einem Unabhängigkeitskrieg der nördlichen Niederlande, der als achtzigjähriger Krieg (1568-1648) in die niederländische Geschichte eingehen sollte. In diesem Krieg schlug sich nur ein Teil der südlichen Niederlande auf die Seite des Nordens. Die Anerkennung der Unabhängigkeit der nördlichen Provinzen und ihrer Partner im Süden führte zur Gründung der *Republiek der Verenigde Nederlanden* (Republik der Vereinigten Niederlande, also Plural), die im Volksmund rasch den Namen *Nederland* (Singular!) erhielt.
Die frühere Grafschaft *Holland* (das Gebiet entlang der Nordsee), in der viele Flüchtlinge aus dem Süden eintrafen, wurde die führende wirtschaftliche und militärische Macht des Landes. Durch diese Machtposition, die Holland insbesondere im Seehandel erworben hatte, wurde "Holland" für die meisten Ausländer zum Synonym für "die Niederlande". Als Napoleon 1806 die südlichen Niederlande (die den Habsburgern treu geblieben waren) und den Norden wiedervereinigte, wählte er für das neue Königreich dann auch den Namen "Holland". Nach dem Wiener Kongreß im Jahre 1815 wurde innerhalb nahezu unveränderter Grenzen das *Koninkrijk der Nederlanden* (Königreich der Niederlande: Plural!) gegründet. 1831 erklärten die südlichen Niederlande, die zu lange von ihren nördlichen Nachbarn getrennt gewesen waren, unter dem Namen *Belgien* ihre Unabhängingkeit. Der Norden behielt seinen Namen; im täglichen Sprachgebrauch blieb es bei *Nederland,* aber fast alle Ausländer beharren auf dem bekannt klingenden Namen Holland. Und die meisten Niederländer stört es nicht.

Kurze Einführung ins Niederländische

Niederländisch ist die Landessprache der *Niederlande* und (neben Französich) eine der drei Landessprachen *Belgiens.* Der niederländisch sprechende Teil Belgiens nimmt den Westen und Norden des Landes und einen Teil Mittelbelgiens ein (sehen Sie auch die Karte). In den Niederlanden ist Friesisch als zweite Sprache regional anerkannt. Die Stadt Brüssel ist offiziell zweisprachig; im Umkreis der Hauptstadt und in einigen Orten entlang der Sprachgrenze ist die jeweilige offizielle Amtssprache pro Gemeinde festgelegt, was oft zu heftigen Konflikten zwischen den niederländisch- und französisch sprechenden Lagern geführt hat. Niederländisch ist außer der Landes- auch die offizielle Amtssprache (und größtenteils die Unterrichtssprache) der Republik *Surinam,* einer ehemaligen niederländischen Kolonie, und der autonomen Gebiete in Übersee *Aruba* und der *Niederländischen Antillen.* Es gibt eine kleine niederländisch sprechende Minderheit in dem zu Frankreich gehörenden Teil Flanderns. Insgesamt etwa 25 Mill. Menschen sprechen

Niederländisch als Mutter- und Alltagssprache.
Das in Belgien gesprochene Niederländisch wird oft als *Flämisch* angedeutet, was jedoch nicht ganz korrekt ist. Die Sprache der Behörden, der Medien und der Literatur ist Niederländisch; diese Sprache unterscheidet sich kaum von jener nördlich der Landesgrenze. Es werden in Belgien allerdings zahllose Dialekte gesprochen, unter anderem Westflämisch und Ostflämisch. Die Dialekt- und die Staatsgrenze verlaufen jedoch nicht parallel. "Flämisch" ist eher eine kulturgeschichtliche als eine sprachwissenschaftliche Bezeichnung.
Niederländisch ist eine germanische Sprache. Aus dem Urgermanischen entstanden im Mittelalter drei Sprachgruppen: die nordgermanische- (wozu die skandinavischen Sprachen gehören), die völlig ausgestorbene ostgermanische- und die westgermanische Sprachgruppe. Innerhalb der westgermanischen Gruppe bildeten sich zwei Untergruppen: die Nordseegruppe mit Englisch und Friesisch und die kontinentale Gruppe mit Deutsch und Niederländisch. Das im Norden Deutschlands gesprochene (offiziell nicht anerkannte) Niederdeutsch ist mit dem Niederländischen nahe verwandt; die Sprachen haben denselben mittelalterlichen Ursprung.
Auswanderer und die Kaufleute der Handelsschiffahrt verbreiteten seit dem 17. Jahrhundert die niederländische Sprache in den damaligen Kolonien; aus dem Niederländischen, das die Kolonisten in Südafrika sprachen, entwickelte sich das heutige *Afrikaans,* eine Sprache, die von Niederländern ziemlich gut verstanden wird.
Die niederländische Grammatik ist nicht allzu kompliziert, jemand dessen Muttersprache Deutsch oder Englisch ist, kann einigermaßen mühelos Niederländisch erlernen. Was die Sprache für Ausländer jedoch schwierig macht, sind die unzähligen Ausnahmen der grammatischen Regeln. Hinzu kommt noch die Aussprache einiger mehr oder weniger spezifisch niederländischer Laute (g, ch, sch, ui) und die Rechtschreibung. Namentlich die Verdopplung der Vokale ist für Ausländer oft ein Problem. Im Prinzip besteht ein langer Laut grundsätzlich aus zwei gleichen Vokalen, es sei denn der Laut steht am Silbenende:

(kurz) k**a**p	(Plural) k**a**p-pen
(lang) k**aa**p	(Plural) k**a-**pen
(kurz) z**o**n	(Plural) z**o**n-nen
(lang) z**oo**n	(Plural) z**o-**nen

In der nachfolgenden Kurzgrammatik werden noch mehr Beispiele der Verdopplung der Vokale und Konsonanten aufgeführt. Es gibt keine allgemeingültigen Regeln für die Betonung. In den Sätzen und Wortlisten in diesem Sprachführer sind die betonten Silben **fettgedruckt**.

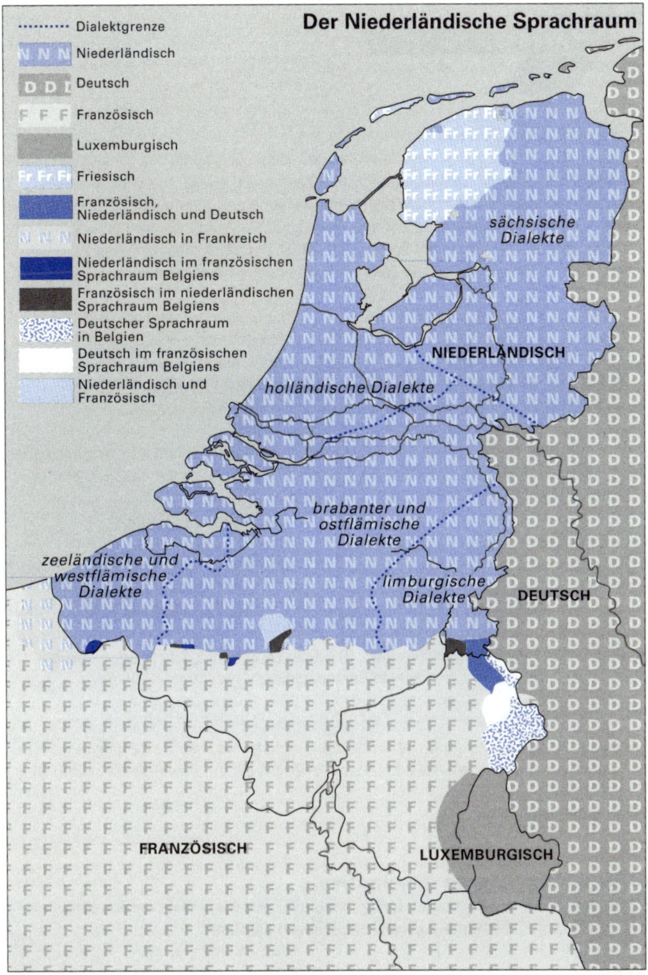
Der Niederländische Sprachraum
Dialektgrenze
Niederländisch
Deutsch
Französisch
Luxemburgisch
Friesisch
Französisch, Niederländisch und Deutsch
Niederländisch in Frankreich
Niederländisch im französischen Sprachraum Belgiens
Französisch im niederländischen Sprachraum Belgiens
Deutscher Sprachraum in Belgien
Deutsch im französischen Sprachraum Belgiens
Niederländisch und Französisch
sächsische Dialekte
NIEDERLÄNDISCH
holländische Dialekte
brabanter und ostflämische Dialekte
zeeländische und westflämische Dialekte
limburgische Dialekte
DEUTSCH
FRANZÖSISCH
LUXEMBURGISCH

Kurzgrammmatik

Geschlecht und Artikel

Im Niederländischen gibt es drei Geschlechter: maskulin (männlich), feminin (weiblich) und neutrum (sächlich). Im Sprachgebrauch besteht jedoch kaum ein Unterschied zwischen männlichen und weiblichen Wörtern; für beide Geschlechter gibt es nur einen bestimmten Artikel: de (für Singular und Plural gleichlautend). Für sächliche Wörter lautet der bestimmte Artikel het im Singular, de im Plural. Es gibt nur einen unbestimmten Artikel: een (in der Umgangssprache wird dieser oft zu 'n verkürzt):

	bestimmter Artikel	*unbestimmter Artikel*
m:	**de** man	**een** man
f:	**de** vrouw	**een** vrouw
n:	**het** kind	**een** kind

Der Artikel ist im Niederländischen unveränderlich, ausgenommen einiger traditioneller, altertümlicher Ausdrücke. Der Genitiv wird mit der Präposition van gebildet, der Dativ kann mit den Präpositionen aan oder voor gebildet werden:

Het huis **van de** man	Das Haus des Mannes
Het huis **van de** vrouw	Das Haus der Frau
Het huis **van het** kind	Das Haus des Kindes

De man geeft een boek **aan het** kind (gebräuchlicher: De man geeft **het kind** een boek Der Mann gibt dem Kind ein Buch).
De vrouw koopt **voor het** kind een boek (Die Frau kauft dem Kind ein Buch; weniger gebräuchlich: De vrouw koopt **het** kind een boek).

Bei Eigennamen und substantivierten Wörtern kann Besitz oder Beziehung durch das Anhängen eines s ausgedrückt werden (bei Wörtern die auf einem Vokal enden: 's).
Monica**'s** fiets
Nederland**s** hoofdstad
Vader**s** huis

Verkleinerungsformen (Diminutive)

Ein Substantiv kann verkleinert oder "verniedlicht" werden, indem die Nachsilbe -tje hinzugefügt wird; Verkleinerungsworte sind **immer sächlich**:

(het) wiel	(het) wiel**tje**

Manchmal wird der auslautende Konsonant verdoppelt und ein e eingeschoben:

(de) kar	(het) kar**retje**
(de) bal	(het) bal**letje**

oder das t fällt weg:

(de) fiets	(het) fiets**je**

Wörtern die auf -m enden, wird in der Verkleinerungsform oft ein -pje hinzugefügt (de boom - het boompje, aber: de kam - het kam**metje**).

Pluralbildung (Mehrzahl)

Es gibt drei Möglichkeiten der Pluralbildung der Substantive. In der Reihenfolge ihrer Häufigkeit:

1 Pluralform -en

(de) vrouw	(de) vrouw**en**

Aufgrund der Ausspracheregeln wird der letzte Konsonant manchmal verdoppelt oder wird der doppelte Vokal vereinfacht:

(de) ma**n**	(de) ma**nnen**	(nicht: manen)
(de) str**aa**t	(de) str**aten**	(nicht: straaten)

Wörter die auf s enden haben verschiedene Pluralformen: mens - mensen huis - hui**zen**, bus - **bu**ssen.

Manche Wörter haben eine abweichende Endung (het kind - de kind**eren**, het ei - de ei**eren**) oder eine unregelmäßige Pluralform (de stad - de st**e**den, het schip - de sch**e**pen).

2 Pluralform -s

Statt -en bilden die folgenden Wörter den Plural mit -s:

a. Wörter die auf unbetonte -el, -em oder -er enden,

b. Verkleinerungsworte

c. Wörter fremden Ursprungs die auf einem Vokal enden:

(de) lepel	(de) lepel**s**
(de) bodem	(de) bodem**s**
(de) meester	(de) meester**s**
(het) fietsje	(de) fietsje**s**
(de) auto	(de) auto**'s***

* Aufgrund der Ausspracheregeln tritt vor das -s, wenn das Wort auf einen Vokal endet, ein Apostroph (camera's, ski's, foto's, menu's), außer wenn es auf e endet (dames).

3. *Weitere unregelmäßige Endungen*
Im Niederländischen gibt es viele Wörter griechischen oder lateinischen Ursprungs; diese haben eigene, oft diesen Sprachen entnommene Endungen:

(het) museum	(de) muse**a**
(het) centrum	(de) centr**a**
(de) basis	(de) bas**es**

Das Adjektiv

Das Adjektiv bekommt die Endung -e, mit Ausnahme der sächlichen Wörter mit unbestimmtem Artikel;

de oud**e** man	een oud**e** man	de oud**e** mannen
het kleine kind	een klein kind	de klein**e** kinderen

Der doppelte Vokal wird vereinfacht (gr**oo**t: de gr**o**te vrouw), während die Konsonanten hingegen können verdoppelt werden (vo**l** - de vol**le** maan).

Die meisten Adjektive werden gesteigert durch Anhängen von **-er** im Komperativ und **-st** im Superlativ:

alt:	älter:	am ältesten:
oud	oud**er**	oud**st**
de oude man	de oudere man	de oudste man
klein:	kleiner:	am kleinsten:
klein	klein**er**	klein**st**
het kleine kind	het kleinere kind	het kleinste kind

Oft wird im Komperativ der auslautende Konsonant verdoppelt (fel - fe**ller** - felst, krom - kro**mmer** - kromst). Bei Adjektiven, die auf r enden, wird ein d eingeschoben (zwaar - zwaarder - zwaarst), bei Wörtern, die auf s enden wird dieses zu z (wijs- wijzer - wij**st**). Bei manchen, insbesondere langen Wörtern, kann ein Komperativ oder Superlativ nicht durch das Anhängen von Endungen gebildet werden. Man bildet diese dann mit **meer** und **meest** (gebruikelijk - **meer** gebruikelijk - **meest** gebruikelijk).

Wichtige Wörter mit unregemäßiger Steigerung sind:
veel - meer - meest
goed - beter - best
weinig - minder - minst

Um einen Vergleich anzustellen (Komperativ), benutzt man das Wort dan oder (bei Gleichwertigkeit) **even/net zo ... als**:

De man is groter **dan** de vrouw	Der Mann ist größer als die Frau
De man is **even** groot (net zo groot) **als** de vrouw	Der Mann ist ebenso groß wie die Frau

Das Adverb

Adverben sind unveränderlich, können jedoch gesteigert werden:
De auto rijdt snel
De auto rijdt snel**ler** (dan ...)
De auto rijdt **het** snel**st**.
Het kind tekent mooi
Het kind tekent mooi**er** (dan ...)
Het kind tekent **het** mooi**st**.

Das Personalpronomen (persönliches Fürwort)

Viele Personalpronomen haben zwei Formen; die eine Form (a) wird in der Schriftsprache gebraucht oder wenn in nachdrücklicher Form gesprochen wird, die andere (b) ist umgangssprachlich und unbetont.

	Nom.		Gen.		Dat.		Akk.	
	a	b	a	b	a	b	a	b
Singular								
1 ich	ik	'k	mijn	m'n	mij	me	mij	me
2 du	jij	je	jouw	je	jou	je	jou	je
Sie	u	-	uw	-	u	-	u	-
3 er	hij	-	zijn	z'n	hem	'm	hem	'm
sie	zij	ze	haar	-	haar	-	haar	-
es	het	't	zijn	z'n	het	't	het	't
Plural								
1 wir	wij	we	ons	-	ons	-	ons	-
2 ihr	jullie	-	jullie	-	jullie	-	jullie	-
Sie	u	-	uw	-	u	-	u	-
3 sie	zij	ze	hun	-	hun/hen	ze	hun	ze

"U" ist in der dritten Person Singular und Plural eine Höflichkeitsform. Wann diese Form gebraucht wird, hängt von der Beziehung zwischen Sprecher und Angesprochenem ab. Reden Sie eine Person auf jeden Fall mit "u" an, bis diese Sie auffordert, auf die intimeren Anredeformen "jij" und "jullie" überzugehen. Auch für "haar" gibt es eine unbetonte Form (d'r im Genitiv, 'r im Dativ und Akkusativ; diese werden jedoch ausschließlich in der Umgangssprache verwendet). "Hun" und "hen" können sich auch auf Frauen beziehen (Plural); die Pluralform haar ist relativ veraltet (De vrouwen eisen **haar** rechten op).

Wenn das Personalpronomen als Possessivpronomen verwendet wird, gibt es im Singular sowie im Plural drei Möglichkeiten:
a. Sie können die obengenannte Genitivform gebrauchen.
b. Sie können die Dativform mit davorgestelltem **van** gebrauchen.
c. (weniger üblich) Sie können das Personalpronomen alleinstehend gebrauchen indem Sie ein -e anhängen.

Dit is ... huis	**mijn/jouw/uw/zijn/ons/jullie/hun**
Dit huis is **van** ...	**mij/jou/u/hem/ons/jullie/hen**
Dit huis is **het** ...	**mijne/jouwe/uwe/zijne/onze/hunne**

Mit Ausnahme der Möglichkeit c. wird das Possessivpronomen niemals flektiert. Die einzige Ausnahme ist ons: bei allen Formen (außer dem Singular eines sächlichen Wortes und Formen die mit "van" gebildet werden) wird es zu onze flektiert.

Dit is **onze** auto	Dit zijn **onze** auto's
Dit is ons kind	Dit zijn **onze** kinderen
Dit huis is van ons	Deze huizen zijn van ons

Wie in allen germanischen Sprachen muß das Possessivpronomen in Geschlecht mit dem Besitzer übereinstimmen, niemals mit dem Besitz. Bei Personen und Tieren, deren Geschlecht bekannt ist, wird deutlich zwischen zijn und haar unterschieden:
De man rijdt in **zijn** auto (Der Besitzer ist männlich)
De vrouw stapt op **haar** fiets (Der Besitzer ist weiblich)
De man neemt de vrouw **haar** fiets af (Der Gegenstand ist männlich, der Besitzer jedoch weiblich)
Het paard loopt naast **haar** veulen (Es ist wahrscheinlich, daß das Tier weiblich ist).

Bei Sachen verwendet man, da es kaum einen Unterschied zwischen männlich und weiblich gibt, nahezu immer zijn (Het land en zijn inwoners). Nur selten ist der "besitzanzeigende" Gegenstand weiblich (De stad en haar monumenten).

Das Demonstrativpronomen (hinweisendes Fürwort)

Es gibt unterschiedliche Demonstrativpronomen für Personen und Sachen, die sich in der Nähe des Sprechers befinden, und für diejenigen, die sich weiter weg befinden:

	maskulin/feminin:	*neutrum:*
hier:	**deze** man	**dit** huis
	deze mannen	**deze** huizen
dort:	**die** man	**dat** huis
	die mannen	**die** huizen

Das Relativpronomen (bezügliches Fürwort)

Es gibt unterschiedliche Relativpronomen für Personen (und Tiere) und Sachen:

Personen	
Nom.:	De boer **die** daar werkt (m/f)
	Het meisje **dat** hier woont (n)
Gen.:	De slager **van wie** ik dit vlees kocht**
Dat.:	De man **aan wie*** ik geld gaf
Akk.:	De hond **die** hij sloeg (m/f)
	Het kind **dat** zij meebracht (n)
Sachen	
Nom.:	De auto **die** hier staat (m/f)
	Het huis **dat** aan zee ligt (n)
Gen.:	De fiets **waarvan** het licht kapot is
Dat.:	De straat **waarin*** ik loop
Akk.:	De stad **die** ik heb bezocht
	Het land **dat** ik binnenkom

* ebenfalls: van wie, voor wie, in wie, op wie usw.
waarvan, waarvoor, waarop, waaraan usw.

** es gibt eine ältere, weniger gebräuchliche Genitivform:
De slager **wiens** vlees ik kocht
De vrouw **wier** dochter ik trouwde

Das Interrogativpronomen (Fragefürwort)

Auch hier gibt es unterschiedliche Pronomen für Personen und Sachen:

Personen	
Nom.:	**Wie** heeft dit gedaan?
Gen.:	**Van wie** is deze jas? (veraltet: **Wiens** jas is dit?)
Dat.:	**Aan wie** is die brief geschreven?
Akk.:	**Wie** hebt u daar gezien?
Sachen	
Nom.:	**Wat** is er gebeurd?
Gen.:	**Waarvan** is dit alles betaald?
Dat.:	**Waaraan** moeten we nog denken?
Akk.:	**Wat** hebt u gekocht?

Die Formen waarvan, waaraan, waarop, waarin werden in der Umgangssprache oft voneinander getrennt:

Waar is dit alles **van** betaald?
Waar moeten we nog **aan** denken?

Das Verb

Im Niederländischen gibt es:
a. schwache Verben (das Imperfekt wird durch das Anhängen einer Endung an den Stamm gebildet)
b. starke Verben (das Imperfekt wird durch Vokaländerung gebildet)
c. unregelmäßige Verben

Das **Präsens** wird durch den Stamm des Verbes und (in den meisten Fällen) einer Endung gebildet:

Infinitiv	*Stamm*	
rijden	rijd	fahren
zingen	zing	singen
m**a**ken	m**aa**k (!)	machen
le**v**en	le**ef***	leben

ik	rijd	zing	maak	leef
jij/u	rijd**t****	**zingt**	**maakt**	leef**t**
hij/zij/het	rijd**t**	zing**t**	maak**t**	leef**t**
wij	rijd**en**	zing**en**	mak**en**	lev**en**
jullie***	rijd**en**	zing**en**	mak**en**	lev**en**
zij	rijd**en**	zing**en**	maken	lev**en**

* Ein Stamm kann niemals auf v oder z enden: leven - lee**f**, verhuizen - verhui**s**.
** In der Frageform fällt die Endung weg: rijd jij? zing jij?
*** Die Höflichkeitsform "u" wird wie die zweite Person Singular konjugiert.

Die Vereinfachung der Vokale (aa-a, ee-e, oo-o, uu-u) und die Verdopplung der Konsonanten sind wiederum durch die Ausspracheregeln bedingt.
Wenn der Stamm auf t ausgeht, fällt die Endung -t im Singular weg und wird die Pluralendung -ten:

ik zit - jij zit - hij zit - wij zit**ten** - jullie zit**ten** - zij zit**ten**
Die Bildung der Formen des **Imperfekts** sowie des **2. Partizips** hängen davon ab, ob das Verb schwach, stark oder unregelmäßig ist.

Bei schwachen Verben wird die Endung -te(n) angehängt, wenn der Stamm auf -ch, -f, -k, -p oder -s endet; in allen anderen Fällen lautet die Endung -de(n):

Infinitiv	*Stamm*
la**ch**en	la**ch**
bo**ff**en	bo**f**
pa**kk**en	pa**k**
ho**p**en	hoo**p** (!)
vi**ss**en	vi**s**

ik/jij/u/hij/zij/het					
lach**te**	bof**te**	pak**te**	hoop**te**	vis**te**	leer**de**

wij/jullie/zij					
lach**ten**	bof**ten**	pak**ten**	hoop**ten**	vis**ten**	leer**den**

Wenn im Infinitiv die Konsonanten v oder z vor der Endung -en stehen (und der Stamm demnach auf s oder f endet), dann ist die Endung -de: verhuizen - verhui**s** - verhui**sde**; leven - lee**f** - lee**fde.**

Dieselben Regeln gelten für das 2. Partizip, das gebildet wird mit der Vorsilbe ge-, dem Stamm + -t bzw. -d: gebof**t**, **gepakt**, gehoop**t**, gevis**t**, geleer**d**, geleef**d**, verhuis**d**.
Bei starken Verben tritt eine Vokaländerung auf (und fällt die Endung -t weg) und wird das 2. Partizip gebildet durch -ge + Stamm (mit oder ohne Vokaländerung) + -en.
Wir beschränken uns auf einige Beispiele:

Präsens	*Imperfekt*	*2. Partizip*
ik **rij**d	**ree**d	**gereden**
hij **rij**dt	**ree**d	
wij **rij**den	**re**den	
ik **loo**p	**lie**p	**gelopen**
hij **loo**pt	**lie**p	
wij **lo**pen	**lie**pen	
ik **vi**nd	**vo**nd	**gevonden**
hij **vi**ndt	**vo**nd	
wij **vi**nden	**vo**nden	
ik **loo**p	**lie**p	**gelopen**
hij **loo**pt	**lie**p	
wij **lo**pen	**lie**pen	

In den meisten Wörterbüchern sind Listen mit den wichtigsten starken Verben aufgeführt. Es gibt keine festen Regeln, welche Vokaländerung eintritt (Verben mit ij im Stamm sind immer stark und das ij verändert sich immer in e(e): rijden - reed - gereden, blijven - bleef - gebleven, prijzen - prees - geprezen, usw.).

Bei unregelmäßige Verben tritt in der Vergangenheitsform eine Vokaländerung oder eine völlig abweichende Form auf; das 2. Partizip kann auf -t oder auch auf -en enden. Wir nennen hier keine Beispiele.

Hilfsverben sind immer unregelmäßig:

	zijn	**hebben**	**mogen**	**kunnen**	**zullen**
	sein	haben	dürfen	können	sollen/werden
Präsens					
ik	ben	heb	mag	kan	zal
jij	bent	hebt	mag	kan	zal
hij	is	heeft	mag	kan	zal
wij	zijn	hebben	mogen	kunnen	zullen
Imperfekt					
ik	was	had	mocht	kon	zou
jij	was	had	mocht	kon	zou
hij	was	had	mocht	kon	zou
wij	waren	waren	mochten	konden	zouden

Das **Perfekt** und das **Plusquamperfekt** werden mit "zijn" oder "hebben" gebildet:

Ik **heb** een boek **gelezen**	Ich habe ein Buch gelesen
Jij **bent** naar Amsterdam **gereisd**	Du bist nach Amsterdam gereist
Hij **was** getrouwd	Er war verheiratet

Das **Futur** und das **Konditional** werden mit dem Hilfsverb zullen gebildet:

Ik **zal**/Wij **zullen** morgen komen	Ich werde/wir werden morgen kommen
Ik **zou**/Wij **zouden** morgen komen	Ich würde/wir würden morgen kommen

Ausspracheregeln

Es gibt im Niederländischen einige Laute, die im Deutschen nicht vorkommen; auch werden einige Buchstaben nicht immer gleich ausgesprochen. Die in diesem Sprachführer verwendete vereinfachte Lautschrift ist wie Deutsch zu lesen. Die Betonung liegt auf den fettgedruckten Silben. Die Konsonanten p, t und k werden nicht aspiriert (gehaucht ausgesprochen), dadurch werden die Silben im Wort und die Wörter im Satz mehr gebunden als im Deutschen. Die Konsonanten f, h, j, l, m, n, q, r, w und x werden wie im Deutschen ausgesprochen. In der Endung -en wird das n meistens kaum ausgesprochen. Man unterscheidet im Niederländischen lange und kurze Vokale. Die niederländischen Diphtonge ei und ij sollten **keinesfalls** wie das deutsche "ei" ausgesprochen werden, dasselbe gilt auch für eu, oe, ui und sch.

a, aa	kurzes a wie in "Ast": tak (tack); langes a wie in "Sprache": taak (taak), dadel (**da**del)
au	wie au in "blau": blauw (blau)
e, ee	kurz wie in "Henne": bel (bäll); lang wie in "sehr": veel (veel) und unbetont wie in "genau" und "Beginn": de (de)
eeuw	eine Kombination von langem e übergehend in u: sneeuw (**snee**uh)
ei	etwa eine Kombination von ä und i: klein (kläin)
eu	wie ö in "schön" oder "hören": neus (nöß), deuren (dören)
i	kurzes i, etwa wie in "Zinn": tin (tinn), idee (i**dee**)
ie	wie in "Brief", aber etwas kürzer: kies (kieß)
ieu(w)	eine Kombination von langem i übergehend in u: nieuw (**ni**uh)
ij	ij und ei sind gleichlautend: tijd (täit); in der Endung -lijk wird ij jedoch in etwa wie ein kurzes i ausgesprochen: makkelijk (**mak**kelick). (Achtung: ij ist im Alphabet manchmal unter i+j und manchmal unter y zu finden; in Wörterbüchern darum entweder unter i oder zwischen x und z suchen)
o, oo	kurzes o wie in "Topf": pot (pott); langes o wie in "Sohn": poot (poot)
oe	wie ein deutsches u in "Buch": boek (buk), hoed (hut)
ou	ou und au sind gleichlautend: zout (saut)
u, uu	wie ü in "Tür": nummer (**nüm**mer), duur (dür)
ui	wird etwa wie anfangend mit ö und übergehend in i ausgesprochen: huis (höis), ui (öi), ruit (röit)
b	wie im Deutschen; im Auslaut wird es wie p ausgesprochen: eb (äp), web (wäp)
c	vor e und i wie ß in "Paß", vor a, o und u wie k: concert (konßert)
ch g	etwa wie im Deutschen "lachen" oder "Bach": prachtig (**prach**tich), goed (chut), glas (chlaß). In den südlichen Niederlanden und in Belgien werden ch und g hörbar "weicher" ausgesprochen.

n	wie im Deutschen; in der Endung -en wird es meistens nicht ausgesprochen: nemen (**neh**me[n]), vallen (**val**le[n])
s	wie ß in "Paß": sap (ßapp)
sch	etwa wie ß verbunden mit ch: school (ßchool), schip (ßchip); die Endung -isch wird wie -iß ausgesprochen: praktisch (**prack**tiß)
st	etwa wie im Englischen "stone": stuur (ßtür)
t	etwa wie im Deutschen, jedoch nicht aspiriert; die Endung -tie wird wie - zi ausgesprochen: substantie (ßüp**ßtan**zi); im Auslaut ist zwischen d und t kaum ein Unterschied zu hören: bed (bätt), nat (natt)
v	v und f sind im Niederländischen etwa gleichlautend
w	wie deutsches w in "Wasser": wanneer (wan**neer**), wie (wie); nach u und ou kaum hörbar: vrouw (vrau), schuw (ßchüh)
z	wie s in "Sonne": zon (sonn), Zwitser (switßer), zeep (seep)

A allgemeine Begriffe

alltägliche Wörter und Redewendungen

ja	ja	ja
nein	nee	nee
vielleicht	misschien	miß**chin**
bitte	alstublieft	alßtü**blift**
bitteschön, bitte	alstublieft	alßtü**blift**
danke	dank u wel	dank ü wäll
vielen Dank	hartelijk dank	**har**telick dank
gern geschehen	geen dank	cheen dank
entschuldigen Sie bitte	neemt u mij niet kwalijk	neemt ü me niet **kwa**lick
es tut mir leid	het spijt mij	hät ßpäit me
wo?	waar?	waar
wo ist/sind ...?	waar is/zijn ...?	waar iß/säin ...
wann?	wanneer?	wan**neer**
was?	wat?	watt
wie?	hoe?	huh
wieviel?	hoeveel?	huh**veel**
welch?	welk(e)?	wälk, **wäl**ke
wer?	wie?	wie
warum?	waarom?	waa**rom**
wie heißt dies?	hoe heet dit?	huh heet dit
was bedeutet das?	wat betekent dit?	watt be**te**kent dit

es ist ...	het is ...	hät iß ...
es ist nicht ...	het is niet ...	hät iß niet ...
es gibt ...	er is/er zijn ...	är iß/er säin ...
es gibt kein ...	er is geen ...	är iß cheen ...
es gibt keine ...	er zijn geen ...	är säin cheen ...
gibt es ...?	is/zijn er ...?	iß/säin är ...
gibt es kein ...?	is/zijn er geen ...?	iß/säin är cheen ...

Präpositionen, Konjunktionen usw.

auf	op	opp
bald	spoedig	**ßpu**dich
bis	tot	tott
dann	dan	dann
dort	daar	daar
draußen	buiten	**böi**te(n)
durch	door	door
für	voor	voor
gern	graag	chraach
zu Hause	thuis	töiß
hier	hier	hier
hinauf	omhoog	om**hooch**
hinter	achter	**ach**ter
hinunter	omlaag	om**laach**
immer	altijd	al**täit**
in	in	in
jemand	iemand	**ie**mant
links	links	links
mit	met	mät
nach, zu	naar	naar
nach	na	naa
nah	dichtbij	dicht**bäi**
neben	naast	naast
nicht	niet	niet
nie	nooit	noit
niemand	niemand	**nie**mant
oben	boven	**bo**vc(n)
oder	of	off
ohne	zonder	**sonn**der
rechts	rechts	rächts
schon	al	all
seit	sinds	ßinz
sofort	dadelijk	**da**delick
über	over	**o**ver
und	en	än
unten	beneden	be**ne**de(n)
unter	onder	**on**der
von	van	van
während	tijdens	**täi**dens
zwischen	tussen	**tüs**se(n)

einige Adjektive

alt	oud	aut
besetzt	bezet	be**sät**
besser	beter	**be**ter
falsch	verkeerd	ver**keert**
frei	vrij	vräi
geschlossen	dicht	dicht
gut	goed	chut
häßlich	lelijk	**lee**lick
herrlich	heerlijk	**heer**lick
jung	jong	jong
kalt	koud	kaut
langsam	langzaam	**lang**saam
leer	leeg	leech
leicht	gemakkelijk, licht	che**mak**kelick, licht
nah	dichtbij	dicht**bäi**
neu	nieuw	**ni**uh
offen	open	**o**pe(n)
preiswert	goedkoop	chut**koop**
richtig	juist	jöist
schlecht	slecht	ßlächt
schlechter	slechter	**ßläch**ter
schnell	snel	ßnäll
schön	mooi	moi
schwer	zwaar	swaar
schwierig	moeilijk	**mui**lick
teuer	duur	dühr
voll	vol	voll
warm	warm	warm
weit	ver	fär

ALLGEMEINE BEGRIFFE

Sprachprobleme

Ich spreche kein Niederländisch
Ik spreek geen Nederlands
ick ßpreek cheen **ne**derlanz

Ich spreche nur ein wenig Niederländisch
Ik spreek maar een beetje Nederlands
ick ßpreek maar en **beet**je **ne**derlanz

Ich verstehe Sie nicht
Ik versta u niet
ick ver**ßta** ü niet

Können Sie etwas langsamer sprechen?
Kunt u wat langzamer praten?
künt ü watt **lang**samer **pra**te(n)

Können Sie das wiederholen?
Kunt u dat nog even herhalen?
künt ü dat noch **ee**ve(n) her**ha**le(n)

Sprechen Sie Deutsch oder Englisch?
Spreekt u Duits of Engels?
ßpreekt ü döiz off **än**gels

Spricht hier jemand Deutsch oder Englisch?
Spreekt hier iemand Duits of Engels?
ßpreekt hier **ie**mant döiz off **än**gels

Ich bin Ausländer/Ausländerin
Ik ben buitenlander/buitenlandse
ick bän **böi**te(n)lander/**böi**te(n)lanze

Ich bin Deutscher/Deutsche
Ik ben Duitser/Duitse
ick bän **döi**zer/**döi**ze

Ich bin Österreicher/Österreicherin Schweizer/Schweizerin
Ik ben Oostenrijker/Oostenrijkse Zwitser/Zwitserse
ick bän **oo**ßte(n)räiker/**oo**ßte(n)räikße switßer/switßerße

Wie sagt man das auf niederländisch?
Hoe zeg je dit in het Nederlands?
huh säch je dit in hät **ne**derlanzh

Wie spricht man das aus?
Hoe spreek je dit uit?
huh ßpreek je dit öit

Ich kann das nicht lesen
Dit kan ik niet lezen
dit kann ick niet **le**se(n)

Es geht mir zu schnell
Het gaat mij te snel
hät chaat me te ßnäll

Niederländisch ist nicht schwierig/einfach
Kunt u het spellen/opschrijven?
künt ü hät **ßpäl**le(n)/**op**ßchäive(n)

Können Sie mir das übersetzen?
Kunt u dit voor mij vertalen?
künt ü dit voor me ver**ta**le(n)?

Niederländisch ist nicht schwierig/einfach
Het Nederlands is niet moeilijk/gemakkelijk
hät **ne**derlanz iß niet **mui**lick/che**mak**kelick

Begrüssung

Guten Morgen	Goedemorgen	**chu**demorche(n)
Guten Tag (nach 12 Uhr)	Goedemiddag	**chu**demiddach
Guten Abend	Goedenavond	**chu**denavont
Gute Nacht/schlaf gut	Goedenacht/welterusten	**chu**denacht/**wäl**terüste(n)
Willkommen	Welkom	**wäll**komm
Auf Wiedersehen	Tot ziens	tott siens
Bis nachher	Tot straks	tott ßtracks
Bis Morgen	Tot morgen	tott **mor**che(n)
Gute Reise	Goede reis	**chu**de räiß

Dies ist Herr/Frau ...
Dit is de heer/mevrouw ...
dit iß de heer/me**vrau** ...

Wie geht es Ihnen?
Hoe maakt u het?
huh maakt ü hät

◄ Sehr gut, Danke
Uitstekend, dank u
öit**ßte**kent, dank ü

Sehr erfreut (Sie kennenzulernen)
Aangenaam (kennis te maken)
aanchenaam (**kän**niß te **ma**ke(n))

Hallo! Wie geht's? (unter Freunden)
Hallo! Hoe gaat het?
hal**lo**! huh chaat hät

◄ Wie heißen Sie?
Hoe is uw naam?
huh iß üu naam?

Mein Name ist ...
Mijn naam is ...
mäin naam iß ...

Dies ist mein, meine, mein ...
Dit is mijn ...
dit iß mäin ...

Mann	man	mann
Frau	vrouw	vrau
Sohn	zoon	soon
Tochter	dochter	**doch**ter
Vater	vader	**va**der
Mutter	moeder	**mu**der
Freund	vriend	vrient
Freundin	vriendin	vrin**dinn**

◀ **Wo kommen Sie her?**
Waar komt u vandaan?
waar kommt ü van**daan**?

Ich komme aus Deutschland/Österreich/der Schweiz
Ik kom uit Duitsland/Oostenrijk/Zwitserland
ick komm öit **döiz**land/**oo**ßte(n)räik/**swit**ßerlant

◀ **Haben Sie eine gute Reise gehabt?**
Hebt u een goede reis gehad?
häpt ü en **chu**de räiß che**hat**?

◀ **Grüßen Sie ... von mir**
Doet u de groeten aan ...
duht ü de **chru**te(n) aan ...

Kontakte knüpfen

◀ **Soll ich Ihnen die Stadt zeigen?**
Zal ik u de stad laten zien?
sall ick ü de ßtatt **la**te(n) sien?

◀ **Würden Sie heute Abend mit mir ausgehen?**
Zullen we vanavond uitgaan?
sülle(n) we van**a**vont **öit**chaan

Ja gerne/Nein, danke
Ja, dat is leuk/Nee, dank je
ja, dat iß löik/nee, dank je

◀ **Soll ich dich abholen?**
Zal ik je afhalen?
sall ick je **af**hale(n)?

◀ **Treffen wir uns vor dem Hotel/auf dem Campingplatz?**
Spreken we af voor het hotel/bij de camping?
ßpreke(n) we aff voor hät ho**täl**/bäi de **käm**ping

Ja, um ... Uhr
Ja, om ... uur
ja, om ... ühr

Darf ich dich zum Hotel/Campingplatz bringen?
Mag ik je naar het hotel/de camping brengen?
mach ick je naar hät ho**täl**/de **käm**ping **brän**ge(n)?

Bitte lassen Sie das
Daar ben ik niet van gediend
daar bän ick niet van che**dint**

Laß mich in Ruhe!
Laat me met rust!
laat me mät rüst!

zu Besuch

Wohnt ... hier?
Woont hier ...?
woont hier ...?

◀ **Nein, er/sie ist umgezogen**
Nee, die is verhuisd
nee, die iß ver**höist**

Kennen Sie seine neue Adresse?
Weet u zijn nieuwe adres?
weet ü sen **ni**ue a**dräß**?

◀ **Ja, kommen Sie herein**
Ja, komt u binnen
ja, kommt ü **bin**ne(n)

◄ **Er/sie ist im Moment nicht zu Hause**
Hij/Zij is momenteel niet thuis
häi/säi iß momän**teel** niet töiß

Kann ich eine Nachricht hinterlassen?
Kan ik een boodschap achterlaten?
kann ick en **boot**ßchapp **ach**terlaate(n)?

Darf ich hier rauchen?
Mag ik hier roken?
mach ick hier **ro**ke(n)?

◄ **Möchten Sie etwas trinken?**
Wilt u iets drinken?
willt ü iez **drin**ke(n)

Prost!
Proost!
prost!

Wann kommt er/sie zurück?
Wanneer komt hij/zij terug?
wan**neer** kommt häi/säi trüch?

◄ **Setzen Sie sich**
Gaat u zitten
chaat ü **sit**te(n)

◄ **Natürlich/Lieber nicht**
Natuurlijk/Liever niet
na**tühr**lick/**lie**ver niet

Zum Wohl!
Op uw gezondheid!
opp üu che**sont**häit

◄ **Bleiben Sie zum Essen?**
Blijft u eten?
bläift ü **e**te(n)?

Niederländische Regeln der Etikette

Wie in vielen anderen westlichen Ländern legt man auch in den Niederlanden noch großen Wert auf gute Manieren, jedoch immer weniger auf Förmlichkeiten. Wenn man jemanden kennenlernt, dann gibt man einander die Hand; die Umarmung mit Kuß ist nur unter guten Freunden üblich (Männer geben einander keinen Wangenkuß). Beim ersten Besuch nimmt der Gast ein kleines Geschenk mit, meistens einen Blumenstrauß. Es ist üblich, eine Verabredung zu treffen, wenn man jemanden besuchen will; Niederländer sind sehr gastfreundlich, werden jedoch nicht gerne durch unangekündigten Besuch überrascht.
Obwohl das Abendessen nicht "heilig" ist, will man beim Essen lieber ungestört bleiben. Berücksichtigen Sie, daß man meistens früh zu Abend ißt (zwischen 18 und 19 Uhr). Tagsüber wird der Gast zum Kaffee oder zum Tee eingeladen; hierzu wird eine Kleinigkeit serviert (Kekse, Kuchen). Sie werden als Gast nicht so verwöhnt wie in südlichen Ländern, denn die Niederländer finden, daß Schlichtheit eine Tugend ist. In Belgien ist man im allgemeinen an weniger strenge Regeln gebunden; der französische Einfluß ist deutlich spürbar.

Guten Appetit
Eet smakelijk
eet **sma**kelick

Wir müssen jetzt gehen
Het is tijd om te gaan
hät iß täit om te chaan

Vielen Dank für die Gastfreundschaft/das herrliche Essen
Bedankt voor de gastvrijheid/het lekkere eten
be**dankt** voor de **chast**vräihäit/hät **läk**kere **ee**te(n)

Glückwünsche

Herzlichen Glückwunsch ...	Gefeliciteerd ...	che**fe**lißiteert ...
zu Ihrem Geburtstag	met uw verjaardag	mät üu ver**jaar**dach
zu Ihrer Hochzeit	met uw huwelijk	mät üu **hüh**elick
zur Geburt Ihres Kindes	met de geboorte	mät de ge**boor**te
zu Ihrer Genesung	met uw herstel	mät üu her**ßtäll**

Alles Gute!
Het allerbeste!
hät aller**bäß**te!

Viel Erfolg/Viel Glück!
Succes!/Veel geluk!
ßück**ßäß**!/veel che**lück**!

Nur Mut!
Sterkte!
ßtärkte!

Viel Spaß!
Veel plezier!
veel ple**sier**!

Gute Besserung
Van harte beterschap
van **har**te **be**terßchapp

Wünsche zu den Feiertagen: siehe "Datum, Jahreszeiten, Feiertage".

Zahlwörter, Rechnen

0	nul	nüll
1	een	een
2	twee	twee
3	drie	drie
4	vier	vier
5	vijf	väif
6	zes	säß
7	zeven	**se**ve(n)
8	acht	acht
9	negen	**ne**che(n)
10	tien	tien

11	elf	älf
12	twaalf	twaalf
13	dertien	**där**tien
14	veertien	**veer**tien
15	vijftien	**väif**tien
16	zestien	**säß**tien
17	zeventien	**se**ve(n)tien
18	achttien	**acht**tien
19	negentien	**ne**che(n)tien
20	twintig	**twin**tich
21	eenentwintig	**een**äntwintich
22	tweeëntwintig	**twee**-äntwintich
30	dertig	**där**tich
40	veertig	**veer**tich
50	vijftig	**väif**tich
60	zestig	**säß**tich
70	zeventig	**se**ve(n)tich
80	tachtig	**tach**tich
90	negentig	**ne**che(n)tich
100	honderd	**hon**dert
101	honderdeen	hondert**een**
123	honderddrieëntwintig	**hon**dert-drie-än-twintich
200	tweehonderd	**twee**hondert
500	vijfhonderd	**väif**hondert
1000	duizend	**döi**sent
1500	vijftienhonderd	**väif**tienhondert
2000	tweeduizend	**twee**döisent
10.000	tienduizend	**tien**döisent
100.000	honderdduizend	**hon**dertdöisent
1.000.000	miljoen	mill**juhn**
1/2	een half	en half
1/3	eenderde	een**der**de
1/4	een kwart	en kwart
3/4	driekwart	**drie**kwart
5%	vijf procent	väif pro**ßänt**
1.	eerste (1ste)	**eer**ßte
2.	tweede (2de)	**twee**de
3.	derde (3de)	**där**de
10.	tiende (10de)	**tien**de
100.	honderdste (100ste)	**hon**dertste

2 x 4 = 8	twee maal/keer vier is acht	twee maal/keer vier iß acht
6 : 2 = 3	zes gedeelt door twee is drie	säß che**deelt** door twee iß drie
4 + 6 = 10	vier plus zes is tien	vier plüß säß iß tien
8 - 3 = 5	acht min drie is vijf	acht minn drie iß väif
Ich bin 25 Jahre alt	Ik ben vijfentwintig jaar oud	ick bän **väif**äntwintich jaar aut
Wir sind zu viert	We zijn met zijn vieren	we säin mät sen **vie**re(n)

Zeit und Uhrzeit

Wie spät ist es?
Hoe laat is het?
huh laat iß hät?

◄ **Es ist ...**
Het is ...
hät iß ...

halb vier
half vier
half vier

drei Uhr
drie uur
drie ühr

viertel nach zwei
kwart over twee
kwart **o**ver twee

fünf vor drei
vijf voor drie
väif voor drie

fünf nach drei
vijf over drie
väif **o**ver drie

viertel vor vier
kwart voor vier
kwart voor vier

zwanzig nach drei	tien voor half vier	tien voor half vier
zwanzig vor vier	tien over half vier	tien **o**ver half vier
15.23 uur	vijftien uur drieëntwintig	**väif**tien ühr **drie**-äntwintich
morgen	morgen	**mor**che(n)
übermorgen	overmorgen	**o**vermorche(n)
gestern	gisteren	**chiß**tere(n)
vorgestern	eergisteren	**eer**chißtere(n)
tagsüber	overdag	over**dach**
nachts	's nachts	ßnachts
am Morgen	's morgens	**ßmor**chens
am Nachmittag	's middags	**ßmid**dachs
am Abend	's avonds	**ßa**vonz
heute Morgen	vanmorgen	van**mor**che(n)
heute Nachmittag	vanmiddag	van**mid**dach
heute Abend	vanavond	van**a**vont
letzte Nacht	vannacht	van**nacht**
heute Nacht	vannacht	van**nacht**
Sommerzeit	zomertijd	**so**mertäit
lokale Zeit	plaatselijke tijd	**plaat**ßelicke täit
wie spät ...?	(om) hoe laat ...?	(omm) huh laat ...?
um ... Uhr	om ... uur	omm ... ühr
Mitternacht	middernacht	**mid**dernacht

Die Uhr/diese Armbanduhr geht vor/nach
De klok/dit horloge loopt voor/achter
de klock/ dit hor**loo**sche loopt voor/**ach**ter

Datum, Jahreszeiten, (Feier)Tage

1999	negentienhonderd negenennegentig	**ne**chentien-**hon**dert-**ne**chen-än **ne**chentich
letztes Jahr	vorig jaar *n*	**vo**rich jaar

nächstes Jahr	volgend jaar *n*	**vol**chent jaar
Frühling	voorjaar/lente	**voor**jaar/**län**te
Sommer	zomer	**so**mer
Herbst	najaar *n*/herfst	**na**jaar/härfst
Winter	winter	**win**ter
Januar	januari	janü**a**ri
Februar	februari	febrü**a**ri
März	maart	maart
April	april	a**prill**
Mai	mei	mäi
Juni	juni	**jü**ni
Juli	juli	**jü**li
August	augustus	au**chüß**tüß
September	september	ßäp**täm**ber
Oktober	oktober	ok**to**ber
November	november	no**väm**ber
Dezember	december	de**ßäm**ber

Welches Datum haben wir heute?
Welke datum is het vandaag?
wälke **da**tüm iß hät van**daach**?

Den Haag, den 25. Mai 1999
Den Haag, 25 mei 1999
dänn haach, **väif**äntwintich mäi **ne**chentien-**hon**dert-**ne**chen-än-**ne**chentich

am kommenden/ vorigen 25. Mai	op vijfentwintig mei aanstaande/jongstleden	opp **väif**äntwintich mäi aan**ßtaan**de/jongst**le**de(n)
anderthalb Jahre	anderhalf jaar *n*	**an**derhalf jaar
halbes Jahr	half jaar *n*	half jaar
Monat	maand	maant
2 Wochen (14 Tage)	twee weken (veertien dagen)	twee **we**ken (**veer**tien **daa**che(n))
Woche	week	week
Neujahr	Nieuwjaar *n*	**niuh**jaar
Dreikönigstag	Driekoningen	drie**ko**ninge(n)
Gründonnerstag	Witte Donderdag	**wit**te **donn**derdach
Karfreitag	Goede Vrijdag	**chu**de **vräi**dach
Ostern	Pasen	**pa**ße(n)
Tag der Arbeit	Dag van de Arbeid	dach van de **ar**bäit
Himmelfahrt	Hemelvaartsdag	**he**melvaarzdach
Pfingsten	Pinksteren	**pink**ßtere(n)

Mariä Himmelfahrt	Maria Hemelvaart	ma**ria** **he**melvaart
Allerheiligen	Allerheiligen	aller**häi**liche(n)
Weihnachten	Kerstmis	**kärßt**miß
Silvester	Oudejaarsavond	audejaars**a**vont

Fröhliche Weihnachten und ein glückliches neues Jahr!
Prettige Kerstdagen en Gelukkig Nieuwjaar!
prättiche **kärßt**daache(n) än che**lük**kich niuh**jaar**!

Sonntag	zondag	**sonn**dach
Montag	maandag	**maan**dach
Dienstag	dinsdag	**dinns**dach
Mittwoch	woensdag	**wuns**dach
Donnerstag	donderdag	**donn**derdach
Freitag	vrijdag	**vräi**dach
Samstag	zaterdag	**sa**terdach
Sonn- und Feiertage	zon- en feestdagen	sonn- än **feest**daache(n)
Werktage	werkdagen	**wärk**daache(n)
täglich	dagelijks	**daa**chelicks

das Wetter

Wie wird das Wetter heute?
Wat voor weer krijgen we vandaag?
Watt voor weer **kräi**che(n) we van**daach**?

◀ **Das Wetter bleibt schön/schlecht**
Het blijft mooi/slecht weer
Hät bläift moi/ßlächt weer

◀ **Das Wetter bessert sich/wird schlechter**
Het wordt beter/slechter weer
hät wort **be**ter/**släch**ter weer

◀ **Die Temperatur beträgt 15° (unter Null)**
Een temperatuur van vijftien graden (onder nul)
en tempera**tühr** van **väif**tien **chraa**de(n) (**on**der nüll)

◀ **Ich habe den Wetterbericht nicht gehört**
Ik heb het weerbericht niet gehoord
ick häp hät **weer**bericht niet che**hoort**

◀ **Wir bekommen Regen/Hagel/Schnee**
We krijgen regen/hagel/sneeuw
we **kräi**che(n) **re**che(n)/**ha**chel/**ßnee**uh

◀ **Es wird frieren/tauen**
Het gaat vriezen/dooien
Thät chaat **vrie**se(n)/**doi**e(n)

Es bezieht sich, es gibt Regen/Gewitter/Sturm
De lucht betrekt, het gaat regenen/onweren/stormen
de lücht be**träckt**, hät chaat **re**chene(n)/**onn**were(n)/**ßtor**me(n)

Niederländische Feiertage

Außer den kirchlichen Feiertagen und Neujahr gibt es in den Niederlanden die folgenden Feiertage:
Koninginnedag (30 april) - eigentlich der Geburtstag der Königinmutter Juliana (die jetzige Königin hat am 31. Januar Geburtstag, gefeiert wird jedoch weiterhin am traditionellen Tag); Geschäfte und Banken sind geschlossen; dieser Tag wird vor allem mit Kinderfesten, Kirmes und großen Märkten gefeiert.
Bevrijdingsdag (5 mei) - Gedenktag, der an das Ende des 2. Weltkrieges (1945) erinnert; die Geschäfte sind geöffnet, Beamte und viele Büroangestellte haben jedoch frei; die Art der Feierlichkeiten ist mit Koninginnedag vergleichbar.
Sinterklaas (5 december) - zu Weihnachten bekommen die Niederländer nur wenig Geschenke; die niederländische Bescherung findet am Abend vor dem Namenstag von Sankt Nikolaus statt; ein "Unbekannter" stellt einen mit Geschenken gefüllten Sack vor die Tür; alle Familienmitglieder bekommen Geschenke, die oft auch ein "anonymes" Gedicht enthalten; man ißt große Schokoladenbuchstaben (Initialen) und Süßigkeiten wie **pepernoten, speculaas** und **taai-taai** (Pfeffernüsse, Spekulatius und Lebkuchen).
Oudejaaravond (31 december) - Silvester, ein Familienfest, das bis kurz vor Mitternacht dauert; nachdem man **oliebollen** (Krapfen) gegessen hat, geht man um 12 Uhr nach draußen, um Feuerwerk abzubrennen.

In Belgien werden zwei historische Gedenktage gefeiert:
Nationalfeiertag (21. Juli)
Waffenstillstand 1918 (11. November)

Gesetzliche Feiertage in Belgien:
Tag der Arbeit (1. Mai)
Mariä Himmelfahrt (15. August)
Allerheiligen (1. November)

Der Wind kommt auf/legt sich
De wind steekt op/gaat liggen
de wint ßteekt op/chaat **lich**e(n)

Es ist heute warm/frisch/schwül/kalt
Het is vandaag warm/koel/drukkend/koud
Hät iß van**daach** warm/kuhl/**drük**kent/kaut

Die Sonne scheint wieder/nicht, es ist unbewölkt/bewölkt
De zon schijnt weer/niet, de hemel is onbewolkt/bewolkt
de sonn ßchäint weer/niet, de **he**mel iß onbe**wolkt**/be**wolkt**

Aufheiterungen	opklaringen	**opp**klaringe(n)
Blitz	bliksem	**blick**ßäm
Dämmerung	schemering	**ßche**mering
Donner	donder	**donn**der
Eis	ijs *n*	äiß
Frost	vorst	vorst
Glätte	gladheid	**chlatt**häit
Glatteis	ijzel	**äi**sel
Hitze	hitte	**hit**te
Hochdruckgebiet	hogedrukgebied *n*	hoche**drück**chebiet
Klima	klimaat *n*	kli**maat**
Luftdruck	luchtdruk	**lücht**drück
Morgengrauen	schemering	**ßche**mering
Nebel	mist	mißt
Niederschlag	neerslag	**neer**ßlach
Nieselregen	motregen	**mott**reeche(n)
Nordwind	noordenwind	**noor**de(n)wint
Ostwind	oostenwind	**ooß**te(n)wint
Regenschauer	regenbui	**ree**che(n)böi
Regenwolken	regenwolken	**ree**che(n)wolke(n)
Seewind	zeewind	**see**wint
Sturmwarnung	stormwaarschuwing	**ßtorm**waarßchüjing
Südwind	zuidenwind	**söi**de(n)wint
Tauwetter	dooi	doi
Tiefdruckgebiet	lagedrukgebied *n*	laache**drück**chebiet
unbeständig	onbestendig	**onn**beßtändich
veränderlich	veranderlijk	ver**ann**derlick
wechselnd bewölkt	wisselend bewolkt	**wis**selent be**wolkt**
Westwind	westenwind	**wäß**te(n)wint
Wettervorhersage	weersverwachting	**weerß**verwachting
Wind	wind	wint
Wolkenbruch	wolkbreuk	**wolk**brök

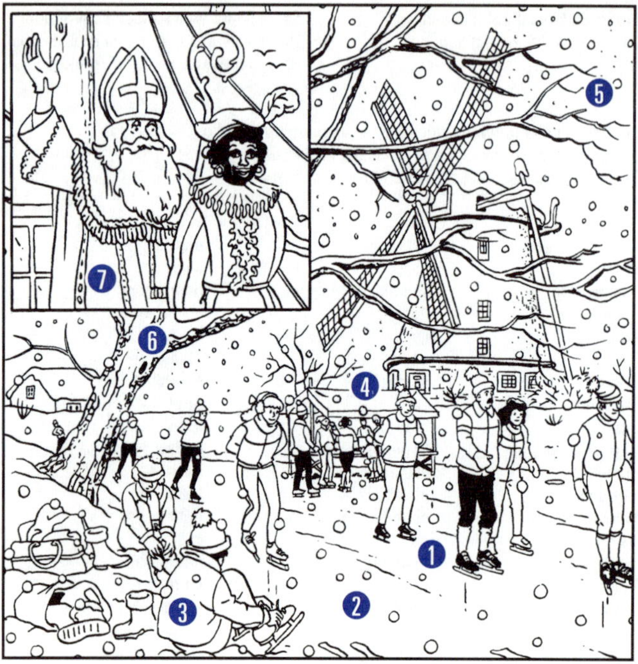

	Winter in Nederland	Winter in Holland
1	Volkssport nummer 1	Volkssport Nummer 1
2	Een bevroren sloot	Ein zugefrorener Graben
3	Het aanbinden van schaatsen	Das Anziehen der Schlittschuhe
4	Warme drankjes te koop	Heiße Getränke zu verkaufen
5	Een flinke sneeuwbui	Fröhliche Schneetreiben
6	Kale bomen	Blattlose Bäume
7	Sinterklaas en Zwarte Piet*	Sankt Nikolaus und Knecht Ruprecht*

* Sankt Nikolaus (Sint Nicolaas/Sinterklaas) ist die niederländische Version des Weihnachtsmannes. Am Abend vor seinem Namenstag (6. Dezember) ist Bescherung. Knecht Ruprecht (zwarte Piet = Schwarzer Peter) ist der Assistent des Kinderfreundes.

An der Grenze

Paßkontrolle

◄ **Ihren Paß/Ihren Kraftfahrzeugschein/Ihre grüne Versicherungskarte bitte**
Mag ik uw paspoort/autopapieren/groene kaart zien?
Mach ick üu **paß**poort/**au**topapiere(n)/**chru**ne kaart sien?

Bitte
Alstublieft
alßtü**blift**

◄ **Ihr Paß/Visum ist abgelaufen/ungültig**
Uw pas/visum is verlopen/niet geldig
üu paß/**vi**ßüm iß ver**lo**pe(n)/niet **chäl**dich

◄ **Ihr Paß wird in Kürze ungültig**
Uw paspoort verloopt binnenkort
üu **paß**poort ver**loopt** binne(n)**kort**

◄ **Sie benötigen ein Visum/Transitvisum**
U heeft een visum/doorreisvisum nodig
ü heeft en **vi**ßüm/**door**räißvißüm **no**dich

◄ **Wie lange bleiben Sie in den Niederlanden/Belgien?**
Hoe lang blijft u in Nederland/België?
Huh lang bläift ü in **ne**derlant/**bel**chie?

◄ **Sind sie auf der Durchreise?**
Bent u op doorreis?
bänt ü opp **door**räis?

◄ **Sind Sie hier als Tourist oder auf Geschäftsreise?**
Bent u hier als toerist of voor zaken?
bänt ü hier als tu**rist** off voor **sa**ke(n)?

Was kostet ein Visum?
Wat kost een visum?
Watt kost en **vi**ßüm?

Aufschriften

DOUANE	ZOLL
ANDERE NATIONALITEITEN	ANDERE NATIONALITÄTEN
HIER WACHTEN A.U.B.	BITTE HIER WARTEN
E.U.-ONDERDANEN	E.U. MITGLIEDER
HIER OPSTELLEN	HIER EINORDNEN
VRACHTVERKEER	LKWS
NIETS AAN TE GEVEN	NICHTS ZU VERZOLLEN
PASCONTROLE	PASSKONTROLLE
PERSONENAUTO'S	PKWS
AANGIFTE	ZOLLDEKLARATION

Wo kann ich Paßbilder machen lassen?
Waar kan ik pasfoto's laten maken?
waar kann ick paßfotos **la**te(n) **ma**ke(n)?

◀ **Würden Sie hier bitte warten?**
Wilt u hier even wachten?
willt ü hier **e**ve(n) **wach**te(n)?

◀ **Würden Sie dieses Formular bitte ausfüllen?**
Wilt u dit formulier invullen?
willt ü dit formü**lier in**vülle(n)?

◀ **Würden Sie bitte mitkommen?**
Wilt u even meekomen?
willt ü **e**ve(n) **mee**kome(n)?

◀ **Sie dürfen unser Land nicht betreten**
U mag ons land niet binnen
ü mach onß lant niet **bin**ne(n)

◀ **Wir müssen Sie zurückschicken**
Wij moeten u terugsturen
wäi **muh**te(n) ü **trüch**ßtühre(n)

Zoll

◀ **Würden Sie hier bitte parken/absteigen?**
Wilt u hier even parkeren/afstappen?
willt ü hier **e**ve(n) par**ke**re(n)/**aff**ßtappe(n)?

◀ **Würden Sie bitte den Kofferraum öffnen?**
Wilt u de kofferruimte openmaken?
willt ü de **ko**fferröimte **o**pe(n)make(n)?

◀ **Haben Sie etwas zu verzollen?**
Hebt u iets aan te geven?
Häpt ü iez aan te **che**ve(n)?

◀ **Ist dieser Koffer/dieser Rucksack/diese Tasche von Ihnen?**
Is deze koffer/rugzak/tas van u?
iß **de**se **ko**ffer/**rüch**sack/taß van ü?

◀ **Würden Sie diesen Koffer bitte öffnen?**
Wilt u deze koffer openmaken?
willt ü **de**se **ko**ffer **o**pe(n)make(n)?

◀ **Sie dürfen dies nicht einführen/ausführen**
U mag dit niet invoeren/uitvoeren
ü mach dit niet **in**vuhre(n)/**öit**vuhre(n)

◀ **Dies ist zollpflichtig**
U moet hiervoor invoerrechten betalen
ü muht **hier**voor **in**vuhrrächte(n) be**ta**le(n)

Wieviel muß ich bezahlen?
Hoeveel moet ik betalen?
huhveel muht ick be**ta**le(n)?

Wo kann ich bezahlen?
Waar kan ik betalen?
Waar kann ick be**ta**le(n)?

◀ **Haben Sie ein Impfzeugnis für Ihren Hund/Ihre Katze?**
Hebt u een inentingsbewijs voor uw hond/poes?
häpt ü en **in**äntingsbewäiß voor üu hont/puhß?

◀ **Dies ist beschlagnahmt**
Dit nemen wij in beslag
Dit **neh**me(n) we in be**ßlach**

◀ **Sie können weiterfahren/weiterlaufen**
U kunt doorrijden/doorlopen
ü künnt **door**räide(n)/**door**lope(n)

Reisen im Land

Verkehrsmittel

Auto	auto	**au**to
PKW	personenauto	per**ßo**ne(n)auto
Auto mit Anhänger	auto met aanhanger	**au**to mät **aan**hanger
Auto mit Wohnwagen	auto met caravan	**au**to mät **kä**rävän
LKW	vrachtauto	**vracht**auto
Lastwagen mit Anhänger	vrachtauto met aanhanger	**vracht**auto mät **aan**hanger
Sattelschlepper mit Anhänger	truck met oplegger	trück mät **opp**lächer
Sattelschlepper mit Container	truck met container	trück mät kon**täh**ner
Kombi	bestelauto	be**ßtäll**auto
Minibus	minibus	mini**büß**
Motorrad	motorfiets	**mo**torfiez
Motorrad mit Beiwagen	motor met zijspan	**mo**tor mät **säi**ßpann
Motorroller	scooter	**ßkuh**ter
Moped	bromfiets	**bromm**fiez
Fahrrad	fiets	fiez
Rennrad	racefiets	**reeß**fiez
Tourenrad	toerfiets	**tuhr**fiez
Tandem	tandem	**tän**däm
Damenrad	damesfiets	**da**mesfiez
Herrenrad	herenfiets	**he**refiez
Kinderrad	kinderfiets	**kin**derfiez
ATB, Mountainbike	ATB, mountainbike	a-te-**be, maun**tänbaik
BMX Geländerad	BMX, crossfiets	be-em-**ix, kroß**fiez

Öffentliche Verkehrsmittel:

Flugzeug	vliegtuig *n*	**vliech**töich
Boot	boot	boot
Autofähre	autoveerpont	**au**toveerpont
Rundfahrtboot	rondvaartboot	**ront**vaartboot
Kreuzfahrtschiff	cruiseschip *n*	**kruhß**-ßchipp
(Stadt)Bus	(stads)bus	(**ßtatz**)büß
Oberleitungsbus	trolleybus	**troll**ibüß
Reisebus	touringcar	**tuh**ringkar
Straßenbahn	tram	trämm

U-Bahn	metro	**me**tro
Taxi	taxi	**ta**xi
Sammeltaxi	groepstaxi	**chrups**taxi
Zug	trein	träin
Bergbahn	bergbaan	**bärch**baan
Kabinenschwebebahn	cabinelift	ka**bi**nelift
Sessellift	stoeltjeslift	**stuhlt**jeßlift
Drahtseilbahn	kabelspoor *n*	**ka**belßpoor
Kutsche	koets	kuhtz

ein Auto mieten

(Fahrradverleih: sehen Sie hierfür "Sport und Freizeit")

Ich möchte ein Auto mieten
Ik wil een auto huren
ick will en **au**to **hü**re(n)

Das niederländische Straßennetz

Die Niederlande besitzen ein sehr dichtes Netz **autosnelwegen** (Autobahnen), die mit dem Buchstaben A + Straßennummer ausgeschildert sind. Die übrigen Fernstraßen sind mit dem Buchstaben N + Straßennummer ausgeschildert. Die Nebenstrecken sind sehr gut; unbefestigte Straßen gibt es kaum. Im Deltagebiet überqueren Sie viele Brücken und es gibt zwei sehr lange, durch das Wasser führende Dämme. Bei starkem Wind ist es in diesem Gebiet riskant, mit dem Wohnwagen zu fahren, oft gilt dann ein Fahrverbot. Die Verkehrssituation in Belgien ist ähnlich; nachts sind hier viele Autobahnen beleuchtet.

Die Radfahrer spielen eine besondere Rolle. Es gibt von der Fahrbahn getrennte Radwege (die Radwege mit der Aufschrift *fietspad* sind nicht obligatorisch, Mopeds dürfen sie nicht befahren; die mit einem blauen Schild ausgeschilderten Wege müssen jedoch von allen Rad- und Mopedfahrern benutzt werden). In den Städten gibt es außer Radwegen auch an Radfahrer vorbehaltene Fahrspuren; Autos dürfen diese nicht benutzen. Oft gibt es für die Radfahrer auch eigene Ampeln. Achten Sie beim Abbiegen auf alle Rad- und Mopedfahrer auf der Straße - sie haben Vorfahrt!

◀ Bevorzugen Sie eine bestimmte Marke/ein bestimmtes Modell?
Hebt u een voorkeur voor bepaald merk/type?
Häpt ü en **voor**köhr voor be**paalt** märk/**ti**pe?

Was kostet es pro Tag/Woche?
Wat kost dit per dag/week?
watt koßt dit pär dach/week?

Was ist im Preis inbegriffen?
Wat is bij de prijs inbegrepen?
watt iß bäi de präiß **in**bechreepe(n)?

Vollkaskoversicherung	all-riskverzekering	oll rißkver**see**kering
Benzin	brandstof	**brant**ßtoff
Gebühren pro Kilometer	tarief per kilometer	ta**rif** pär **ki**lometer
Voller Tank	volle tank	**vol**le tänk

Muß ich eine Kaution hinterlegen?
Moet ik een borgsom betalen?
muht ick en **borch**ßomm be**ta**le(n)?

◀ Darf ich Ihren Führerschein sehen?
Mag ik uw rijbewijs zien?
mach ick üu **räi**bewäiß sien?

◀ Hier sind die Schlüssel/Ihre Autopapiere
Hier zijn de sleutels/uw autopapieren
hier säin de **ßlö**tels/üu **au**topapiere(n)

◀ Das Auto befindet sich ...
U vindt de auto ...
ü vint de **au**to ...

◀ Das Kennzeichen lautet ...
Het kenteken is ...
hät **känn**teke(n) iß ...

Wo kann ich das Auto zurückbringen?
Waar kan ik de auto terugbezorgen?
waar kann ick de **au**to **trüch**besorche(n)?

Um wieviel Uhr schließt das Büro?
Tot hoe laat is het kantoor open?
tott huh laat iß hät kan**toor o**pe(n)?

Fragen unterwegs

Wie komme ich von hier nach ...?
Hoe kom ik van hier naar ...?
huh komm ick van hier naar ...?

Führt diese Straße nach ...?
Is dit de weg naar ...?
iß dit de wäch naar ...?

Führt das über die Autobahn?
Is dat via de snelweg?
iß datt **vi**a de **ßnäll**wäch?

Ist die Straße gut passierbar?
Is de weg goed berijdbaar?
iß de wäch chut be**räid**baar?

Gibt es eine landschaftlich schöne Strecke dorthin?
Is er een mooie route naar toe?
iß är en **moi**e **ruh**te naar tuh?

Gibt es dort einen Radweg?
Is er een fietspad?
iß är en **fiez**patt?

Steigt die Straße an oder ist sie eben?
Is de weg vlak of zijn er hellingen?
iß de wäch vlack off säin är **häl**lingen?

Kann ich dort mit einem Wohnwagen/Anhänger fahren?
Kan ik er met een caravan/aanhanger over rijden?
kann ick är mät en **kä**rävän/**aan**hanger **o**ver **räi**de(n)?

Wie heißt dieser Ort/diese Gegend?
Hoe heet deze plaats/streek?
huh heet **de**se plaaz/ßtreek?

Gibt es hier in der Nähe etwas Sehenswertes?
Is hier in de buurt iets te zien?
iß hier in de bührt iez te sien?

Können Sie mir dies auf der Karte zeigen?
Kunt u dit op de kaart aanwijzen?
künnt ü dit opp de kaart **aan**wäise(n)?

Ich habe mich verirrt
Ik ben verdwaald
ick bän ver**dwaalt**

◄ Sie müssen von hier aus ...
U moet van hier af ...
ü muht van hier af ...

geradeaus	rechtdoor	**rächt**door
rechts abbiegen	rechtsaf	**rächts**af
links abbiegen	linksaf	**links**af
wenden	keren	**ke**re(n)
zurückfahren ...	terugrijden ...	**trüch**räide(n) ...
zur Autobahn	naar de snelweg	naar de **ßnäll**wäch
zur Hauptstraße	naar de hoofdweg	naar de **hooft**wäch
aus der Stadt hinaus	de stad uit	de ßtatt öit
aus dem Dorf hinaus	het dorp uit	hät dorp öit
durch den Tunnel	de tunnel door	de **tün**nel door
über den Bahnübergang	de spoorbaan oversteken	de **ßpoor**baan **o**verßteke(n)
den Fluß entlang	langs de rivier	langs de ri**vier**
durch den Wald	door het bos	door hät boß
durch das Tal	door het dal	door hät dall
bis zur Kreuzung	tot de kruising	tott de **kröi**ßing
bis zur Abzweigung	tot de splitsing	tott de **ßplitt**ßing
bis zum Kreisverkehr	tot de rotonde	tott de ro**tonn**de

Aufschriften

PARKEERVERBOD	PARKVERBOT
UITRIT	AUSFAHRT
NEEM HIER UW	ZIEHEN SIE HIER
PARKEERKAART	IHREN PARKSCHEIN
HIER BETALEN	HIER BEZAHLEN
INWORP	EINWURF
... PER UUR	... PRO STUNDE
WERKDAGEN TOT 18.00 UUR	WERKTAGE BIS 18.00 UHR
PARKEERTERREIN VOL	PARKPLATZ BESETZT
PARKEERSCHIJF VERPLICHT	PARKSCHEIBENPFLICHTIG
GERESERVEERD VOOR ...	RESERVIERT FÜR ...
TAXISTANDPLAATS	TAXISTAND

Parken, Strafmandate

Wo gibt es einen Parkplatz/ein Parkhaus?
Waar is een parkeerplaats/parkeergarage?
waar iß en par**keer**plaaz/par**keer**garaasche?

Gibt es einen Parkscheinautomaten/eine Parkuhr?
Is er een parkeerautomaat/parkeermeter?
iß är en par**keer**automat/par**keer**meter?

◄ Sie dürfen hier nicht parken
U mag hier niet parkeren
ü mach hier niet par**kee**re(n)

◄ Darf ich Ihren Führerschein sehen?
Mag ik uw rijbewijs zien?
mach ick üu **räi**bewäiß sien?

Wo kann ich hier parken?
Waar kan ik hier parkeren?
waar kann ick hier par**kee**re(n)?

Wo muß ich bezahlen?
Waar moet ik betalen?
waar muht ick be**ta**le(n)?

◄ Ihre Parkzeit ist vorbei
Uw parkeertijd is verstreken
üu par**keer**täit iß ver**ßtre**ke(n)

◄ Sie dürfen hier nicht fahren
U mag hier niet rijden
ü mach hier niet **räi**de(n)

◄ Sie bekommen ein Strafmandat weil Sie ...
U krijgt een bekeuring wegens ...
ü kräicht en be**köh**ring **we**chens ...

falsch geparkt haben	foutparkeren	faut par**kee**re(n)
die Parkzeit überschritten haben	te lang parkeren	te lang par**kee**re(n)
zu schnell gefahren sind	te snel rijden	te ßnäll **räi**de(n)
in der geschlossenen Ortschaft	binnen de bebouwde kom	**bin**ne(n) de be**bau**de komm

REISEN IM LAND

gefährlich gefahren sind	gevaarlijk rijden	che**vaar**lick **räi**de(n)
die Straße falsch überquert haben	verkeerd oversteken	ver**keert o**verßtehke(n)
durch eine gelbe Ampel gefahren sind	door geel licht rijden	door cheel licht **räi**de(n)
durch eine rote Ampel gefahren sind	door rood licht rijden	door root licht **räi**de(n)
keine Vorfahrt gegeben haben	geen voorrang verlenen	cheen **voor**rang ver**le**ne(n)
nicht geblinkt haben	geen richting aangeven	cheen **rich**ting aan**che**ve(n)
falsch überholt haben	verkeerd inhalen	ver**keert** in**ha**le(n)

◄ Das Bußgeld beträgt 100 Gulden
De boete bedraagt honderd gulden
de **buh**te be**draacht honn**dert **chül**de(n)

◄ Sie können bei mir bezahlen
U kunt aan mij betalen
ü künnt aan mäi be**ta**le(n)

◄ Sie müssen zur Polizeiwache kommen
U moet naar het bureau komen
ü muht naar hät büh**roo ko**me(n)

◄ Sie bekommen nur eine Verwarnung
Ik geef u alleen een waarschuwing
ick cheef ü al**leen** en **waar**ßchüjing

Trampen

Dürfen wir hier trampen?
Mogen we hier liften?
moche(n) we hier **liff**te(n)?

◄ Nicht an der Autobahn/Auffahrt
Niet langs de snelweg/oprit
niet langs de **ßnäll**wäch/**opp**ritt

Können Sie uns nach ... mitnehmen?
Kunt u ons meenemen naar ...?
künnt ü ons **mee**neme(n) naar ...?

Soll ich mich an den Benzinkosten beteiligen?
Zal ik een deel van de onkosten vergoeden?
sall ick en deel van de **onn**koste(n) ver**chuh**de(n)?

Vielen Dank für's mitnehmen
Bedankt voor de lift
be**dankt** voor de lift

Aufschriften und Hinweise

AFGESLOTEN VOOR ...	GESPERRT FÜR ...
AFSLAG	AUSFAHRT
ALLEEN VOOR ...	NUR FÜR ...
ALLE RICHTINGEN	ALLE RICHTUNGEN
BEBOUWDE KOM	GESCHLOSSENE ORTSCHAFT
BROMFIETSERS	MOPEDS
CENTRUM	STADTMITTE

DOODLOPENDE WEG	SACKGASSE
DOORGAAND RIJVERKEER GESTREMD	GESPERRT FÜR DURCHGANGS-VERKEHR
EIGEN WEG	PRIVATWEG
ER KAN NOG EEN TREIN KOMEN	ES KANN NOCH EIN ZUG FOLGEN
FIETSERS	RADFAHRER
FIETSERS OVERSTEKEN	RADFAHRER BITTE FAHRBAHN ÜBERQUEREN
FIETSPAD	RADWEG
FILE	STAU
GA TERUG!	BITTE WENDEN!
GEEN DOORGAAND VERKEER	KEIN DURCHGANGSVERKEHR
GELDT NIET VOOR ...	AUSGENOMMEN ...
GESLOTEN	GESCHLOSSEN
GEVAARLIJKE STOFFEN	GEFÄHRLICHE GÜTER
HIER OPSTELLEN	HIER EINORDNEN
HIER OVERSTEKEN	FAHRBAHN HIER ÜBERQUEREN
LANGZAAM RIJDEN	LANGSAM FAHREN
LET OP	VORSICHT
LICHTEN ONTSTEKEN	SCHEINWERFER EINSCHALTEN
MAXIMUMSNELHEID	GESCHWINDIGKEITSBEGRENZUNG
M.U.V.	AUSGENOMMEN
NA 100 M	NACH 100 M
NIET PARKEREN	PARKVERBOT
OMLEIDING	UMLEITUNG
POLITIE	POLIZEI
SCHOOL	SCHULE
SMALLE WEG	SCHMALE STRASSE
STOPLICHTEN	AMPELN
TEGENLIGGERS	GEGENVERKEHR
... TOEGESTAAN	... GESTATTET
TOL	STRASSENBENUTZUNGSGEBÜHR
TRAM	STRASSENBAHN
UIT	AUSFAHRT
UITRIT VRIJLATEN	AUSFAHRT FREIHALTEN
VEERPONT	FÄHRE
VERBODEN TOEGANG (VOOR ONBEVOEGDEN)	UNBEFUGTEN IST DER ZUTRITT VERBOTEN
VERKEERSDREMPEL	BODENSCHWELLE

VOETGANGERS	FUSSGÄNGER
VOETGANGERSOVERSTEEKPLAATS	FUSSGÄNGERÜBERWEG
VOLG ROUTE NR. ...	FOLGEN SIE STRECKE NR. ...
VOORSORTEREN	BITTE EINORDNEN
WEGOMLEGGING	UMLEITUNG
WERK IN UITVOERING	BAUSTELLE
WIELRIJDERS	RADFAHRER
WOONERF	SPIELSTRASSE
ZACHTE BERM	STRASSENRAND NICHT BEFAHRBAR

öffentliche Verkehrsmittel

Bus, Strassenbahn und U-Bahn

Wo ist die U-Bahnhof/der Busbahnhof?
Waar is het metrostation/centrale busstation?
waar iß hät **me**tro-ßtatß**jonn**/ßän**tra**le **büß**-ßtatßjonn?

Wo hält hier ein Bus/eine Straßenbahn?
Waar stopt hier een bus/tram?
waar ßtoppt hier en büß/trämm?

Gibt es eine Busverbindung nach ...?
Is er een busdienst naar ...?
iß är en **büß**dienst naar ...?

Welche Linie muß ich nehmen?
Welk nummer moet ik nemen?
wälk **nüm**mer muht ick **neh**me(n)?

Um wieviel Uhr fährt der erste/letzte Bus?
Hoe laat gaat de eerste/laatste bus?
huh laat chaat de **eers**te/**laaz**te büß?

Muß ich umsteigen?
Moet ik overstappen?
muht ick **o**verßtappe(n)?

Wo kann ich eine Fahrkarte kaufen?
Waar kan ik een kaartje kopen?
waar kann ick en **kaart**je **ko**pe(n)?

◄ **Bei dem Busfahrer/im Tabakladen/auf dem Busbahnhof**
Bij de chauffeur/in de tabakswinkel/op het busstation
bäi de scho**för**/in de ta**backs**winkel/op hät **büß**-ßtatßjonn

Eine einfache Fahrkarte nach ... bitte
Een enkele reis naar ... alstublieft
en **än**kele räiß naar ... alßtü**blift**

(Tages-)Rückfahrkarte	retour *n*	re**tuhr**
Tageskarte	dagkaart	**dach**kaart
Kinderkarte	kinderkaartje *n*	**kin**derkaartje
Monatskarte	maandabonnement *n*	**maant**abonnemänt
entwerten, stempeln	afstempelen	af**ßtäm**pele(n)
Entwerter, Stempelautomat	stempelautomaat	**ßtäm**pelautomat

Die "strippenkaart"

Das Fahrscheinsystem der öffentlichen Verkehrsmittel in den Niederlanden ist vorbildlich. In allen Bussen, U-Bahnen, Straßenbahnen und in einigen Zügen (ausschließlich Nahverkehrs- und Vorortzüge) ist der im ganzen Land einheitliche Fahrausweis - die ***strippenkaart*** - gültig. Das Gebiet der Niederlande ist in verschiedene Nahverkehrszonen aufgeteilt. Wenn Sie von den öffentlichen Verkehrsmitteln Gebrauch machen wollen, rechnen Sie aus, durch wieviel Zonen Sie fahren werden. Die aufgedruckten Streifen auf der ***strippenkaart*** stellen jeweils eine Zone dar. Sie zählen auf der Karte entsprechend viele Streifen ab, wie Zonen auf Ihrer Strecke liegen und entwerten die Karte auf dem folgenden Streifen (Entwerter finden Sie in der Straßenbahn oder auf dem Bahnsteig der U-Bahn oder des Bahnhofes). In Bussen gibt es keine Entwerter; der Busfahrer stempelt Ihre Karte ab. Fahren Sie z.B. durch drei Zonen, dann entwerten Sie den vierten Streifen; es ist nicht nötig, die übrigen drei Streifen abzustempeln. Mehrere Personen können dieselbe "strippenkaart" benutzen.
Wenn Sie nicht wissen, durch wieviel Zonen Sie fahren werden, können Sie den Bus- oder Straßenbahnfahrer bitten, es für Sie auszurechnen (in der U-Bahn oder im Zug ist das leider nicht möglich). Die Gültigkeitsdauer der "strippenkaart" nimmt mit der Zonenzahl zu (sehen Sie hierfür die Rückseite der Karte). Die Karte bleibt mindestens eine Stunde gültig.
Bei Bus- und Straßenbahnfahrern sind "strippenkaarten" zu 3 oder 10 Streifen erhältlich. Der Preis pro Streifen/Zone ist jedoch wesentlich höher als der von Karten mit 15 oder 45 Streifen, die auf Postämtern, in Bahnhöfen und in manchen Geschäften ***(Een strippenkaart alstublieft)*** erhältlich sind. Dort werden auch Kinderkarten für Kinder unter 12 Jahren verkauft (halber Preis) und Karten für Inhaber einer Rentnerermäßigungskarte. In den Informationsbüros der Städtischen Verkehrsbetriebe sind deutsch- und englischsprachige Prospekte über die Benutzung der "strippenkaart" erhältlich.

Können Sie mir Bescheid sagen, wenn wir bei ... sind?
Wilt u mij waarschuwen als we bij ... zijn?
willt ü me **waar**ßchüjen als we bäi ... säin?

Aufschriften

VOORIN INSTAPPEN	VORNE EINSTEIGEN
ACHTERIN UITSTAPPEN	HINTEN AUSSTEIGEN
GEEN UITGANG	KEIN AUSGANG
ZITPLAATS VOOR INVALIDEN	SITZPLATZ FÜR INVALIDEN
NIET SPREKEN MET DE BESTUURDER	NICHT MIT DEM FAHRER SPRECHEN
HIER GEEN STAANPLAATSEN	KEINE STEHPLÄTZE
VERBODEN TE ROKEN	RAUCHEN VERBOTEN

Darf der Hund im Bus mitfahren?
Mag de hond mee in de bus?
mach de hont mee in de büß?

◄ Ihre Fahrkarte bitte
Uw plaatsbewijs alstublieft
üu **plaaz**bewäiß alßtü**blift**

◄ Sie dürfen hier nicht sitzen, dies ist die erste Klasse
U mag hier niet zitten, dit is de eerste klas
ü mach hier niet **sit**te(n), dit iß de **eer**ste klaß

◄ Ihre Fahrkarte ist nicht (mehr) gültig
Uw plaatsbewijs is niet (meer) geldig
üu **plaaz**bewäiß iß niet (mehr) **chäl**dich

◄ Sie müssen eine Buße bezahlen
U moet een boete betalen
ü muht en **buh**te be**tah**le(n)

◄ Wir machen hier zehn Minuten Pause
We houden hier tien minuten pauze
we **hau**de(n) hier tien mi**nü**te(n) **pau**se

◄ Endstation, aussteigen bitte
Eindpunt, uitstappen alstublieft
äintpünt, **öit**ßtappe(n) alßtü**blift**

Fahrer	bestuurder	be**ßtühr**der
Haltestelle	halte	**hal**te
Liniennummer	lijnnummer *n*	**läin**nümmer
Schaffner	controleur	kontro**lör**
Sitzplatz	zitplaats	**sitt**plaaz
Stehplatz	staanplaats	**ßtaan**plaaz

Zug

Wo ist der Bahnhof?
Waar is het station?
waar iß hät ßtatß**jonn**?

Eine einfache Fahrkarte nach ... bitte
Mag ik een enkele reis naar ...?
mach ick en **än**kele räiß naar ...?

Muß ich einen Sitzlatz reservieren?
Moet ik een plaats reserveren?
muht ick en plaaz reßer**vee**re(n)?

Wann fährt der Zug nach ...?
Hoe laat gaat de trein naar ...?
huh laat chaat de träin naar ...?

Muß ich umsteigen?
Moet ik overstappen?
muht ick **o**verßtappe(n)?

Kann ich mein Fahrrad mit der Bahn transportieren lassen?
Kan ik mijn fiets in de trein meenemen?
kann ick mäin fiez in de träin **mee**neme(n)?

Aufschriften

ACHTER,	HINTEN,
ACHTERSTE TREINSTEL	HINTERER ZUGTEIL
ACHTER/VOOR UITSTAPPEN	HINTEN/VORN AUSSTEIGEN
BAGAGE(RUIMTE)	GEPÄCK(RAUM)
BAGAGEKLUIZEN	SCHLIESSFÄCHER
BINNENLAND	INLAND
BUITENLAND	AUSLAND
DAMES	DAMEN
D-TREIN MET TOESLAG	D-ZUG MIT ZUSCHLAG
EERSTE KLASSE	ERSTE KLASSE
FIETSENSTALLING	FAHRRADAUFBEWAHRUNG
GEEN TOEGANG	ZUTRITT VERBOTEN
HEREN	HERREN
INGANG	EINGANG
INLICHTINGEN	AUSKUNFT
KAARTVERKOOP	FAHRKARTENSCHALTER
METRO	U-BAHN
MET TOESLAG	MIT ZUSCHLAG
NIET INSTAPPEN	NICHT EINSTEIGEN
NIET OPENEN VOORDAT DE TREIN STILSTAAT	NICHT ÖFFNEN BEVOR DER ZUG HÄLT
NIET ROKEN	NICHTRAUCHER
NIET SPREKEN MET DE BESTUURDER	NICHT MIT DEM FAHRER SPRECHEN
NOODREM	NOTBREMSE
NOODUITGANG	NOTAUSGANG
OPENEN	ÖFFNEN

Aufschriften

OP VOL BALKON NIET ROKEN	RAUCHVERBOT BEI VOLLEM ZWISCHENABTEIL
OVERSTAPPEN	UMSTEIGEN
ROKEN	RAUCHER
SLUIT AUTOMATISCH	SCHLIESST AUTOMATISCH
SLUITEN	SCHLIESSEN
SPOOR	GLEIS
STATIONSRESTAURATIE	BAHNHOFSGASTSTÄTTE
STOPT NIET IN ...	HÄLT NICHT IN ...
STOPT OP VERZOEK	HÄLT AUF WUNSCH
TOILETTEN	TOILETTEN
UITGANG	AUSGANG
VOOR, VOORSTE TREINSTEL	VORN, VORDERER ZUGTEIL
WACHTKAMER	WARTESAAL

Fahrplan	dienstregeling	dienst**re**cheling
Ankunft	aankomst	**aan**komßt
Abfahrt	vertrek *n*	ver**träck**
Werktage	werkdagen	**wärk**daache(n)
Sonn- und Feiertage	zon- en feestdagen	sonn än **feeßt**daache(n)
Gleis	spoor *n*	ßpoor
Bahnsteig	perron *n*	pä**ronn**
Internationaler Zug	internationale trein	internaßjo**naa**le träin
Intercity	intercitytrein	inter**ßit**titräin
Eilzug	sneltrein	**ßnäll**träin
Bummelzug	stoptrein	**ßtopp**träin
Gebirgsbahn	bergspoor *n*	**bärch**ßpoor
D-Zug	doorgaande trein	**door**chaande träin
Schalter	loket *n*	lo**kätt**
Zuschlag	toeslag	**tuh**ßlach
erste Klasse	eersteklas	**eer**steklaß
zweite Klasse	tweedeklas	**twee**deklaß
Raucher	roken	**ro**ke(n)
Nichtraucher	niet-roken	**niet**roke(n)
reserviert	gereserveerd	chereßer**veert**
Dienstabteil	dienstcoupé	**dienst**kupee
Bahnhofsgaststätte	restauratie	rüßtau**ra**zi
Speisewagen	restauratiewagon	räßtau**ra**ziwachonn
Schlaf-/Liegewagen	slaap-/ligrijtuig *n*	**ßlaap**-/**lich**räitöich

Packwagen	bagagerijtuig *n*	ba**chaa**sche-räitöich
Liegewagen	couchette	kuh**schätt**
Liegeplatz	ligplaats	**lich**plaaz
Sitzplatz	zitplaats	**sitt**plaaz
Gang	gangpad *n*	**chang**patt
Zwischenabteil	balkon *n*	bal**konn**
Gepäcknetz	bagagerek *n*	ba**chaa**scheräck
Schaffner	conducteur	kondück**tör**
Lokomotivführer	machinist	maschi**nißt**

◄ **Der Zug hält nur/nicht in ...**
De trein stopt alleen/niet in ...
de träin ßtoppt al**leen**/niet in ...

◄ **Sie sitzen auf dem falschen Platz**
U zit op de verkeerde plaats
ü sitt opp de ver**keer**de plaaz

◄ **Ihre Fahrkarte ist ungültig**
Uw kaartje is niet geldig
üu **kaart**je iß niet **chäll**dich

◄ **Sie sitzen im falschen Zug**
U zit in de verkeerde trein
ü sitt in de ver**keer**de träin

◄ **Sie sitzen in der ersten Klasse**
U zit in de eersteklas
ü sitt in de **eer**ßte**klas**

◄ **Der Zug hat 30 Minuten Verspätung**
De trein heeft dertig minuten vertraging
de träin heeft **där**tich mi**nü**te(n) ver**tra**ching

Fähre

Eine Fahrkarte nach ... bitte
Ik wil een kaartje naar ...
ick will en **kaart**je naar ...

Kann das Fahrrad mit der Fähre transportiert werden?
Kan de fiets mee op de boot?
kann de fiez mee opp de boot?

Ich möchte einen Liegesitz/eine Kajüte reservieren ...
Ik wil een slaapstoel/hut reserveren ...
ick will en **ßlaap**ßtuhl/hütt reßer**veh**re(n) ...

an der Außenseite	aan de buitenzijde	aan de **böi**te(n)säide
an der Innenseite	aan de binnenzijde	aan de **bin**ne(n)säide
mit Dusche	met douche	met dusch
für drei Personen	voor drie personen	voor drie per**ßoo**ne(n)

Wann fährt die nächste Fähre ab?
Wanneer vaart de eerstvolgende boot af?
wan**neer** vaart de **eerst**volchende boot aff?

Wie lange dauert die Überfahrt?
Hoe lang duurt de overtocht?
huh lang dührt de **o**vertocht?

Was kostet der Transport für ein Auto mit 2 Insassen?
Wat kost het vervoer van een auto met twee inzittenden?
watt koßt hät ver**vuhr** van een **au**to mät twee **in**sittende(n)?

◀ Sie müssen die Anweisungen der Mannschaft befolgen
U moet de aanwijzingen van de bemanning volgen
ü muht de **aan**wäisinge(n) van de be**man**ning **voll**che(n)

Aufschriften

HIER OPSTELLEN	HIER EINORDNEN
MOTOR AFZETTEN	MOTOR ABSTELLEN
REDDINGSVESTEN	SCHWIMMWESTEN
REDDINGSBOTEN	RETTUNGSBOOTE
ALLEEN PASSAGIERS	NUR FÜR PASSAGIERE
BENEDENDEK	UNTERDECK
TUSSENDEK	ZWISCHENDECK
BOVENDEK	OBERDECK
GEEN TOEGANG	KEIN ZUTRITT
NAAR HET AUTODEK	ZUM AUTODECK

Taxi

Können Sie mir ein Taxi rufen?
Kunt u voor mij een taxi bellen/roepen?
künnt ü voor mäi en **ta**xi **bäl**le(n)/**ruh**pe(n)?

Wo gibt es einen Taxistand?
Waar is een taxistandplaats?
waar iß en **ta**xißtantplaaz?

Zum ... bitte
Naar de/het ... alstublieft
naar de/hät ... alßtü**blift**

Flughafen	vliegveld *n*	**vliech**vält
Bahnhof	station *n*	ßtatß**jonn**
Stadtmitte	centrum *n*	**ßän**trüm
Hotel "Phoenix"	Hotel *n* "Phoenix"	ho**täl fö**nix
Museum	museum *n*	mü**ßee**üm
Krankenhaus	ziekenhuis *n*	**sie**ke(n)höiß

Können Sie mich zu dieser Adresse bringen?
Wilt u mij naar dit adres brengen?
willt ü mäi naar dit a**dräß brän**ge(n)?

Können Sie mir beim Gepäcktragen helfen?
Kunt u mij helpen met de bagage?
künnt ü me **häl**pe(n) mät de ba**chaa**sche?

Können Sie hier anhalten?
Wilt u hier stoppen?
willt ü hier **ßtop**pe(n)?

◀ **Der Taxameter ist defekt**
De meter is defect
de **me**ter iß de**fäkt**

Der rest ist für Sie
Laat maar zitten
laat maar **sit**te(n)

Wieviel wird die Fahrt kosten?
Wat gaat de rit kosten?
watt chaat de ritt **koß**te(n)?

Ich bin gehbehindert
Ik ben slecht ter been
ick bän ßlächt tär been

Wieviel schulde ich Ihnen?
Hoeveel ben ik u schuldig?
huhveel bän ick ü **ßchüll**dich?

◀ **Ich habe kein Wechselgeld**
Ik heb geen wisselgeld
ick häp cheen **wis**selchält

Kann ich eine Quittung bekommen?
Mag ik een kwitantie?
mach ick en kwit**tann**zi?

T Tanken/Panne/Unfälle

an der Tankstelle

Volltanken/20 Liter bitte
Voltanken/Twintig liter alstublieft
volltänke(n)/**twin**tich **li**ter alßtü**blift**

Können Sie ...?
Kunt u ...?
künnt ü ...

diesen Kanister füllen	deze jerrycan vullen	**de**se **dschär**rikänn **vül**le(n)
diesen Reifen flicken	deze band repareren	**de**se bant repa**re**re(n)
diesen Reifen wechseln	deze band verwisselen	**de**se bant ver**wis**sele(n)
die Reifen aufpumpen	de banden oppompen	de **ban**de(n) **op**pompe(n)
die Scheiben saubermachen	de ruiten schoonmaken	de **röi**te(n) **ßchoon**make(n)
die Windschutzscheibe saubermachen	de voorruit schoonmaken	de **voor**roit **ßchoon**make(n)
mir eine Qittung geben	een kwitantie geven	en kwit**tan**zi **che**ve(n)
das Auto waschen	de auto wassen	de **au**to **was**se(n)
die Batterie auffüllen	de accu vullen	de **ak**kü **vül**le(n)
das Öl wechseln	de olie verversen	de **o**li ver**vär**ße(n)
die Zündkerzen wechseln	de bougies verwisselen	de bu**schieß** ver**wis**sele(n)
einen Abschleppwagen rufen	een takelwagen bellen	en **ta**kelwache(n) **bäl**le(n)

Würden Sie ... bitte prüfen?
Wilt u (de/het) ... even nakijken?
willt ü (de/hät) ... **eve**(n) **na**käike(n)?

das Kühlwasser	waterpeil *n*	**wa**terpäil
den Ölstand	oliepeil *n*	**o**lipäil
den Reifendruck	bandenspanning	**ban**deßpanning
die Bremsflüssigkeit	remvloeistof	**räm**vluißtoff
die Scheinwerfer	verlichting vóór	ver**lich**ting voor
die Rücklichter	verlichting achter	ver**lich**ting **ach**ter

Haben Sie eine Straßenkarte?
Heeft u een wegenkaart?
heeft ü en **wee**che(n)kaart?

Haben Sie hier Toiletten?
Is hier een toilet aanwezig?
iß hier en twa**lett** aan**we**sich?

Aufschriften

EURO 95	SUPER BLEIFREI
EURO 98	SUPER PLUS BLEIFREI
LOODVRIJ	BLEIFREI
DIESEL	DIESEL
LPG	AUTOGAS
MENGSMERING	ZWEITAKTGEMISCH
LUCHT	LUFT
WATER	WASSER
ZELFBEDIENING	SELBSTBEDIENUNG
AUTOWASSEN	AUTOWÄSCHE
WASSTRAAT	WASCHSTRASSE

Reparaturen

Wo finde ich eine Werkstatt/einen Fahrradmechaniker?
Waar is een garage (werkplaats)/fietsenmaker?
waar iß en cha**ra**sche (**wärk**plaaz)/**fie**ze(n)maker?

Der/die/das ... funktioniert nicht
Ik heb een defect aan de/het ...
ick häp en de**fäkt** aan de/hät ...

Ich höre ein merkwürdiges Geräusch
Ik hoor een vreemd geluid
ick hoor en vreemt che**löit**

Der Motor ist überhitzt
De motor raakt oververhit
de **mo**tor raakt **o**ververhitt

Ich verliere Öl/Benzin
Ik verlies olie/benzine
ick ver**ließ** **o**li/ben**si**ne

Ich habe Reifenpanne vorne/hinten
Ik heb een lekke voorband/achterband
ick häp en **läk**ke **voor**bant/**ach**terbant

Das Auto springt nicht an
De wagen wil niet starten
de **waa**che(n) will niet **ßtar**te(n)

Die Batterie ist entladen
De accu is leeg
de **ak**kü iß leech

Haben Sie die Ersatzteile vorrätig?
Hebt u de onderdelen in voorraad?
häpt ü de **onn**derdele(n) in **voo**raat?

Können Sie den/die/das ... reparieren/wechseln?
Kunt u de/het ... repareren/verwisselen?
künnt ü de/hät ... repa**re**re(n)/ver**wis**sele(n)?

Ich kann Ersatzteile aus Deutschland kommen lassen
Ik kan onderdelen uit Duitsland laten overkomen
ick kann **onn**derdele(n) öit **döiz**lant **la**te(n) **o**verkome(n)

Wann ist das Auto/Motorrad/Fahrrad fertig?
Wanneer is de auto/motor/fiets weer klaar?
wan**neer** iß de **au**to/**mo**tor/fiez weer klaar?

Was wird es ungefähr kosten?
Heeft u een idee hoeveel het gaat kosten?
heeft ü en i**dee** huh**veel** hät chaat **koß**te(n)?

Wann kann ich es abholen?
Tot hoe laat kan ik hem afhalen?
tott huh laat kann ick häm **aff**hale(n)?

Haben Sie den Defekt gefunden?
Heeft u het mankement kunnen vinden?
heeft ü hät manke**mänt kün**ne(n) **vin**de(n)?

Ich komme mein Auto/Motorrad/Fahrrad abholen
Ik kom mijn auto/motor/fiets afhalen
ick komm men **au**to/**mo**tor/fiez **aff**hale(n)

Kann ich mit dem Auslandsschutzbrief bezahlen?
Kan ik betalen met de reis- en kredietbrief?
kann ick be**ta**le(n) mät de räiß- än kre**dit**brief?

Panne- und Unfallhilfe

In den Niederlanden gibt es eine Sammelnummer für **politie** (Polizei), **brandweer** (Feuerwehr) und **ambulance** (Krankenwagen). In Notfällen wählen Sie die Notrufnummer **112** (zum Nulltarif) und melden der Telefonistin, welchen Bereitschaftsdienst Sie benötigen. Auf den niederländischen Autobahnen konnen Sie den gelben **praatpaal** (Notrufsäule) des ANWB benutzen. Sie drücken auf den Knopf und melden sich bei der Telefonistin. Über diese Notrufsäulen können Sie auch die **wegenwacht** (Pannenhilfe) erreichen. Auf Landstraßen können Sie den Straßenhilfsdienst unter der Telefonnummer **0800-0888** zum Nulltarif anrufen. In Belgien können Sie bei Panne die **Touring Wegenhulp (Touring Secours)** de TCB anrufen, die **Pechdienst** des VAB (nur in Flandern) und die Pannenhilfe des RACB. Ausschließlich die Pannenhilfe des TCB ist uber die Nortufsäulen an den Autobahnen erreichbar.

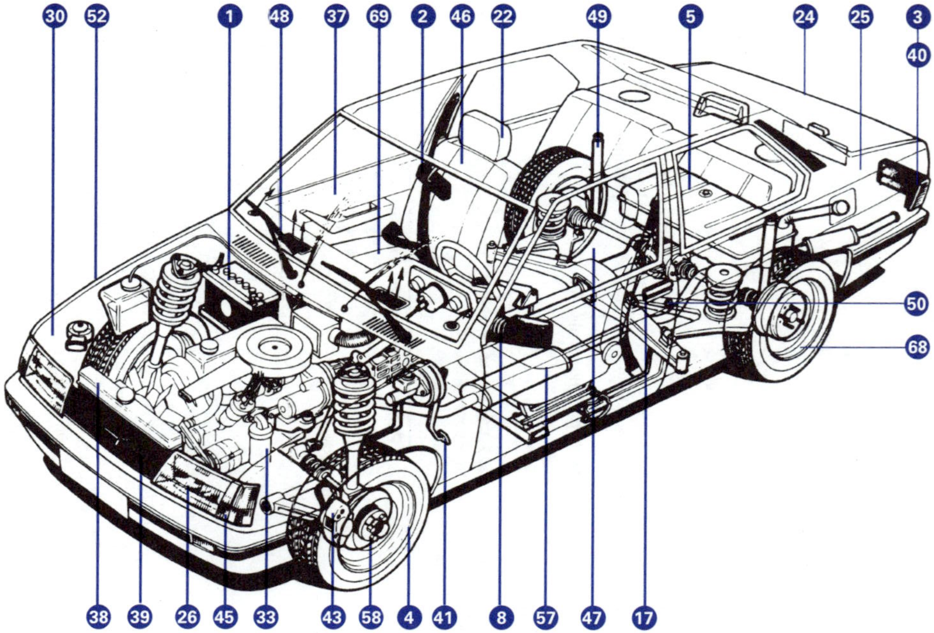
30
52
1
48
37
69
2
46
22
49
5
24
25
3
40
50
68
38
39
26
45
33
43
58
4
41
8
57
47
17

Autoteile

(die Autoteile mit * sind nicht abgebildet)

18	**Abblendlicht**	dimlicht *n*	**dimm**licht
55	**Antrieb**	transmissie	trans**mis**si
16	**Armaturenbrett**	dashboard *n*	**däsch**bort
57	**Auspuff**	uitlaat	**öit**laat
8	**Außenspiegel**	buitenspiegel	**böi**te(n)ßpichel
1	**Batterie**	accu	**ak**kü
7	**Benzinleitung**	brandstofleiding	**brant**ßtofläiding
5	**Benzintank**	benzinetank	ben**si**netänk
45	**Blinker**	richtingaanwijzer	**rich**tingaanwäiser
41	**Bremse, Bremspedal**	rem, rempedaal *n*	rämm, **rämm**pedaal
42	**Bremslicht**	remlicht *n*	**rämm**licht
43	**Bremsscheibe**	remschijf	**rämm**ßchäif
*56	**Druckventil**	uitlaatklep	**öit**laatkläpp
*12	**Fahrgestell**	chassis *n*	schas**sih**
*62	**Federung**	vering	**ve**ring
58	**Felge**	velg	välch
20	**Filter**	filter *n*	**fil**ter
*66	**Gebläse**	voorruitverwarming	**voor**röitverwarming
63	**Gangschaltung**	versnelling	ver**ßnäl**ling
21	**Gaspedal**	gaspedaal *n*	**chaß**pedal
*64	**Getriebegehäuse**	versnellingsbak	ver**ßnäl**lingsback
15	**Hupe**	claxon	**kla**xon
*11	**Karosserie**	carrosserie	karosse**ri**
61	**Keilriemen**	ventilatorriem	venti**la**torrim
*60	**Keilriemenscheibe**	ventilatorkoppeling	vänti**la**torkoppeling
24	**Kofferhaube**	kofferdeksel *n*	**kof**ferdäkßel
25	**Kofferraum**	kofferruimte	**kof**ferröimte
*70	**Kolben**	zuiger	**söi**cher
22	**Kopfstütze**	hoofdsteun	**hooft**ßtöhn
52	**Kotflügel**	spatbord *n*	**ßpatt**bort
38	**Kühler**	radiator	radi**a**tor
39	**Kühlergrill**	radiatorgrill	radi**a**torchrill
23	**Kühlwasserleitung**	koelwaterleiding	**kuhl**waterläiding
27	**Kupplung, Kupplungspedal**	koppeling, koppelingpedaal *n*	**kop**peling, **kop**pelingpedal
28	**Kurbelwelle**	krukas	**krück**aß
29	**Lager**	lager *n*	**laa**cher
53	**Lenkrad**	stuur(wiel) *n*	**ßtühr**(wiel)
31	**Motoraufhängung**	motorophanging	**mo**toropphanging
*13	**Motorblock**	cilinderblok *n*	ßi**lin**derblock

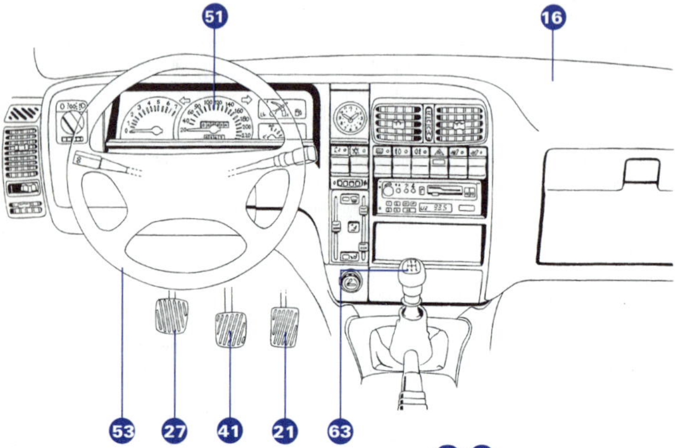
51
16
53
27
41
21
63

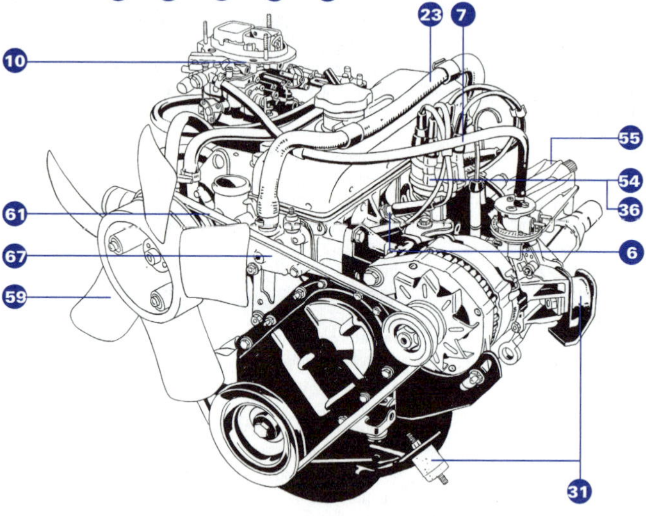
23
7
10
55
54
36
61
6
67
59
31

30	**Motorhaube**	motorkap	**mo**torkapp
*32	**Nockenwelle**	nokkenas	**nok**ke(n)aß
33	**Ölfilter**	oliefilter *n*	**o**lifilter
*34	**Ölleitung**	olieleiding	**o**liläiding
*35	**Ölpumpe**	oliepomp	**o**lipomp
19	**Pleuelstange**	drijfstang	**dräif**ßtang
68	**Rad**	wiel *n*	wiel
	Vorderrad	voorwiel *n*	**voor**wiel
	Hinterrad	achterwiel *n*	**ach**terwiel
4	**Reifen**	band	bant
*44	**Reserverad**	reservewiel *n*	re**sär**vewiel
46	**Rückenlehne**	rugleuning	**rüch**löhning
3	**Rückfahrlicht**	achteruitrijlicht *n*	achter**öit**räilicht
2	**Rückspiegel**	achteruitkijkspiegel	achter**öit**käik-**ßpi**chel
40	**Rückstrahler**	reflector	re**fläck**tor
47	**Scheibe**	ruit	röit
	Windschutzscheibe	voorruit	**voor**röit
	Seitenfenster	zijruit	**säi**röit
	Heckscheibe	achterruit	**ach**terröit
48	**Scheibenwischer**	ruitenwisser	**röi**tewisser
26	**Scheinwerfer**	koplamp	**kopp**lamp
50	**Schloß**	slot *n*	ßlott
*65	**Schwungrad**	vliegwiel *n*	**vliech**wiel
69	**Sitz**	zitting	**sit**ting
	Vordersitz	voorzitting	**voor**sitting
	Rücksitz	achterzitting	**ach**tersitting
49	**Stoßdämpfer**	schokdemper	**ßchock**dämper
9	**Stoßstange**	bumper	**bümm**per
	vorne	voorbumper	**voor**bümmper
	hinten	achterbumper	**ach**terbümmper
54	**Stromverteiler**	stroomverdeler	**ßtrom**verdeler
51	**Tachometer**	snelheidsmeter	**ßnäll**häizmeter
17	**Türgriff**	deurkruk	**dör**krück
59	**Ventilator**	ventilator	vänti**la**tor
10	**Vergaser**	carburateur	karbüra**tör**
37	**Wagentür**	portier *n*	por**tir**
67	**Wasserpumpe**	waterpomp	**wa**terpomp
6	**Zündkerze**	bougie	bu**schih**
*36	**Zündung**	ontsteking	ont**ßtee**king
*14	**Zylinderkopf**	cilinderkop	si**lin**derkopp

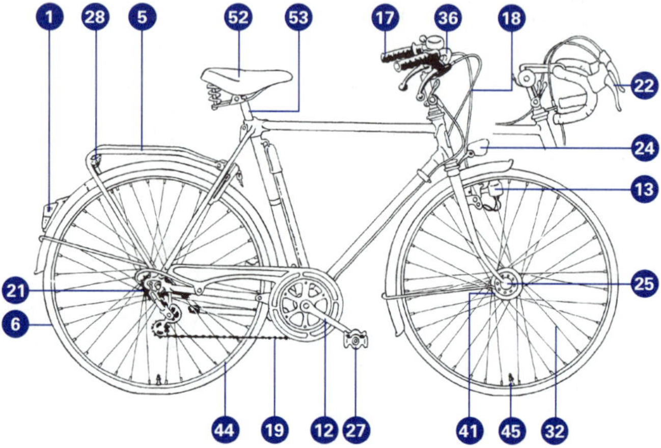
1
28
5
52
53
17
36
18
22
24
13
21
25
6
44
19
12
27
41
45
32

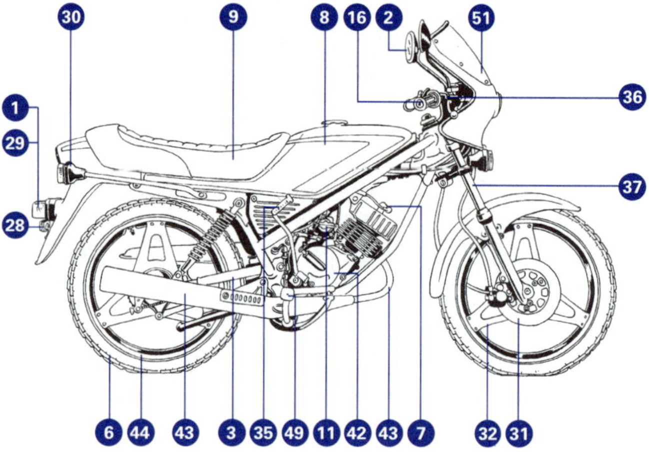
30
9
8
16
2
51
1
36
29
37
28
6
44
43
3
35
49
11
42
43
7
32
31

Motorrad- und Fahrradteile

(die Motorrad- und Fahrradteile mit * sind nicht abgebildet)

4	**Achse**	as	aß
35	**Anlasser**	starter	**ßtar**ter
43	**Auspuff**	uitlaat	**öit**laat
8	**Benzintank**	brandstoftank	**brandß**tofftänk
30	**Blinker**	richtingaanwijzer	**rich**tingaanwäiser
29	**Bremslicht**	remlicht *n*	**rämm**licht
13	**Dynamo**	dynamo	di**na**mo
24	**Fahrradlampe**	koplamp	**kopp**lamp
15	**Fahrradschloß**	fietsslot *n*	**fiez**ßlott
44	**Felge**	velg	välch
*48	**Flügelmutter**	vleugelmoer	**vlöh**chelmuhr
49	**Fußstütze**	voetsteun	**vut**ßtöhn
46	**Gangschaltung**	versnelling	ver**ßnäl**ling
16	**Gashebel**	gashandel	**chaß**händel
5	**Gepäckträger**	bagagedrager	ba**chaa**schedraacher
22	**Handbremse**	knijprem	**knäip**rämm
17	**Handgriff**	handvat *n*	**hant**vatt
18	**Kabel**	kabel	**ka**bel
	Gaskabel	gaskabel	**chaß**kabel
	Bremskabel	remkabel	**rämm**kabel
	Gangschaltungsseilzug	versnellingskabel	ver**ßnäl**lingskabel
19	**Kette**	ketting	**kät**ting
20	**Kettenschutz**	kettingkast	**kät**tingkast
21	**Kettenrad**	kettingwiel *n*	**kät**tingwiel
*23	**Kugellager**	kogellager *n*	**ko**chellaacher
36	**Lenker**	stuur *n*	ßtühr
14	**Luftpumpe**	fietspomp	**fiez**pomp
25	**Nabe**	naaf	naaf
*26	**Öltank**	olietank	**o**litänk
27	**Pedal**	pedaal *n*	pe**dal**
50	**Rad**	wiel *n*	wiel
	Vorderrad	voorwiel *n*	**voor**wiel
	Hinterrad	achterwiel *n*	**ach**terwiel
10	**Rahmen**	buisframe *n*	**böiß**freem
6	**Reifen**	band	bant
	Vorderreifen	voorband	**voor**bant
	Hinterreifen	achterband	**ach**terbant
	Mantel	buitenband	**böi**te(n)bant
	Schlauch	binnenband	**bin**ne(n)bant

1 Rücklicht	achterlicht *n*	**ach**terlicht
2 Rückspiegel	achteruitkijkspiegel	achter**öit**käik-**ßpi**chel
28 Rückstrahler	reflector	re**fläck**tor
39 Rücktrittbremse	terugtraprem	**trüch**trapprämm
52 Sattel	zadel *n*	**sa**del
53 Sattelstützrohr	zadelpen	**sa**delpänn
31 Scheibenbremse	schijfrem	**ßchäif**rämm
33 Schutzblech	spatbord *n*	**ßpatt**bort
3 Schwinge	achtervork	**ach**tervork
9 Soziussitz	buddyseat	**bödd**ißiet
32 Speiche	spaak	ßpaak
34 Ständer	standaard	**ßtann**daart
37 Teleskopgabel	telescoopvork	tele**ßkoop**vork
***40 Tourenzähler**	toerenteller	**tuh**re(n)täller
12 Tretkurbel	crank	kränk
41 Trommelbremse	trommelrem	**trom**melrämm
45 Ventil, Ventilschlauch	ventiel *n*, ventielslang	vän**til**, vän**til**ßlang
11 Vergaser	carburateur	karbüra**tör**
***47 Viertaktmotor**	viertaktmotor	**vier**taktmotor
51 Windschutz	windscherm *n*	**wint**ßchärm
7 Zündkerze	bougie	bu**schih**
42 Zweitaktmotor	tweetaktmotor	**twee**taktmotor

Art des Schadens

blockiert	geblokkeerd	cheblok**keert**
durchgebrannt	doorgebrand	**door**chebrannt
eingefroren	bevroren	be**vroh**re(n)
falsch eingestellt	verkeerd afgesteld	ver**keert aff**cheßtällt
gebrochen	gebroken	che**bro**ke(n)
gesprungen	gebarsten	ge**barß**te(n)
hat Kurzschluß	maakt kortsluiting	maakt **kort**ßlöiting
klemmt	klemt	klämmt
macht Lärm	maakt lawaai	maakt la**wai**
schmutzig	vuil	vöil
überhitzt	oververhit	**o**ververhitt
undicht	lek	läck
verrostet	verroest	ver**rußt**
verschlissen	versleten	ver**sleh**te(n)
verstopft	verstopt	ver**ßtoppt**
vibriert	trilt	trillt

ein Unfall

(Siehe auch "Probleme in der Stadt" und "Ärztliche Hilfe")

Es ist ein Unfall passiert!
Er is een ongeluk gebeurd!
är iß en **onn**chelück che**böhrt**!

Es gibt (keine) Verletzte
Er zijn (geen) gewonden
er säin (cheen) ge**wonn**de(n)

Es ist nur Blechschaden
Er is alleen materiële schade
är iß al**leen** materi**ee**le **ßcha**de

Verständigen Sie die Polizei/einen Krankenwagen
Waarschuw de politie/een ambulance
waarßchüh de po**li**zi/en ambü**lann**ße

Kann ich hier die Polizei anrufen?
Kan ik hier de politie bellen?
kann ick hier de po**li**zi **bäl**len?

Berühren Sie ihn/sie nicht
Raak hem/haar niet aan
raak häm/haar niet aan

Bitte warten Sie auf einen Arzt/Krankenwagen
Wacht op een dokter/ambulance
wacht opp en **dock**ter/ambü**lann**ße

◄ Wer ist der Fahrer?
Wie is de bestuurder?
wie iß de be**ßtühr**der?

◄ Darf ich Ihren Führerschein/Ihre Versichungspapiere sehen?
Mag ik uw rijbewijs/verzekeringspapieren zien?
mach ick üu **räi**bewäiß/ver**se**keringspapiere(n) sien?

◄ Gibt es Zeugen?
Zijn er getuigen?
säin är ge**töi**ge(n)?

◄ Ich muß ein Protokoll aufnemen
Ik moet een proces-verbaal opmaken
ick muht en pro**ßäß**-ver**baal opp**make(n)

Der andere hat einen Fehler gemacht
De ander heeft een fout gemaakt
de **ann**der heeft en faut che**maakt**

◄ Sie haben (keine) Schuld an diesem Unfall
U hebt (geen) schuld aan dit ongeval
ü häpt (cheen) ßchült aan dit **onn**chevall

◄ Sie haben/sind ...
U hebt/bent ...
ü häpt/bänt ...

durch eine rote Ampel gefahren	door rood licht gereden	door rot licht che**re**de(n)
keine Vorfahrt gegeben	geen voorrang verleend	cheen **voor**rang ver**leent**
falsch überholt	onjuist ingehaald	on**jöist in**chehaalt
zu schnell gefahren	te snel gereden	te ßnäll che**re**de(n)
sich falsch eingefädelt	verkeerd ingevoegd	ver**keert in**chevucht

◄ **Sie bekommen ein Strafmandat**
U krijgt hiervoor een bekeuring
ü kräicht **hier**voor en be**köh**ring

◄ **Sie müssen zur Polizeiwache mitkommen**
U moet even mee naar het bureau
ü muht **e**ve(n) mee naar hät bü**roo**

◄ **Sie müssen pusten/eine Blutprobe entnehmen lassen**
U moet een blaastest doen/bloedproef afleggen
ü muht en **blaas**täst duhn/**blut**pruf **aff**läche(n)

◄ **Sie dürfen (nicht) weiterfahren**
U mag (niet) verder rijden
ü mach (niet) **vär**der **räi**de(n)

◄ **Ihr Auto wird zur Kontrolle beschlagnahmt**
Uw auto wordt voor controle in beslag genomen
üu **au**to wort voor konn**trol**le in be**ßlach** che**no**men

◄ **Sie können die Angelegenheit untereinander regeln**
U kunt de zaak onderling schikken
ü künnt de saak **onn**derling **ßchik**ke(n)

◄ **Würden Sie hier unterschreiben?**
Wilt u dit tekenen?
willt ü dit **te**kene(n)?

Ich hätte gern Ihre Personalien für die Versicherung
Ik wil graag uw gegevens voor de verzekering
ick will chraach üu che**chee**vens voor de ver**se**kering

Ich kann das nicht lesen
Ik kan dit niet lezen
ick kann dit niet **le**se(n)

Unterkunft

Wo ist das Hotel "Phoenix"?
Waar is hotel "Phoenix"?
waar iß ho**täl föh**nix

Gibt es hier in der Nähe ein Hotel/eine Pension?
Is hier in de buurt een hotel/pension?
iß hier in de bührt en ho**täl**/pänß**jonn**?

an der Rezeption

Ich habe ein Zimmer reserviert
Ik heb een kamer gereserveerd
ick häp en **ka**mer che**re**ßerveert

◄ **Haben Sie einen Gutschein/eine Buchungsbestätigung?**
Hebt u een voucher/reserveringsbevestiging?
häpt ü en **vaut**scher/reßer**ve**rings-be**väß**Dtiching?

Mein Name ist ...
Mijn naam is ...
mäin naam iß ...

Haben Sie noch Zimmer frei?
Heeft u nog kamers vrij?
heeft ü noch **ka**mers vräi?

◄ **Nein, das Hotel ist ausgebucht**
Nee, het hotel is volgeboekt
nee, hät ho**täl** iß **voll**chebukt

Ich möchte gern ein ...
Ik wil graag een ...
ick will chraach en ...

Einzelzimmer	eenpersoonskamer	**een**perßoonskamer
Doppelzimmer	tweepersoonskamer	**twee**perßoonskamer
Appartment	appartement *n*	apparte**mänt**
mit Bad/Dusche	met bad/douche	mät batt/dusch
mit Toilette	met toilet	mät twa**lett**
mit fließendem Wasser	met stromend water	mät **ßtroh**ment **wa**ter
mit Kochnische	met kitchenette	mät kitsche**nät**te
mit Doppelbett	met tweepersoonsbed	mät **twee**perßoonsbätt
mit französischem Bett	met lits-jumeaux	mät lih-schü**moh**
mit einem zusätzlichen Bett	met een extra bed	mät en **ex**tra bätt
mit einem Kinderbett	met een kinderbedje	mät en **kin**derbättje
met Klimaanlage	met airconditioning	mät **ähr**kondischening
mit Telefon	met telefoon	mät tele**foon**
mit Radio	met radio	mät **ra**dio

mit Fernseher	met televisie	mät tele**vi**si
mit Balkon	met balkon	mät bal**konn**
mit Terrasse	met terras	mät ter**raß**
mit Blick aufs Meer	met zeezicht	mät **see**sicht
zur Straße	aan de straatzijde	aan de **ßtraat**säide
nach hinten	aan de achterzijde	aan de **ach**tersäide
im Erdgeschoß	op de begane grond	opp de be**chaa**ne chront
in einem der unteren Stockwerke	op een lage verdieping	opp en **la**che ver**die**ping
in einem der oberen Stockwerke	op een hoge verdieping	opp en **ho**che ver**die**ping

Ich möchte gern ...
Ik wil graag ...
ick will chraach ...

nur Übernachtung	alleen logies	al**leen** lo**schieß**
Übernachtung und Frühstück	logies en ontbijt	lo**schieß** än ont**bäit**
Halbpension	half pension	half penß**jonn**
Vollpension	volledig pension	vol**lee**dich penß**jonn**

Wieviel kostet das Zimmer ...?
Hoeveel kost de kamer ...?
huhveel koßt de **ka**mer ...?

pro Nacht	per nacht	pär nacht
pro Woche	per week	pär week
für 2 Wochen	per twee weken	pär twee **we**ken

Ich bleibe/wir bleiben nur diese Nacht/ ... Nächte
Ik blijf/we blijven alleen deze nacht/... nachten
ick bläif/we **bläi**ve(n) al**leen de**se nacht/... **nach**te(n)

Ich weiß noch nicht wie lange wir bleiben werden
Ik weet nog niet hoe lang we zullen blijven
ick weet noch niet huh lang we **sül**le(n) **bläi**ve(n)

Kann ich mit Euroschecks/Kreditkarte bezahlen?
Kan ik betalen met een eurocheque/creditcard?
kann ick be**ta**le(n) mät en **öh**roscheck/**kräd**dittkart?

Muß ich einige Nächte im voraus bezahlen?
Moet ik een aantal nachten vooruit betalen?
muht ick en **aan**tall **nach**te(n) voor**öit** be**ta**le(n)?

◄ Kann ich Ihren Paß bekommen?
Mag ik uw paspoort hebben?
mach ick üu **paß**poort **häb**be(n)?

◄ **Würden Sie dieses Formular ausfüllen?**
Wilt u dit formulier invullen?
willt ü dit formü**lier in**vülle(n)?

◄ **Das Zimmer ist leider noch nicht frei**
De kamer is helaas nog niet vrij
de **ka**mer iß he**laas** noch niet vräi

◄ **Sie können Ihr Zimmer ab ... Uhr beziehen**
U kunt vanaf ... uur op uw kamer terecht
ü künnt van**aff** ... ühr opp üu **ka**mer trächt

◄ **Es ist im ... Stockwerk**
Het is op de ... verdieping
hät iß opp de ... ver**die**ping

◄ **Sie haben Zimmernummer ...**
Uw kamernummer is ...
üu **ka**mernümmer iß ...

◄ **Hier ist Ihr Schlüssel**
Hier is uw sleutel
hier iß üu **ßlöh**tel

◄ **Dort ist der Fahrstuhl**
Daar vindt u de lift
daar vint ü de lift

Kann mir jemand beim Gepäcktragen helfen?
Kan iemand mij met mijn bagage helpen?
kann **ie**mant mäi mät main ba**chaa**sche **häl**pe(n)?

◄ **Ihr Gepäck wird Ihnen gebracht**
Uw bagage wordt gebracht
üu ba**chaa**sche wort che**bracht**

Ab wann kann ich frühstücken?
Om hoe laat kan ik ontbijten?
om huh laat kann ick ont**bäi**te(n)?

Wo wird das Frühstück serviert
Waar wordt het ontbijt geserveerd?
waar wort hät ont**bäit** geßer**veert**?

Kann ich meinen Schlüssel bekommen? Nummer ...
Mag ik mijn sleutel hebben? Nummer ...
mach ick main **ßlöh**tel **häb**be(n)? **nüm**mer ...

Kann ich die Rechnung bekommen?
Wilt u de rekening voor mij opmaken
willt ü de **re**kening voor mäi **opp**make(n)

Ich möchte abreisen
Ik wil uitchecken
ick will **öit**tschäcke(n)

Würden Sie die Rechnung an diese Adresse schicken?
Wilt u de rekening sturen naar dit adres?
willt ü de **re**kening **ßtüh**re(n) naar dit a**dräß**?

Wo kann ich das Auto parken?
Waar kan ik de auto parkeren?
waar kann ick de **au**to par**kee**re(n)?

Auskunft, Service, Reklamationen

◄ **Wir haben einen Gästeparkplatz/eine Garage**
We hebben een eigen parkeerterrein/parkeergarage
we **häb**be(n) en **äi**che(n) par**keer**terräin/par**keer**charage

Aufschriften

RECEPTIE	REZEPTION
SLEUTELBEWAARDER	SCHLÜSSELAUFBEWAHRUNG
KASSIER	KASSE
ONTBIJTZAAL	FRÜHSTÜCKSSAAL
RESTAURANT	RESTAURANT
ADMINISTRATIE	VERWALTUNG
DAMES	DAMEN
HEREN	HERREN
KAPPER	FRISEUR
REISBUREAU	REISEBÜRO
LIFT	FAHRSTUHL

◄ **Das kostet pro Tag ... Gulden zusätzlich**
Dat kost u ... gulden extra per dag
dat kost ü ... **chül**de(n) **ex**tra pär dach

Gibt es ein Restaurant im Hotel?
Heeft het hotel een eigen restaurant?
heeft hät ho**täl** en **äi**che(n) räßtau**rant**?

Können Sie ein gutes/preiswertes Restaurant empfehlen?
Kunt u een goed/goedkoop restaurant aanbevelen?
künnt ü en chut/chut**koop** räßtau**rant** **aan**bevele(n)?

Können Sie uns einen Tisch reservieren?
Kunt u voor ons een tafel reserveren?
künnt ü voor ons en **ta**fel reßer**ve**re(n)?

Kann ich den Zimmerservice in Anspruch nehmen?
Kan ik gebruik maken van de roomservice?
kann ick che**bröik** **ma**ke(n) van de ruhm**sör**viß?

Haben Sie einen Stadtplan?
Heeft u een plattegrond van de stad?
heeft ü en platte**chront** van de ßtatt?

Haben Sie einen Veranstaltungskalender?
Heeft u een evenementenlijst?
heeft ü en evene**män**teläist?

Können Sie Karten vorbestellen?
Kunt u plaatskaarten reserveren?
künnt ü **plaaz**kaarte(n) reßer**ve**re(n)?

Kann ich einen Ausflug buchen?
Kan ik boeken voor een excursie?
kann ick **bu**ke(n) voor en ex**kür**ßi?

Können Sie mir ein Taxi rufen?
Kunt u voor mij een taxi bestellen?
künnt ü voor mäi en **ta**xi be**ßtäl**le(n)?

Können Sie mich morgen um ... wecken?
Wilt u mij morgen wekken om ...?
willt ü mäi **mor**che(n) **wäk**ke(n) om ...?

Kann ich bitte einen Anschluß bekommen
Ik wil graag een buitenlijn
ick will chraach en **böi**te(n)läin

Ich möchte gern mit ... telefonieren
Ik wil graag een telefoongesprek met ...
ick will chraach en tele**foon**chespräck mät ...

Kann ich im Zimmer frühstücken/zu Mittag essen/zu Abend essen?
Kan ik op de kamer ontbijten/lunchen/dineren?
kann ick opp de **ka**mer ont**bäi**te(n)/**lün**sche(n)/di**nee**Dre(n)?

Ist eine Nachricht für mich hinterlassen worden/angekommen?
Is er een boodschap voor mij achtergelaten/aangekomen?
iß är en **boot**ßchapp voor mäi **ach**terchelate(n)/**aan**chekome(n)?

Ich erwarte Besuch
Ik verwacht een bezoeker
ick ver**wacht** en be**suh**ker

Ich warte ...
Ik wacht ...
ick wacht ...

hier	hier	hier
in der Bar	in de bar	in de bar
in der Hotelhalle	in de lounge	in de launsch
in meinem Zimmer	op mijn kamer	opp mäin **ka**mer

Ich bin mit ... verabredet; ist er/sie in seinem/ihrem Zimmer?
Ik heb een afspraak met ...; is hij/zij op zijn/haar kamer?
ick häp en **af**spraak mät ...; iß häi/säi opp säin/haar **ka**mer?

Können Sie dies im Safe bewahren?
Kunt u dit in de safe bewaren?
künnt ü dit in de ßeef be**wa**re(n)?

Kann ich das Gepäck hier stehenlassen?
Kan ik deze bagage hier laten staan?
kann ick **de**se ba**chaa**sche hier **la**te(n) ßtaan?

Kann ich hier Geld wechseln/Schecks einlösen?
Kan ik hier geld wisselen/cheques verzilveren?
kann ick hier chält **wis**sele(n)/schecks ver**sil**vere(n)?

Das Zimmer ist nicht gemacht worden
De kamer is niet schoongemaakt
de **ka**mer iß niet **ßchoon**chemaakt

Das Bettzeug ist nicht gewechselt worden
Het beddengoed is niet verschoond
hät **bäd**de(n)chut iß niet ver**ßchoont**

Man kann das Fenster nicht öffnen/schließen
Het raam kan niet open/dicht
hät raam kann niet **o**pe(n)/dicht

Können Sie ein Zimmermädchen/einen Handwerker schicken?
Kunt u een kamermeisje/reparateur sturen?
künnt ü en **ka**mermäische/repara**töhr ßtüh**re(n)?

Ich habe keinen/keine/kein ...
Ik heb geen ...
ick häp cheen ...

Handtuch	handdoek	**han**duk
Badetuch	badhanddoek	**batt**handuk
Seife	zeep	seep
Stöpsel	afvoerstop	**af**fuhrßtopp
Toilettenpapier	toiletpapier *n*	twa**lett**papier
Papierkorb	prullenbak	**prül**le(n)back
Kissenbezug	kussensloop	**küs**se(n)ßloop
Kleiderbügel	klerenhangers	**klee**re(n)hangers

Der/Die/Das ... funktioniert nicht
Er is een defect aan de/het ...
är iß en de**fäckt** aan de/hät ...

Klimaanlage	airconditioning	**ähr**kondischening
Heizung	verwarming	ver**war**ming
Licht	verlichting	ver**lich**ting
Fernseher	televisietoestel *n*	tele**vi**situßtäll
Dusche	douche	dusch
Abfluß	afvoer	**af**fuhr

Ich möchte gerne eine zusätzliche Decke/ein zusätzliches Kissen
Ik wil graag een extra deken/kussen
ick will chraach en **ex**tra **de**ke(n)/**küs**se(n)

Bei mir ist eingebrochen worden/es ist etwas gestohlen worden
Er is bij mij ingebroken/er is iets gestolen
är iß bäi mäi **in**chebroke(n)/är iß iez che**ßto**le(n)

Ich möchte gern ein anderes Zimmer
Ik wil graag een andere kamer
ick will chraach en **an**dere **ka**mer

Ich nehme ein anderes Hotel
Ik neem een ander hotel
ick neem en **an**der ho**täl**

Darf man hier wild zelten?
Mag men hier vrij kamperen?
mach män hier vräi kam**pe**re(n)?

Darf ich auf Ihrem Grundstück zelten?
Mag ik op uw grond kamperen?
mach ick opp üu chront kam**pe**re(n)?

Campingplatz/Jugendherberge

Darf man hier im Auto/im Wohnwagen übernachten?
Mag men hier in de auto/in de caravan overnachten?
mach män hier in de **au**to/in de **kä**rävän over**nach**te(n)?

Wie komme ich zum Campingplatz/zur Jugendherberge?
Hoe kom ik op de camping/bij de jeugdherberg?
huh komm ick opp de **käm**ping/bäi de **jöcht**härbärch?

◄ Bitte hier melden
Hier melden a.u.b.
hier **mäl**de(n) alßtü**blift**

Ich suche einen Platz für ein ...
Ik zoek een plaats voor een ...
ick suhk en plaaz voor en ...

kleines Zelt	kleine tent	**kläi**ne tänt
großes Zelt	grote tent	**chro**te tänt
Auto mit Wohnwagen	auto met caravan	**au**to mät **kä**rävän

Ist in der Herberge Platz für ... Personen?
Is er plaats in de herberg voor ... personen?
iß är plaaz in de **här**bärch voor ... per**ßo**ne(n)?

Sind Hunde auf dem Campingplatz erlaubt?
Mag de hond op de camping komen?
mach de hont opp de **käm**ping **ko**me(n)?

◄ Dies ist ein Privat-Campingplatz
Dit is een besloten camping
dit iß en be**ßlo**te(n) **käm**ping

◄ Der Campingplatz/die Jugendherberge ist leider belegt
De camping/jeugdherberg is helaas vol
de **käm**ping/**jöcht**härbärch iß he**laas** voll

◄ Darf ich Ihren Campingausweis/Ihre Mitgliedskarte sehen?
Mag ik uw kampeercarnet/lidmaatschapskaart zien?
mach ick üu kam**peer**karnett/**litt**maatßchappskaart sien?

◄ Sie können einstweiliges Mitglied werden
U kunt een tijdelijk lidmaatschap aangaan
ü künnt en **täi**delick **litt**maatßchapp **aan**chaan

Ist dies ein bewachter Campingplatz?
Is de camping bewaakt?
iß de **käm**ping be**waakt**?

Was kostet es pro ...?
Wat kost het per ...?
watt kost hät pär ...?

Nacht	nacht	nacht
Woche	week	week
Person	persoon	per**ßoon**
Erwachsenen	volwassene	voll**was**sene
Kind	kind *n*	kint
Zelt	tent	tänt
Wohnwagen	caravan	**kä**rävän
Auto	auto	**au**to
Motorrad	motor	**mo**tor
Fahrrad	fiets	fiez

Gibt es auf dem Campingplatz einen, eine, ein ...?
Is er op de camping een ...?
iß är opp de **käm**ping en ...?

Einkaufsmöglichkeit	kampwinkel	**kamp**winkel
Spielplatz	kinderspeelplaats	**kin**derßpeelplaaz
Kochgelegenheit	kookgelegenheid	**kook**cheleeche(n)häit
Waschgelegenheit	wasgelegenheid	**waß**cheleche(n)häit
Duschgelegenheit	douchegelegenheid	**dusch**cheleeche(n)häit
Toiletten	toilet *n*	twa**lett**
Fahrradaufbewahrungsstelle	fietsenstalling	**fie**ze(n)ßtalling
Briefkasten	brievenbus	**brie**ve(n)büß

Kann ich hier ein Zelt/einen Bungalow/Bettzeug mieten?
Kan ik hier een tent/bungalow/linnengoed huren?
kann ick hier en tänt/**bün**galo/**lin**ne(n)chut **hü**re(n)?

Gibt es einen Stromanschluß?
Is er een aansluiting voor elektriciteit?
iß är en **aan**ßlöiting voor elektrißi**täit**?

Kann ich hier Gasflaschen auffüllen lassen?
Kan ik hier gasflessen laten vullen?
kann ick hier **chaß**flässe(n) **la**te(n) **vül**le(n)?

Essen und Trinken

Das niederländische **ontbijt** (Frühstück) besteht gewöhnlich aus einigen **boterhammen** - Scheiben Grau- oder Weißbrot **(bruin brood, wit brood)**, mit **(room)boter** (Butter) oder **margarine** (für die schlanke Linie gibt es **halvarine**, halbfette Margarine) und Brotbelag wie Käse, Schinken oder Wurst (**kaas, ham, worst**), oder süßen Aufstrich wie Marmelade oder Schokoladenstreusel (**jam, hagelslag**). Wenn Sie ein Ei wollen, dann können Sie ein **hardgekookt ei** (hartgekochtes Ei), **zachtgekookt ei** (weiches Ei) oder **gebakken ei** (Spiegelei) bestellen. In internationalen Restaurants können Sie auch ein englisches (Engels), oder amerikanisches Frühstück (Amerikaans) mit **toast, ontbijtspek** (Toast, Frühstücksspeck) oder **cornflakes** bekommen. Dazu wird meistens **koffie** (Kaffee) oder **thee** (Tee) getrunken, aber Sie können natürlich auch **melk** (Milch) oder **vruchtensap** (Fruchtsaft) bestellen. Den **lunch** oder das **middageten** (Lunch, Mittagessen) nimmt man etwa zwischen 12.30 und 13.30 zu sich; Werktätige nehmen meistens Butterbrote mit, oder essen in der Kantine des Betriebes. Das **avondeten** (Abendessen) wird meistens relativ früh, nämlich zwischen 18.00 und 19.00 Uhr gegessen; es besteht aus einer zwei- oder dreigängigen warmen Mahlzeit.

Gaststätten und Lokale

automatiek Selbstbedienungs-Schnellimbiß, der mit Automaten ausgestattet ist, woraus Fastfood gezogen werden kann (Einwurf: 1-Gulden- und 25-Cent-Stücke); die Niederländer nennen das: eten uit de muur ("aus der Mauer essen"; Siehe auch nachstehende Wortliste "Imbisse")

bistro kleines Restaurant mit französischer Atmosphäre und kleiner Karte; relativ preiswert

broodjeszaak ein Schnellimbiß, der hauptsächlich belegde broodjes (belegte Brötchen) verkauft; sehen Sie auch nachstehende Wortliste "Imbisse"

café eine Kombination von einer einfachen Bar (alkoholische Getränke, hauptsächlich Bier) mit einem Kaffeehaus; in den großen Städten ist das bruine café populär (für den Namen "bruin" ist die braune Farbe

	der hölzernen Wandverkleidung verantwortlich); hier wird auch Billard, Darts oder Karten gespielt; kleine Snacks sind erhältlich
cafetaria	ein Imbiß oder kleines Restaurant, meistens mit Selbstbedienung, außer Snacks sind auch warme Mahlzeiten erhältlich; verhältnismäßig preiswert
Chinees-Indisch restaurant	erinnert an die Kolonialzeit, als die Niederlande Indonesien besaßen (das damalige *Niederländisch-Indien)*; die Köche sind oft (Hong Kong) Chinesen und man kann hier chinesische und indonesische Gerichte essen (sehen Sie auch nachfolgende Liste); relativ preiswert; auch Außer-Haus-Verkauf; diese Art Abendessen nennt man chinezen (Wij gaan vanavond chinezen - Wir gehen heute Abend "chinesen")
croissanterie	ein französisch angehauchter, Imbißartiger Betrieb, der auf Croissants, Baguette, Kaffee und Tee spezialisiert ist
eethuis	meistens ein preisgünstiges und einfaches Restaurant
haringkraam	ein Fischstand am Straßenrand; die Snacks können am Stand gegessen werden, auch Außer-Haus-Verkauf; im Frühjahr ist der Hollandse nieuwe oder nieuwe haring eine Delikatesse: ein frischer, junger Matjeshering (hauptsächlich in den ersten Tagen nach dem Fang noch relativ teuer); Kopf und Eingeweide werden entfernt, auf Wunsch wird der Hering in gehackten Zwiebeln gewendet und gleich danach gegessen (den Hering beim Schwanz fassen, den Kopf in den Nacken legen und abbeißen)
koffieshop	meistens in Einkaufszentren und Kaufhäusern; hier werden Kaffee, Tee, Kuchen und Erfrischungsgetränke serviert (in einigen großen Städten wie z.B. Amsterdam werden manchmal in Koffieshops - illegal - weiche Drogen verkauft).
pannekoeken-huisje	kleines Restaurant, das viele Pfannkuchensorten serviert; bei Kindern sehr beliebt
patatkraam	Eine Bude am Straßenrand mit Pommes frites und anderen Snacks (auch Außer-Haus-Verkauf)
poffertjeskraam	kleines Restaurant oder eine Bude, hier werden poffertjes verkauft, eine in Butter gebackene, kleine Pfannkuchenart, die mit Puderzucker bestreut wird; bei Kindern sehr beliebt
restaurant	unterscheidet sich nicht von Restaurants in anderen Ländern; in allen Preisklassen; einige bieten ein preiswertes Touristenmenü (achten Sie auf den Aushang); die ausländischen Restaurants sind sehr populär (chinesisch-indonesisch, surinamisch, griechisch, türkisch, italienisch)
snackbar	Schnellimbiß; die Snacks können in der Snackbar gegessen werden, auch Außer-Haus-Verkauf; große Auswahl "fast food"; meistens stehen hier Spielautomaten
wegrestaurant	Autobahnraststätte; manchmal mit Selbstbedienung, nicht gerade preiswert

Gespräche mit dem Personal

Haben Sie einen Tisch frei?
Heeft u een tafel vrij?
heeft ü en **ta**fel vräi?

Einen Tisch für zwei Personen bitte
Een tafel voor twee personen alstublieft
en **ta**fel voor twee per**ßo**ne(n) alßtü**blift**

◀ **Haben Sie reserviert?**
Heeft u gereserveerd?
heeft ü chereßer**veert**?

Ich habe einen Tisch für zwei Personen reserviert
Ik heb een tafel voor twee personen gereserveerd
ick häp en **ta**fel voor twee per**ßo**ne(n) chereßer**veert**

◀ **Wir haben leider keinen Tisch frei**
We hebben helaas geen tafel meer vrij
we **häb**be(n) he**laas** cheen **ta**fel mehr vräi

◀ **Sie können in einer halben Stunde zurückkommen**
U kunt over een half uur terugkomen
ü künnt **o**ver en half ühr **trüch**kome(n)

◀ **Das Restaurant öffnet erst um neun Uhr**
Het restaurant gaat pas om negen uur open
hät reßtau**rant** chaat paß om **ne**che(n) ühr **o**pe(n)

◀ **Die Küche ist schon geschlossen**
De keuken is al gesloten
de **köh**ke(n) iß all che**slo**te(n)

Die Speisekarte/Weinkarte bitte
De menukaart/wijnkaart alstublieft
de me**nü**kaart/**wäin**kaart alßtü**blift**

Können Sie mir etwas empfehlen?
Kunt u iets aanbevelen?
künnt ü iez **aan**bevele(n)?

Ich esse ausschließlich vegetarisch
Ik eet alleen vegetarische maaltijden
ick eet al**leen** veche**ta**rieße **maal**täide(n)

Für unsere Kinder bitte einen Kinderteller
Voor onze kinderen graag een kinderportie
voor **on**se **kin**dere(n) chraach en **kin**derporzi

Ich möchte gern ein lokales Gericht probieren
Ik wil graag een streekgerecht proeven
ick will chraach en **ßtreek**cherächt **pruh**ve(n)

Wir haben kein Besteck/keine Teller
We hebben geen bestek/borden
we **häb**be(n) cheen be**ßtäck**/**bor**de(n)

Können Sie diese Flasche bitte öffnen?
Wilt u deze fles voor mij openen?
willt ü **de**se fläß voor mäi **o**pene(n)?

Guten Appetit!
Eet smakelijk!
eet **ßma**kelick!

◀ **Hat es Ihnen geschmeckt?**
Heeft het gesmaakt?
heeft hät che**ßmaakt**?

◀ **Darf ich abräumen?**
Kan ik afruimen?
kann ick **aff**röime(n)?

Ober!
Ober!
ober!

Die Rechnung bitte
De rekening alstublieft
de **re**kening alßtü**blift**

Ich möchte gern bezahlen
Ik wil graag betalen
ick will chraach be**ta**le(n)

Wir möchten getrennt zahlen
Voor ieder een aparte rekening
voor **ie**der en a**par**te **re**kening

Wo ist die Toilette/die Garderobe?
Waar is het toilet/de garderobe?
waar iß hät twa**lett**/de charde**ro**be?

einige Wörter und Redewendungen

Aschenbecher	asbak	**aß**back
Besteck	bestek *n*	be**ßtäck**
Flasche	fles	fläß
Gabel	vork	vork
Glas	glas *n*	chlaß
Löffel	lepel	**le**pel
Messer	mes *n*	mäß
Pfeffer- und Salzstreuer	peper- en zoutstel *n*	**pe**per än **saut**ßtäll
Serviette	servet	sär**vätt**
Guten Appetit!	Eet smakelijk!	eet **sma**kelick!
Zum Wohl!	Op uw gezondheid!	op üu che**sont**häit!
Prost!	proost!	prost!
Wohl bekomm's!	Moge het u wel bekomen!	**mo**che hät wäll be**ko**me(n)!

eine niederländische Speisekarte

VOORGERECHTEN	VORSPEISEN
ansjovis	Anschovis
ganzenleverpastei	Gänseleberpastete
garnalencocktail	Krabbencocktail
gevulde eieren	gefüllte Eier
(Ardenner) ham	(Ardenner) Schinken
haring	Hering
huzarensalade	Husarensalat
mosselen	(Mies-) Muscheln
oesters	Austern
omelet	Omelette
pasteitje	Pastete
paté	Leberpastete
Russisch ei	russisches Ei

SOEPEN	SUPPEN
aspergesoep	Spargelsuppe
(bruine) bonensoep	(trad.; Winter) (braune) Bohnensuppe
bouillon	Bouillon
consommé	Fleischbrühe
erwtensoep	(trad.; Winter) Erbsensuppe
groentesoep	Gemüsesuppe
kerriesoep	Currysuppe
kervelsoep	Kerbelsuppe
kippensoep	Hühnersuppe
koninginnensoep	gebundene Hühnersuppe
ossenstaartsoep	Ochsenschwanzsuppe
soep van de dag	Tagessuppe
tomatensoep	Tomatensuppe
uiensoep	Zwiebelsuppe
vermicellisoep	Vermicellisuppe
vissoep	Fischsuppe

VIS EN SCHAALDIEREN	FISCH UND SCHALENTIERE
baars	Barsch
bokking	Bückling
forel	Forelle
garnalen	Garnelen
haring	(trad.) Hering, z.B.: maatjesharing (Matjeshering), Hollandse nieuwe (frischer Matjeshering), rolmops (Rollmops)
heilbot	Heilbutt
inktvis	Tintenfisch
kabeljauw	Kabeljau
karper	Karpfen
kreeft	Krebs
makreel	Makrele
mosselen	(Mies) Muscheln
paling	(trad.) Aal, z.B. gerookte paling (Räucheraal), paling in het groen (Aalgericht in einer Gemüse-Weißweinsoße)
rivierkreeft	Krebs
schelvis	Schellfisch
schol	Scholle
snoek	Hecht
snoekbaars	Zander
stokvis	Stockfisch
tarbot	Steinbutt
tong	Seezunge

tonijn	Thunfisch
wijting	Weißling
zalm	Lachs
zeekreeft	Hummer
zeetong	Seezunge
WILD EN GEVOGELTE	WILD UND GEFLÜGEL
duif	Taube
eend	Ente
fazant	Fasan
fricassee	Frikassee
gans	Gans
haantje	Hähnchen
haas	Hase
hazenpeper	Hasenpfeffer
houtsnip	Waldschnepfe
kalkoen	Puter
kip	Huhn, z.B.: gebraden kip (Brathuhn), kippenborst (Hühnerbrust), kipfilet (Hühnerbrustfilet), kippenlevertjes (Hühnerleber)
konijn	Kaninchen
patrijs	Rebhuhn
reerug	Rehrücken
waterzooi	(belgisch) Huhn- und Gemüsegericht
VLEESGERECHTEN	FLEISCHGERICHTE
biefstuk	Beefsteak: biefstuk van de haas (Filetsteak), biefstuk tartaar (Tatarbeefsteak)
blinde vink	(trad.) Kalbsrouladen
entrecote	Entrecote
filet	Filet
gehaktbal	Frikadelle
hachee	Haschee
hersenen	Hirn
hete bliksem	(trad.) Kartoffeln mit Äpfeln
hutspot met klapstuk	(trad.; Winter) Eintopfgericht mit Karotten, Kartoffeln, Zwiebeln und Rindfleisch
jachtschotel	Jägereintopf
kalf	Kalb z.B.: kalfsborst (Kalbsbrust), kalfsbout (Kalbskeule), kalfsoester (Kalbsmedaillon), kalfsschenkel (Kalbshaxe)
karbonade	Karbonade
kotelet	Kotelett

lamsvlees	Lammfleisch
lendenstuk	Mürbebraten
lever	Leber
nieren	Nieren
ossenhaas	Rinderlende
pastei	Fleischpastete
pens	Kaldaunen
ragout	Ragout
rollade	Rollbraten
rolpens	marinierter Hackfleischrollbraten
rookworst	(trad.) geräucherte Wurst
rosbief	Roastbeef
rundvlees	Rindfleisch, z.B.: runderlapje (Schmorfleisch), runderrollade (Rinderrollbraten)
schapenvlees	Hammelfleisch
spek	Speck
tong	Zunge, z.B.: ossetong (Ochsenzunge), rundertong (Rindszunge)
tournedos	Tournedos
varkensvlees	Schweinefleisch, z.B.: varkenshaas (Schweinelende), varkenskarbonade (Kotelett), varkenspoot (Schweinehaxe)

CHINEES-INDONESISCHE GERECHTEN — CHINESISCH-INDONESISCHE GERICHTE

Eine kleine Auswahl (andere Schreibweisen sind möglich)

atjar tjampoer	Beilage; verschiedene süß-saure Gemüse
babi pangang	gegrilltes Schweinefleisch in süß-saurer Soße
bami goreng	gebratene Nudeln mit Gemüse, Schweinefleisch, Omelett und ev. Saté
haaienvinnensoep	Haifischflossensuppe, jedoch meistens mit Hühnerfleischeinlage
foe jong hai	Omelette mit Gemüse und ev. Fleisch
gado gado	Gemüse mit Erdnußsoße
kroepoek	Beilage; längliche, dünne Stücke knuspriges "Krabbenbrot"
mie goreng	gebratene Nudeln
miesoep	Nudelsuppe
nasi goreng	gebratener Reis mit Fleisch, Zwiebeln, Huhn, Garnelen und Spiegelei
nasi rames	eine Art "Mini Reistafel"
oedang	Garnelen
Pekingeend	Pekingente
pisang goreng	gebratene Bananen

(Chinese/Indische) rijsttafel	Reistafel (min. 2 Pers.); eine vollständige, traditionelle chinesische oder indonesische Mahlzeit: zu Reis werden zahllose Schälchen mit Fleisch- und Gemüsegerichten, Soßen und Beilagen serviert.
roedjak manis	Gurken- oder Apfelscheiben in süßer Sojasoße
sambal	scharfe bis sehr scharfe rote Pfeffersoße
sajoer kerrie	eine Art Currysuppe
sajoer lodeh	eine Art Gemüsesuppe mit Fleisch oder Garnelen
saté (sateh) babi/ajam	Stückchen Schweine- oder Hühnerfleisch an Spießchen mit Erdnußsoße
seroendeng	Beilage; gemahlene Erdnüsse mit Kokosflocken
teloer reboes	Eigericht
tjap tjoy	Gemüse mit Soße

Zubereitungsarten

aan het spit	am Spieß
gaar	gar
gebakken	gebraten, gebacken: goed doorbakken (durchgebraten), half doorbakken (halb durchgebraten), in de oven gebakken (im Ofen gebraten/gebacken)
gebraden	gebraten
gegarneerd met ...	garniert mit ...
gegrild	gegrillt
gehakt	gehackt
gekookt	gekocht
gekruid	gewürzt
gelardeerd met ...	gespickt mit ...
gemarineerd	mariniert
gepaneerd	paniert
gerookt	geräuchert
geroosterd	geröstet
gesmoord	geschmort
gestoofd	gedünstet
gestoomd	gedämpft
gevuld met ...	gefüllt mit ...
gezouten	gesalzen
koud	kalt
mager	mager
rauw	roh
scherp	scharf
vers	frisch

GROENTEN	GEMÜSE
andijvie	Endivien
artisjokken	Artischocken
(rode) bietjes	Rote Bete
bloemkool	Blumenkohl
boerenkool met worst	(trad.; Winter) Grünkohl mit geräucherter Wurst
(witte/bruine) bonen	(weiße/braune) Bohnen
Brussels lof	Chicoré
champignons	Champignons
(dop)erwten	(grüne) Erbsen
hutspot met klapstuk	(trad.; Winter) Eintopfgericht mit Karotten, Kartoffeln, Zwiebeln und Rindfleisch
kapucijners	Kapuzinererbsen
komkommer	Gurke
peulen	Zuckererbsen
postelein	Portulak
prei	Porree
radijs	Radieschen
rode kool	Rotkohl
selderij	Sellerie
sla	Salat
snijbonen	Schnittbohnen
sperziebonen/ prinsessenbonen	Salatbohnen/Brechbohnen
spinazie	Spinat
spruitjes	Rosenkohl
tomaten	Tomaten
uien	Zwiebeln
zuurkool met spek	(trad.; Winter) Sauerkraut mit Speck
SAUSEN, KRUIDEN E.D.	SOSSEN, GEWÜRZE U.Ä.
azijn	Essig
bieslook	Schnittlauch
citroen	Zitrone
dille	Dill
gelei	Sülze
kaassaus	Käsesoße
kaneel	Zimt
ketchup	Ketchup
knoflook	Knoblauch
komijn	Kümmel
kruiden	Gewürze

ESSEN UND TRINKEN

kruidnagel	Gewürznelke
laurierbladeren	Lorbeerblätter
mayonaise	Mayonnaise
mierikswortel	Meerrettich
mosterd(saus)	Senf (-soße)
nootmuskaat	Muskatnuß
olie	Öl
olijven	Oliven
paprika	Paprika
peterselie	Petersilie
peper	Pfeffer
room	Sahne
rozemarijn	Rosmarin
rozijnen	Rosinen
slagroom	Schlagsahne
witte wijnsaus	Weißweinsoße
zout	Salz

TAFELGEREI	TAFELGERÄT
asbak	Aschenbecher
bestek	Besteck
bierglas	Bierglas
bord	Teller
borrelglaasje	Schnapsglas
gebakvorkje	Kuchengabel
glas	Glas
karaf	Karaffe
kop en schotel	Tasse und Untertasse
lepel	Löffel
melkkannetje	Milchkännchen
mes	Messer
peper- en zoutstel	Pfeffer- und Salzstreuer
servetjes	Servietten
suikerpot	Zuckerdose
tafellaken	Tischdecke
theelepeltje	Teelöffel
vork	Gabel
wijnglas	Weinglas
zoutvaatje	Salzfaß

NAGERECHTEN/DESSERTS NACHSPEISEN

fruit Obst, z.B.: appels (Äpfel), peren (Birnen), bananen (Bananen), perziken (Pfirsiche), pruimen (Pflaumen), mandarijnen (Mandarinen), sinaasappels (Apfelsinen), grapefruits (Grapefruits), ananas (Ananas), aardbeien (Erdbeeren), meloenen (Melonen), bosbessen (Heidelbeeren), bramen (Brombeeren), druiven (Weintrauben), dadels (Datteln) usw.

gebak, koekjes Kuchen, Kekse; werden meistens zum Kaffee oder zum Tee nach dem Essen serviert; einige Speziatitäten: amandelgebak (Mandelkuchen), appelgebak/appelpunt met slagroom (Apfelkuchen/Apfeltorte mit Schlagsahne), tompoes (Kremschnittchen), moorkop (Mohrenkopf), bitterkoekjes (Makrone), kokosmakronen (Kokosmakrone), Arnhemse meisjes (Kekse aus Arnheim), bokkenpootjes (längliche in Schokolade getunkte Kekse)

ijs Eis; viele Sorten sind erhältlich: für Kinder gibt es ein kinderijsje, eine kleinere Portion Eis, oft mit einer kleinen Überraschung

kaas Käse; in Restaurants wird meistens französischer oder Schweizerischer geitenkaas (Ziegenkäse) oder schapenkaas (Schafskäse) als Nachspeise serviert; die niederländischen Käsesorten heißen je nach Lagerdauer jonge kaas, belegen kaas oder oude kaas (junger-, mittelalter- oder alter Käse); die meisten Sorten sind nach den Marktorten benannt, wo sie schon seit Jahrhunderten verkauft werden: Goudse kaas, Edammer kaas, Leidse kaas (die letztgenannte Sorte enthält komijn, Kümmel) oder nach der Gegend, in der sie produziert werden: Texelaar, Maaslander, Friese nagelkaas

pannenkoeken Pfannkuchen, mit stroop (Sirup), gember (Ingwer) oder anderen Zutaten; kleine, dünne Pfannkuchen heißen flensjes

pudding Pudding

vlaai eine Spezialität aus der Provinz Limburg: ein mit Früchten (Kirschen, Erdbeeren) belegter Tortenboden.

vruchtencompote Kompott

yoghurt Joghurt

DRANKEN	GETRÄNKE
Alcoholische dranken	*alkoholische Getränke*
advocaat	das Damengetränk schlechthin: Eierlikör mit Schlagsahne; er wird nicht getrunken, sondern ausgelöffelt
Berenburg	Kräutergenever aus Friesland
bier	Bier; meistens trinkt man Pilsener bier, Kurzform: pils; andere Sorten sind bokbier (Bockbier, in bestimmten Jahreszeiten erhältlich), moutbier (alkoholhaltiges Malzbier) oud bruin (dunkles Bier); das niederländische Bier (Amstel, Heineken, Grolsch, Bavaria) hat einen guten Ruf, viele Bierkenner bevorzugen jedoch Bier aus den südlichen Provinzen und besonders aus Belgien (in den Niederlanden nur in bestimmten Gaststätten erhältlich) z.B. geuzenlambiek, kriekenlambiek (mit Kirsch geschmack) und trappist (in Klöstern gebrautes, starkes Malzbier)
borrel(tje)	eigentlich ein Synoniem für "jenever", jedoch auch der Sammelname für hochprozentige alkoholische Getränke, oder für einen Umtrunk, zu dem Genever serviert wird
brandewijn (met suiker)	Branntwein (mit Zucker)
jenever	Genever (Wacholderbranntwein), wahlweise oude jenever oder jonge jenever (alter oder junger Genever), im Volksmund: oude/jonge klare; Varianten sind bessenjenever (Beerengenever, beliebt bei Damen) und citroenjenever (Zitronengenever, volkstümlich: citroentje met suiker)
likeur	Likör; ein bekannter Likeur ist Curaçao (mit Apfelsinengeschmack)
wijn	Wein; Wein ist nahezu ausschließlich Importware: Frans (französisch), Italiaans (italienisch), Duits (deutsch), Spaans (spanisch). Sie können wählen zwischen rode wijn (Rotwein), witte wijn (Weißwein), rosé (Rosé), droge wijn (trockener Wein), zoete wijn (lieblicher Wein), mousserende wijn (Schaumwein), port(wijn) (Portwein), sherry (Sherry) usw. **Cognac, Rum** und **Whisky** haben keine niederländischen Eigennamen.
Niet-alcoholische dranken	*alkoholfreie Getränke*
alcoholvrij bier	alkoholfreies Bier (Marken: Buckler, Bavaria Malt, usw.)
chocolademelk	Kakao, warm und kalt; warme chocolademelk kann wahl weise mit slagroom (Schlagsahne) serviert werden; koude chocolademelk wird meistens als Chocomel bestellt (ein Markenname)
frisdranken	Erfrischungsgetränke, diverse Sorten und die bekannten internationalen Marken

koffie Kaffee; wählen Sie zwischen bonenkoffie, filterkoffie oder oploskoffie (Bohnenkaffee, Filterkaffee, Instantkaffee); Kaffee mit (koffie)melk (Kaffeemilch) wird als koffie bestellt, schwarzen Kaffee ohne Milch müssen Sie ausdrücklich als zwarte koffie bestellen, wenn Kaffe und Milch nicht getrennt serviert werden; koffie verkeerd ist Kaffee mit viel Milch, koffie met slagroom ist Kaffee mit Schlagsahne; espresso, cappuccino, Wiener melange und andere ausländische Spezialitäten sind in Restaurants und Cafés erhältlich; zum Kaffee ißt man gerne Kuchen - und namentlich in Belgien werden hervorragende bonbons/pralines (Pralinen) serviert

melk Milch; je nach Fettgehalt volle melk, halfvolle melk oder magere melk (Vollmilch, fettarme Milch, Magermilch); andere Milchprodukte sind karnemelk, kwark, hüttenkäse (Buttermilch, Quark, Hüttenkäse) und sogenannter umer, der meistens zum Frühstück und seltener als Nachspeise gegessen wird

mineraalwater Mineralwasser, meistens kohlensäurehaltig; das meistverkaufte Wasser kommt aus Spa (Belgien) und jeder Ober versteht Sie, wenn Sie een spaatje bestellen. Spa rood ist kohlensäurehaltig, Spa blauw Wasser ohne Kohlensäure; Spa groen mit leichtem Zitronengeschmack (die verschiedenen Farben haben nichts mit dem Wasser zu tun - das ist natürlich farblos; gemeint ist die Farbe des Etiketts); neuerdings wird auch Spa mit Apfel-, Johannisbeeren- oder Orangengeschmack serviert

thee Tee, kann wie Kaffee sterk oder slap (stark oder schwach) sein und wird ohne Milch serviert, es sei denn Sie bestellen ausdrücklich thee met melk; Tee mit Zitrone heißt thee met citroen; in den größeren Städten gibt es einige theehuizen (Teehäuser) mit großer Auswahl

tomatensap Tomatensaft

vruchtensap Fruchtsaft; der beliebteste ist jus d'orange (Orangensaft), es gibt jedoch auch appelsap (Apfelsaft), citroensap (Zitronensaft), grapefruitsap (Grapefruitsaft) oder druivensap (Traubensaft) oder eine Mischung mehrerer Sorten.

SNACKS	IMBISSE
patat (patates frites)	Pommes frites, wahlweise mit mayonaise, pindasaus (Mayonnaise, Erdnußsoße) oder speciaal (verschiedene Soßen und Zutaten)
croquet/kroket	Krokette mit Ragoutfüllung
frikadel	eine Art Bratwurst, die fritiert wird
bal gehakt	Frikadelle
bamischijf	eine Art Krokette mit indonesischer Nudelfüllung
milkshake	Milkshake
nassibal	eine Art Krokette mit indonesischer Reisfüllung
hamburger	Hamburger
loempia	(indon.) Frühlingsrolle
saté	(indon.) Schweine- oder Hühnerfleisch an Spießchen mit Erdnußsoße

Die meisten snackbars und cafetaria's verkaufen auch belegde broodjes (belegte Brötchen): Sie können wählen zwischen: broodje ham (Schinkenbrötchen), kaas (Käse), ei (Ei), gezond ("gesund", u.a. mit Salat), lever (Leber), tartaar (Tatar) oder halfom (mit Leber und Pökelfleisch).

Ausgehen

Haben Sie einen Veranstaltungskalender/ein Theaterprogramm?
Hebt u een lijst met evenementen/theatervoorstellingen?
häpt ü en läist mät evene**män**te(n)/te**a**tervoorßtällinge(n)?

Gibt es heute/heute Abend in der Stadt etwas zu sehen?
Is er vandaag/vanavond iets bijzonders te zien in de stad?
iß är van**daach**/van**a**vont iez bi**sonn**ders te sien in de ßtatt?

Auftritt von ...	optreden *n* van ...	op**tre**de(n) van ...
Ballet	ballet *n*	bal**lätt**
Diskothek	discotheek	disko**teek**
Film	film	film
Folkloreabend	folkloristische voorstelling	folklo**riß**tieße **voor**ßtälling
Freilichtbühne	openluchttheater *n*	ope(n)**lücht**teater
Freilichtkino	openluchtbioscoop	ope(n)**lücht**bioßkoop
Freiluftkonzert	openluchtconcert *n*	ope(n)**lücht**konßärt
Kino	bioscoop	bioß**koop**
Konzerthalle	concertzaal	kon**ßärt**saal
Musical	musical	**mju**sikäl
Oper	opera	**o**pera
Operette	operette	ope**rät**te
Popkonzert	popconcert *n*	**popp**konßärt
Tanzabend	dansavond	**danß**avont
Tanzsaal	danszaal	**danß**saal
Theater	schouwburg, theater *n*	**ßchau**bürch, the**a**ter
Theaterstück	toneelstuk *n*	to**neel**ßtück
Ton- und Lichtschau	klank- en lichtspel *n*	klank än **licht**ßpäll
Umzug, Aufzug	optocht	**op**tocht
Varieté	variété *n*	vari**ätee**
Zirkus	circusvoorsteling	**ßir**küßvoorßtälling

Kino und Theater

Gibt es hier in der Nähe ein Kino?
Is hier in de buurt een bioscoop?
iß hier in de bührt en bio**ßkoop**?

Werden ausländische Filme nachsynchronisiert?
Worden buitenlandse films nagesynchroniseerd?
worde(n) **böi**te(n)lanze films **na**cheßinchronißeert?

◄ Nein, sie haben niederländische Untertitel*
Nee, ze hebben Nederlandse ondertitels
nee, se **häb**be(n) **ne**derlanze **onn**dertitels

Welcher Film läuft heute abend?
Wat draait er vanavond?
watt drait är van**a**vont?

* In Belgien: die meisten in den Kinos in Flandern gezeigten Filme haben niederländische und französische Untertitel; in Wallonien werden die Filme häufig aus Frankreich importiert, wo sie nachsynchronisiert wurden.

Was für ein Film ist es?
Wat is het voor een soort film?
watt iß hät voor en ßoort film?

Abenteuerfilm	avonturenfilm	avon**tüh**re(n)film
amerikanisch	Amerikaans	ameri**kaans**
Drama	drama *n*	**dra**ma
englisch	Engels	**än**gels
französisch	Frans	frans
italienisch	Italiaans	itali**aans**
Kinderfilm	kinderfilm	**kin**derfilm
Komödie	komedie	ko**mee**di
Kriminalfilm	misdaadfilm	**miß**daatfilm
Musical	musical	**mju**sikäl
Science Fiction	science fiction	**ßai**jänz **fick**schen
Thriller	thriller	**ril**ler
Western	western	**wäß**tern
Zeichentrickfilm	tekenfilm	**te**ke(n)film

Wann beginnt die Vorstellung?
Hoe laat begint de voorstelling?
huh laat be**chint** de **voor**ßtälling?

Ist der Film für Kinder geeignet?
Is de film geschikt voor kinderen?
iß de film che**ßchickt** voor **kin**dere(n)?

Werden Theaterstücke in einer anderen Sprache als Niederländisch aufgeführt?
Is er een toneelstuk in een andere taal dan Nederlands?
iß är en to**neel**ßtück in en **an**dere taal dann **ne**derlanz?

Wer spielt dort?
Wie treedt er op?
wie treet är op?

Wo kann ich Karten bekommen?
Waar kan ik kaarten krijgen?
waar kann ick **kaar**te(n) **kräi**che(n)?

◄ An der Kasse/Beim Kartenvorverkauf
Aan de kassa/Bij het bespreekbureau
aan de **kas**sa/bäi hät be**ßpreek**büro

Zwei Karten für die heutige Abendvorstellung bitte
Twee kaartjes a.u.b. voor de voorstelling van vanavond
twee **kaart**jes alßtü**blift** voor de **voor**ßtälling van van**a**vont

hinten	achteraan	**ach**teraan
vorne	vooraan	**voor**aan
in der Mitte	in het midden	in hät **mid**de(n)
Rang	balkon *n*	bal**konn**
Loge	loge	**loo**sche
Parkett	zaal	saal

◀ **Die Vorstellung ist ausverkauft**
De voorstelling is uitverkocht
de **voor**ßtälling iß **öit**verkocht

Tanzlokal und Diskothek

Gibt es hier ein gutes Tanzlokal/eine gute Diskothek?
Is hier een leuke dancing/discotheek?
iß hier en **löh**ke **dän**ßing/disko**teek?**

Kommst du zur Disko mit?
Ga je mee naar de disco?
cha je mee naar de disko?

◀ **Dies ist ein Privatklub**
Dit is een besloten club
dit iß en be**ßlo**te(n) klüpp

Welche Musik wird dort normalerweise gespielt?
Wat voor muziek wordt er meestal gespeeld?
watt voor mü**siek** wort är **meeß**tal che**ßpeeld**?

Muß man Eintritt bezahlen?
Moet er entree betaald worden?
muht är an**tree** be**taalt wor**de(n)?

Gibt es dort einen guten Diskjockey?
Is er een goede discjockey?
iß är en **chu**de **disk**dschocki?

Ist es Live-Musik oder werden Schallplatten gespielt?
Is het live muziek of van platen?
iß hät laif mü**siek** off van **pla**te(n)?

Können wir hier auch Standardtänze tanzen?
Kunnen we hier ook stijldansen?
künne(n) we hier ook **ßtäil**danße(n)?

Darf ich Sie um diesen Tanz bitten?
Mag ik deze dans van u?
mach ick **de**se danß van ü?

Laß uns nach draußen gehen
Laten we naar buiten gaan
late(n) we naar **böi**te(n) chaan

Darf ich Sie zu Ihrem Platz bringen?
Mag ik u naar uw plaats brengen?
mach ick ü naar üu plaaz **brän**ge(n)?

Soll ich dich nach Hause/zum Hotel bringen?
Zal ik je naar huis/het hotel brengen?
sall ick je naar höis/hät ho**täl brän**ge(n)?

Tierisch gute Musik!
Wat een onwijs gave muziek!
watt en on**wäiß chaa**ve mü**siek**!

Laß uns irgendwo anders hingehen
Laten we ergens anders heen gaan
late(n) we **är**chens **an**ders heen chaan

Vielen Dank für den netten Abend
Bedankt voor de leuke avond
be**dankt** voor de **löi**ke **a**vont

Ausflüge mit den Kindern

Gibt es unterhaltsame Dinge für Kinder?
Is er iets leuks voor kinderen?
iß är iez löhks voor **kin**dere(n)?

Aquarium	aquarium *n*	a**qua**rium
Dampfeisenbahn	stoomspoorlijn	**ßtoom**ßpoorläin
Kindermuseum	museum *n* voor kinderen	mü**ßee**üm voor **kin**dere(n)
Kinderzoo	kinderboerderij	**kin**derbuhrderäi
Miniaturstadt	miniatuurstad	minia**tühr**ßtatt
Rundfahrt	rondvaart	**ront**vaart
Rundflug	rondvlucht	**ront**vlücht
Schwimmbad	zwembad *n*	**swämm**batt
Spielplatz	speeltuin	**ßpeel**töin
Spielwiese	speelweide	**ßpeel**wäide
Terrarium	terrarium *n*	ter**ra**rium
Vergnügungspark	pretpark *n*	**prätt**park
Wasserpark	waterpretpark *n*	**wa**terprättpark
Westerndorf	wild west-dorp *n*	wilt**wäßt**dorp
Zirkus	circus *n*	**ßir**küß
Zoo	dierentuin	**die**re(n)töin

Probleme in der Stadt

nach dem Weg fragen

Können Sie mir den Weg zum/zur/zum ... zeigen?
Kunt u mij de weg wijzen naar de/het/een ... ?
künnt ü mäi de wäch **wäi**se(n) naar de/hät/en ... ?

Arzt	dokter	**dock**ter
Ausgang	uitgang	**öit**chang
Bahnhof	station *n*	ßtatß**jonn**
Bank	bank	bank
Busbahnhof	busstation *n*	**büß**ßtatßjonn
Freilichtmuseum	openluchtmuseum *n*	ope(n)**lücht**müßeeüm
Fremdenverkehrsbüro	VVV-kantoor *n*	ve-ve-**ve** kan**toor**
Kathedrale	kathedraal	katte**draal**
Krankenhaus	ziekenhuis *n*	**sie**ke(n)höiß
Markt	markt	markt
Museum	museum *n*	mü**ßee**üm
Polizeiwache	politiebureau *n*	po**li**zibüro
Postamt	postkantoor *n*	**post**kantoor
Stadtmitte	centrum *n*	**ßän**trüm
Vergnügungspark	pretpark *n*	**prätt**park
zu dieser Adresse	dit adres *n*	dit a**dräß**

◄ **Nein, ich kenne mich hier leider nicht aus**
Nee, ik ben hier helaas niet bekend
nee, ick bän hier he**laas** niet be**kännt**

◄ **Fragen Sie später noch einmal**
Vraag het dan nog maar een keer
vraach hät dann noch maar en keer

◄ **Gehen Sie hier ...**
U gaat hier ...
ü chaat hier ...

geradeaus	rechtuit	**rächt**öit
nach rechts	rechtsaf	**rächts**af

Wie weit ist es zu Fuß?
Hoe ver is het lopen?
huh vär iß hät **lo**pe(n)?

Ist es weit von hier?
Is het ver van hier?
iß hät vär van hier?

nach links	linksaf	**links**af
um die Ecke	de hoek om	de huk omm

◄ ... und dann bis ...
... en dan tot aan ...
... än dann tott aan ...

zur Kreuzung	de kruising	de **kröi**ßing
zum großen Platz	het grote plein	hät **chro**te pläin
zum Kreisverkehr	de rotonde	de ro**tonn**de
zur Brücke	de brug	de brüch
zur Kirche	de kerk	de kärk
zur ersten Nebenstraße rechts	de eerste zijstraat rechts	de **eerß**te **säi**ßtraat rächts
zur dritten Nebenstraße	de derde zijstraat links	de **där**de **säi**ßtraat links

links von Ihnen	aan uw linkerhand	aan üu **lin**kerhant
rechts von Ihnen	aan uw rechterhand	aan üu **räch**terhant
vor Ihnen	recht vóór u	rächt voor ü
schräg gegenüber	schuin aan de overzijde	ßchöin aan de **o**versäide
dahinter	daarachter	daar**ach**ter
daneben	daarnaast	daar**naast**
nach 200 Metern	na tweehonderd meter	na **twee**hondert **me**ter
eine halbe Stunde zu Fuß	een half uur lopen	en half ühr **lo**pe(n)
um die Ecke	om de hoek	omm de huk

◄ Es ist besser, wenn Sie den Bus/die Straßenbahn/die U-Bahnlinie 4 nehmen
U kunt beter met bus/tram/metro nummer vier gaan
ü künnt **be**ter mät büß/träm/**me**tro **nüm**mer vier chaan

◄ Es ist besser, wenn Sie ein Taxi nehmen
U kunt beter een taxi nemen
ü künnt **be**ter en **ta**xi **neh**me(n)

Ich habe mich verlaufen
Ik ben de weg kwijt
ick bän de wäch kwäit

◄ Sie sind falsch gelaufen
U bent verkeerd gelopen
ü bänt ver**keert** che**lo**pe(n)

◄ Man hat Ihnen den falschen Weg gezeigt
Men heeft u de verkeerde weg gewezen
män heeft ü de ver**keer**de wäch che**we**se(n)

Können Sie mir auf dem Stadtplan zeigen, wo ich mich befinde?
Kunt u op de plattegrond aanwijzen waar ik nu ben?
künnt ü opp de platte**chront aan**wäise(n) waar ick nü bän?

◄ **Sie befinden sich jetzt hier**
U staat nu hier
ü ßtaat nu hier

Können Sie ein Stückchen mit mir mitlaufen?
Kunt u een eindje met mij meelopen?
künnt ü en **äind**je mät mäi **mee**lope(n)?

es ist etwas passiert/bei der Polizei

Es ist Feuer ausgebrochen/ein Unfall passiert
Er is brand uitgebroken/een ongeluk gebeurd
är iß brant **öit**chebroke(n)/en **on**chelück che**böhrt**

Hilfe! Haltet den Dieb!
Help! Houd de dief!
hälp! haut de dief!

Können Sie die Polizei/einen Krankenwagen/die Feuerwehr rufen?
Wilt u de politie/ambulance/brandweer bellen?
willt ü de po**li**zi/am**bü**lanße/**brant**weer **bäl**le(n)?

Ich habe schnell Hilfe nötig
Ik heb snel hulp nodig
ick häp ßnäll hülp **no**dich

Wo ist die Polizeiwache?
Waar is het politiebureau?
waar iß hät po**li**zibüro?

Ich möchte einen/eine/ein ... anzeigen
Ik wil aangifte doen van ...
ick will **aan**chifte duhn van ...

Autoeinbruch	openbreken van de auto	**o**pe(n)breeke(n) van de **au**to
Betrug	oplichting	**opp**lichting
Brandstiftung	brandstichting	**brant**ßtichting
Einbruch	inbraak	**in**braak
Erpressung	afpersing	**aff**pärßing
Ladendiebstahl	winkeldiefstal	**win**keldiefßtall
Mißhandlung	mishandeling	miß**han**deling
Raub/Diebstahl	beroving/diefstal	be**ro**ving/**dief**ßtall
Beschädigung	vernieling	ver**nie**ling
Schaden	schade	**ßchaa**de
Taschendiebstahl	zakkenrollerij	**sak**ke(n)rolleräi
Überfall	overval	**o**vervall
Vergewaltigung	verkrachting	ver**krach**ting
Verlust	verlies *n*	ver**ließ**

Mein Auto/Fahrrad/Wohnwagen/Anhänger ist gestohlen worden
Mijn auto/fiets/caravan/aanhanger is gestolen
mäin **au**to/fiez/**kä**rävän/**aan**hanger iß che**ßto**le(n)

Ich werde verfolgt
Ik word achtervolgd
Ick wort achter**volcht**

Fahrraddiebstahl ist eines der häufigsten Vergehen in den Niederlanden. Lassen Sie Ihr Fahrrad niemals unbewacht stehen, sondern stellen Sie es in einer fietsenstalling unter (Fahrradaufbewahrung) und achten Sie darauf, daß das Rad gut abgeschlossen ist. Eine bewachte "fietsenstalling" ist kostenpflichtig.

Man hat mich belästigt
Ik ben lastig gevallen
ick bän **laß**tich che**val**le(n)

◄ **Wollen Sie Anzeige erstatten/eine Aussage machen?**
Wilt u aangifte doen/een verklaring afleggen?
willt ü **aan**chifte duhn/en ver**kla**ring **af**läche(n)?

Man hat mir meinen, meine, mein ... gestohlen/Ich habe mein ... verloren
Ik ben beroofd van mijn .../Ik ben mijn ... verloren
ick bän be**rooft** van mäin .../ick bän mäin ... ver**lo**re(n)

Autoradio	autoradio	**au**toradio
Brieftasche	portefeuille	porte**föh**je
Fotoapparat	fototoestel *n*	**fo**totuhßtäll
Gepäck	bagage	ba**chaa**sche
Handtasche	handtasje *n*	**hant**tasche
Koffer	koffer	**kof**fer
Kreditkarte	credit card	**kräd**ditt kart
Paß	paspoort *n*	**paß**poort
Portemonnaie	portemonnee	portemon**nee**
Reiseunterlagen	reisdocumenten	**räiß**dokümänte(n)
Scheckkarte	betaalpas	be**taal**paß
Schecks	cheques	schecks

◄ **Wir werden es zu Protokoll nehmen**
Wij zullen proces-verbaal opmaken
we sülle(n) pro**ßäß**-ver**baal opp**maake(n)

◄ **Haben Sie Zeugen?**
Hebt u getuigen?
häpt ü che**töi**che(n)?

◄ **Wir können vorläufig nichts daran tun**
Wij kunnen er voorlopig niets aan doen
we künne(n) är voor**loo**pich niets aan duhn

◄ **Wir werden den Fall untersuchen**
Wij zullen de zaak onderzoeken
we sülle(n) de saak onder**suh**ke(n)

◄ **Sie können beim Fundbüro nachfragen**
U kunt navraag doen bij het bureau voor gevonden voorwerpen
ü künnt **na**vraach duhn bäi hät bü**roo** voor che**von**de(n) **voor**wärpe(n)

notrufnummern

Die Notrufnummer für **Politie** (Polizei), **Ambulance** (Krankerwagen) und **Brandweer** (Feuerwehr) ist 112.

◀ **Würden Sie dieses Formular ausfüllen/unterschreiben?**
Wilt u dit formulier invullen/ondertekenen?
willt ü dit formü**lier in**vülle(n)/onder**te**kene(n)?

Ich möchte dies nicht unterschreiben
Ik kan dit niet ondertekenen
ick kann dit niet onder**te**kene(n)

Ich kann es nicht lesen
Ik kan het niet lezen
ick kann hät niet **le**se(n)

Kann ein Dolmetscher/eine Polizistin kommen?
Kan er een tolk/vrouwelijke agent bijkomen?
kann är en tolk/**vrau**elicke a**chänt bäi**kome(n)?

Ich ziehe die Anzeige/Aussage zurück
Ik trek de aangifte/verklaring in
ick träck de **aan**chiffte/ver**kla**ring in

◀ **Ihr Auto ist abgeschleppt worden**
Uw auto is weggesleept
üu **au**to iß **wäch**cheßleept

◀ **Sie können es dort abholen**
kunt hem daar afhalen
künnt häm daar **aff**hale(n)

◀ **Sie müssen zur Polizeiwache mitkommen**
U moet mee naar het bureau
ü muht mee naar het bü**roo**

◀ **Darf ich Ihren Paß/Führerschein/einen Ausweis sehen?**
Mag ik uw paspoort/rijbewijs/een legitimatie zien?
mach ick üu **paß**poort/**räi**bewäis/en lechiti**ma**zi sien?

◀ **Sie befinden sich auf Privatgelände**
U bevindt zich op verboden terrein
ü be**vint** sich op ver**bo**de(n) ter**räin**

◀ **Sie dürfen hier nicht fotografieren**
U mag hier niet fotograferen
ü mach hier niet fotochra**fe**re(n)

Ich möchte einen Rechtsanwalt/jemanden von der Botschaft sprechen
Ik wil een advocaat/iemand van de ambassade spreken
ick will en advo**kaat**/**ie**mant van de amba**ßa**de **ßpre**ke(n)

◀ **Wir nehmen Sie in (Untersuchungs-) Haft**
Wij nemen u in (voorlopige) hechtenis
we **ne**me(n) ü in (voor**lo**piche) **häch**teniß

◀ **Sie werden vorgeführt**
U wordt voorgeleid
ü wort **voor**cheläit

Ich bin unschuldig/habe hiermit nichts zu tun
Ik ben onschuldig/heb hier niets mee te maken
ick bän on**ßchüll**dich/häp hier niets mee te **ma**ke(n)

PROBLEME IN DER STADT

◄ Sie werden verdächtigt (von) .../verhaftet wegen ... (weil Sie ...)
U wordt verdacht van .../gearresteerd wegens ...
ü wort ver**dacht** van .../chearre**ßteert we**chens ...

Drogenbesitz(es)	bezit *n* van verdovende middelen	be**sitt** van ver**do**vende **mid**dele(n)
Diebstahl(s)	diefstal	**dief**ßtall
Gewalttätigkeit	geweldpleging	che**wält**pleching
Trunkenheit in der Öffentlichkeit	openbare dronkenschap	**o**pe(n)bare **dronn**ke(n)ßchap
Schuld an einem Unfall zu haben	schuld aan een ongeval	ßchült aan en **onn**chevall
Schmuggel(s)	smokkel	**ßmok**kel
randaliert zu haben	vernieling	ver**nie**ling
Ordnungsstörung	verstoring van de orde	ver**ßtoo**ring van de **or**de
Angeklagter, Angeklagte	beklaagde	be**klaach**de
Jugendrichter	kinderrechter	**kin**derrächter
Kriminalpolizei	recherche	re**schär**sche
Richter	rechter	**räch**ter
Sittenpolizei	zedenpolitie	**see**de(n)polizi
Staatsanwalt	officier van justitie	offi**ßier** van jüß**ti**zi
Verdächtigter, Verdächtigte	verdachte	ver**dach**te
Verkehrspolizei	verkeerspolitie	ver**keers**polizi

Ä ärtzliche Hilfe

um Hilfe bitten

Ich habe (dringend) einen Arzt/Zahnarzt nötig
Ik heb (dringend) een dokter/tandarts nodig
ick häp (**drin**gent) en **dock**ter/**tant**arz **no**dich

Können Sie einen Arzt/Krankenwagen rufen?
Kunt u voor mij een dokter/ambulance bellen?
künnt ü voor mäi en **dock**ter/ambü**lan**ße **bäl**le(n)?

Ich muß schnell zu einem Krankenhaus
Ik moet snel naar een ziekenhuis
ick muht ßnäll naar en **sie**ke(n)höis

Wo ist eine Erste-Hilfe-Station/die Poliklinik?
Waar is een eerstehulppost/de polikliniek?
waar iß en **eer**ßte**hülp**post/de polikli**niek**?

Gibt es dort einen Nachtdienst/Wochenenddienst?
Is er nachtdienst/weekenddienst?
iß är **nacht**dienst/**week**änddienst?

Wo wohnt der Arzt?
Waar woont de dokter?
waar woont de **dock**ter?

Ich möchte einen Termin bei dem/einem ...
Ik wil een afspraak maken met de/een ...
ick will en **af**ßpraak **ma**ke(n) mät de/en ...

(Haus-)Arzt	(huis)arts	(höis)arz
Augenarzt	oogarts	**ooch**arz
Frauenarzt	vrouwenarts	**vrau**e(n)arz
Hals-, Nasen-, Ohrenarzt	keel-, neus- en oorarts	kehl-, nöß- än **oor**arz
Hautarzt	huidarts	**höit**arz
Internisten	internist	inter**nist**
Kinderarzt	kinderarts	**kin**derarz
Nervenarzt	zenuwarts	**see**nüarz
Urologen	uroloog	üro**looch**
Zahnarzt	tandarts	**tant**arz

Wann hat der Arzt Sprechstunde?
Hoe laat heeft de dokter spreekuur?
huh laat heeft de **dock**ter **ßpreek**ühr?

Ist der Arzt im Hause?
Is de dokter aanwezig?
iß de **dock**ter aan**we**sich?

Spricht der Arzt deutsch/englisch?
Spreekt de dokter Duits/Engels?
ßpreekt de **dock**ter döiz/**än**gels?

◀ **Sind Sie versichert?**
Bent u verzekerd?
bänt ü ver**see**kert?

◀ **Nehmen Sie bitte im Wartezimmer Platz**
Wilt u in de wachtkamer plaats nemen?
willt ü in de **wacht**kamer plaaz **neh**me(n)?

◀ **Der Nächste bitte**
Volgende patiënt!
vollchende paß**jänt**!

beim (Zahn-)Arzt

Ich habe ...
Ik heb last van ...
ick häp last van ...

Ich habe Schmerzen in meinem ...
Ik voel pijn in mijn ...
ick vuhl päin in mäin ...

Ich kann mein ... nicht bewegen
Ik kan mijn ... niet bewegen
ick kann mäin ... niet be**we**che(n)

Ich bin von einem Hund gebissen/einem Insekt gestochen worden
Ik ben gebeten door een hond/insect
ick bän che**be**te(n) door en hont/in**ßäkt**

Würden Sie mich bitte untersuchen?
Kunt u mij onderzoeken?
künnt ü mäi onder**suh**ke(n)?

Ich bin im ... Monat schwanger
Ik ben ... maanden zwanger
ick bän ... **maan**de(n) **swan**ger

Ich bin Diabetiker/Herzkrank/allergisch gegen ...
Ik ben diabeticus/hartpatiënt/allergisch voor ...
ick bän dia**bee**tiküß/**hart**paßjänt/allärchies fohr ...

Ich bin deswegen schon in Behandlung gewesen/daran schon operiert worden
Ik ben hiervoor al eerder behandeld/geopereerd
ick bän **hier**voor all **eer**der be**hann**delt/che**o**pereert

◀ **Setzen/legen Sie sich bitte hierhin**
Gaat u hier zitten/liggen
chaat ü hier **sit**te(n)/**li**che(n)

◀ **Sie können sich dort auskleiden**
U kunt zich daar uitkleden
ü künnt sich daar **öit**klede(n)

◀ **Wie lange haben Sie diese Beschwerden schon?**
Hoe lang hebt u hier al last van?
huh lang häpt ü hier all laßt van?

◀ **Atmen Sie tief ein**
Zucht eens diep
sücht eens diep

◀ **Nehmen Sie Medikamente?**
Gebruikt u medicijnen?
che**bröikt** ü medi**ßäi**ne(n)?

◀ **Wo haben Sie Schmerzen?**
Waar doet het pijn?
waar duht hät päin?

◀ **Tut dies weh?**
Doet dit pijn?
duht dit päin?

◀ **Einatmen, langsam ausatmen**
Inademen, langzaam uitademen
inademe(n), **lang**saam **öit**ademe(n)

◀ **Sie müssen sich röntgen lassen**
U moet een röntgenfoto laten maken
ü muht en **rönt**chenfoto **la**te(n) **ma**ke(n)

◀ **Ich muß sie an einen Facharzt überweisen**
Ik moet u naar een specialist verwijzen
ick muht ü naar en ßpäßja**list** ver**wäi**se(n)

◀ **Sie müssen in einem Krankenhaus ...**
U moet hiermee naar een ziekenhuis ...
ü muht **hier**mee naar en **sie**ke(n)höis ...

eine Blutprobe entnehmen lassen	voor een bloedproef	voor en **blut**pruhf
eine Urinprobe untersuchen lassen	voor een urinetest	voor en ü**ri**netäst
näher untersucht werden	voor nader onderzoek	voor **na**der **on**dersuhk

◀ **Sie müssen einige Tage ruhen**
U moet een paar dagen rust houden
ü muht en paar **daa**che(n) rüßt **hau**de(n)

◀ **Sie müssen einige Tage im Bett bleiben**
U moet een paar dagen in bed blijven
ü muht en paar **daa**che(n) in bätt **bläi**ve(n)

◀ **Sie dürfen dies einige Tage nicht benutzen/bewegen**
U mag dit een paar dagen niet gebruiken/bewegen
ü mach dit en paar **daa**che(n) niet che**bröi**ke(n)/be**we**che(n)

◀ **Sie leiden an ...**
U lijdt aan ...
ü läit aan ...

◀ **Es ist nichts Ernstes**
Het is niets ernstigs
hät iß niez **ärn**ßtichs

◀ **Ich werde Ihnen etwas verschreiben**
Ik zal u een recept geven
ick sall ü en re**ßäpt che**ve(n)

◀ **Ich gebe Ihnen ein Schmerzmittel/Beruhigungsmittel/Schlafmittel**
Ik geef u een pijnstiller/kalmerend middel/slaapmiddel
ick cheef ü en **päin**ßtiller/kal**mee**rent **mid**del/**ßlaap**middel

◀ **Sie müssen ... eine Tablette nehmen**
U moet ... een tablet nemen
ü muht ... een ta**blätt ne**me(n)

auf den nüchteren Magen	op de nuchtere maag	op de **nüch**tere maach
drei mal täglich	driemaal daags	driemaal daachs
vor jeder Mahlzeit	vóór elke maaltijd	voor **äl**ke **maal**täit
nach jeder Mahlzeit	na elke maaltijd	na **äl**ke **maal**täit
vorm Schlafengehen	vóór het slapengaan	voor hät **ßlaa**pe(n)chaan
mit etwas Wasser	met wat water	mät watt **wa**ter

◄ **Kommen Sie in drei Tagen noch einmal zurück**
Komt u over drie dagen nog eens terug
kommt ü **o**ver drie **daa**che(n) noch eens trüch

Ich habe ... /Sie haben ...
Ik heb ... /U hebt ...
ick häp ... /ü häpt ...

Zahnschmerzen	kiespijn, tandpijn	**kieß**päin, **tant**päin
Zahnfleischbluten	bloedend tandvlees *n*	**blu**dent **tant**vleeß
entzündetes Zahnfleisch	ontstoken tandvlees *n*	ont**ßto**ke(n) **tant**vleeß
Karies	caries	**ka**riäß
eine Nervenentzündung	een zenuwontsteking	en **see**nühontßteking
einen Zahn abgebrochenen	een afgebroken tand	en **aff**chebroke(n) tant

Ich habe eine Füllung verloren/mein Gebiß ist zerbrochen
Ik heb een vulling verloren/mijn kunstgebit gebroken
ick häp en **vül**ling ver**lo**re(n)/main **künst**chebitt che**bro**ke(n)

◄ **Ich muß diesen Backenzahn ziehen/füllen/ausbohren**
Ik moet deze kies trekken/vullen/boren
ick muht **de**se kieß **träk**ke(n)/**vül**le(n)/**boh**re(n)

◄ **Sie bekommen eine ...**
Ik geef u een ...
ick cheef ü en ...

Fluorspülung	fluorspoeling	**flüor**ßpuhling
Injektion	injectie	in**jäck**zi
Krone	kroon	kroon
provisorische Füllung	noodvulling	**noot**fülling
Narkose	verdoving	ver**do**ving
Wurzelfüllung	wortelkanaalbehandeling	**wor**telkanaal-be**han**deling
Nervenbehandlung	zenuwbehandeling	**see**nühbehandeling

◄ **Sie müssen hiermit den Mund ausspülen**
U moet hiermee de mond spoelen
ü muht **hier**mee de mont **ßpuh**le(n)

◄ **Sie müssen nach Ihrer Rückkehr Ihren Hausarzt/Zahnarzt/Facharzt konsultieren**
U moet na thuiskomst uw huisarts/tandarts/specialist raadplegen
ü muht na **töiß**komst üu **höiß**arz/**tant**arz/ßpeeßja**list raat**pleche(n)

◄ **Sie müssen bar bezahlen**
U moet contant betalen
ü muht kon**tannt** be**ta**len

Kann ich eine Quittung für die Versicherung bekommen?
Kan ik een bewijsje krijgen voor de verzekering?
kann ick en be**wäi**sche **kräi**che(n) voor de ver**se**kering?

Erkrankungen

Abszeß	abces *n*	ap**ßäß**
Asthma	astma	**ast**ma
Bauchgrippe	buikgriep	**böik**chriep
Bauchschmerzen	buikpijn	**böik**päin
Blinddarmentzündung	blindedarmontsteking	blinde**darm**ontßteking
Bluterguß	bloeduitstorting	**blut**öitßtorting
Blutung	bloeding	**blu**ding
Brandwunde	brandwond	**brant**wont
Brechreiz	braakneigingen	**braak**näichinge(n)
Depressionen	neerslachtigheid	neer**ßlach**tichhäit
Durchfall	diarree	dia**ree**
Erkältung	verkoudheid	ver**kaut**häit
Fieber (38°)	koorts (achtendertig graden)	koorz (**acht**ändärtich **chra**de(n))
Gehirnerschütterung	hersenschudding	**här**ße(n)ßchüdding
Grippe	griep	chriep
Halsentzündung	keelontsteking	**kehl**ontßteking
Hämorrhoiden	aambeien	**aam**bäie(n)
Hexenschuß	spit	ßpitt
Infektion	infectie	in**fäck**zi
Insektenstich	insectenbeet	in**ßäck**te(n)beet
Juckreiz	jeuk	jöhk
Kieferentzündung	kaakontsteking	**kaak**ontßteking
Kopfschmerzen	hoofdpijn	**hooft**päin
Krampf	kramp	kramp
Lebensmittelvergiftung	voedselvergiftiging	**vut**ßelver**chif**tiching
Lungenentzündung	longontsteking	**long**ontßteking
Magengeschwür	maagzweer	**maach**sweer
Magenschmerzen	maagpijn	**maach**päin
Muskelkater	spierpijn	**ßpier**päin
Ohrenschmerzen	oorpijn	**oor**päin
Rückenschmerzen	rugpijn	**rüch**päin
Schlaflosigkeit	slapeloosheid	ßlape**looß**häit
Schürfwunde	schaafwond	**ßchaaf**wont
Schüttelfrost	rillerigheid	**ril**lerichhäit
Sonnenbrand	zonnebrand	**son**nebrannt

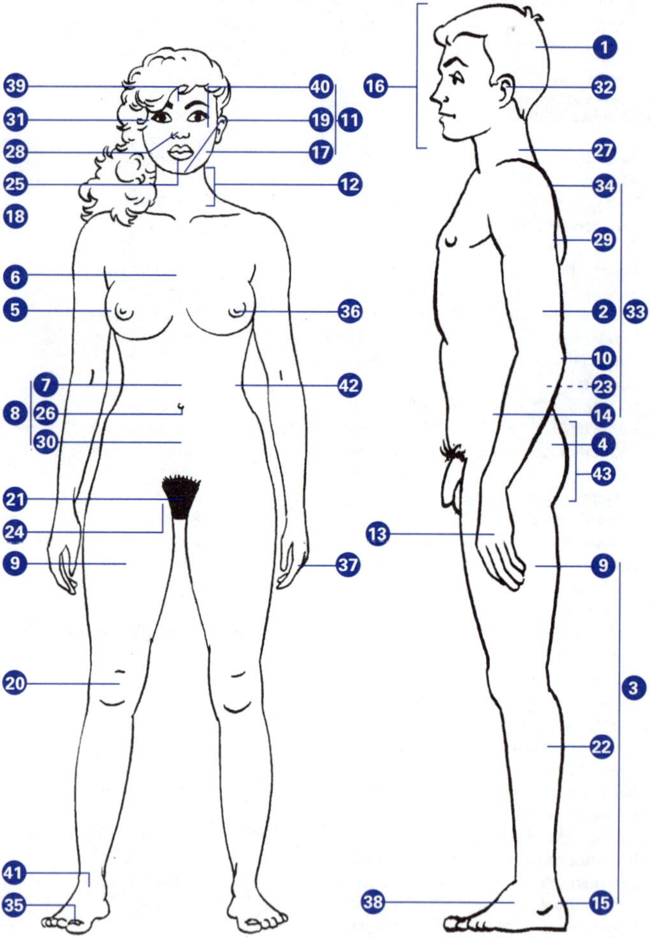
39
40
16
1
32
31
19
11
28
17
27
25
12
34
18
29
6
5
36
2
33
10
7
42
23
8
26
14
30
4
43
21
24
13
9
37
9
20
3
22
41
35
38
15

Sonnenstich	zonnesteek	**son**neßteek
Stirnhöhlenentzündung	voorhoofdsholteontsteking	**voor**hoofzholte-ont**ßte**king
Übelkeit	misselijkheid	**mis**selickhäid
Verstopfung	verstopping	ver**ßtop**ping
Wunde	wond	wont
Zahnschmerzen	kiespijn	**kieß**päin

◀ **Dieser Knochen ist gebrochen/zersplittert**
Dit bot is gebroken/gescheurd
dit bott iß che**bro**ke(n)/che**ßchöhrt**

◀ **Dieser Muskel ist gerissen/gezerrt**
De spier is gescheurd/verrekt
de ßpier iß che**ßchört**/ver**räckt**

◀ **Dies muß ... werden**
Dit moet worden ...
dit muht **wor**de(n) ...

genäht	gehecht	che**hächt**
operiert	geopereerd	cheope**reert**
geschient	gespalkt	che**ßpalkt**
eingesalbt	ingesmeerd	**in**cheßmeert
verbunden	verbonden	ver**bonn**de(n)
entfernt	verwijderd	ver**wäi**dert

Körperteile

29	**Achsel**	oksel	**ock**ßel
2	**Arm**	arm	arm
31	**Auge**	oog *n*	ooch
8	**Bauch**	buik	böik
3	**Bein**	been *n*	been
5	**Brust**	borst	borst
8	**Brust(korb)**	borst(kas)	borst(kaß)
36	**Brustwarze**	tepel	**te**pel
10	**Ellbogen**	elleboog	**äl**lebooch
15	**Ferse**	hiel	hiel
37	**Finger**	vinger	**vin**ger
38	**Fuß**	voet	vut
21	**Genitalbereich**	kruis *n*	kröiß
43	**Gesäß**	zitvlak *n*	**sitt**vlack

4 Gesäßhälfte	bil	bill
11 Gesicht	gezicht *n*	che**sicht**
12 Hals	hals	hals
13 Hand	hand	hant
1 Hinterkopf	achterhoofd *n*	**ach**terhooft
14 Hüfte	heup	höhp
18 Kehle	keel	keel
17 Kiefer	kaak	kaak
19 Kinn	kin	kinn
20 Knie	knie	knie
16 Kopf	hoofd *n*	hooft
24 Leiste	lies	ließ
23 Lende	lende	**län**de
25 Mund	mond	mont
26 Nabel	navel	**na**vel
27 Nacken	nek	näck
28 Nase	neus	nöß
7 Oberbauch	bovenbuik	**bo**ve(n)böik
9 Oberschenkel	dij	däi
32 Ohr	oor *n*	oor
33 Rücken	rug	rüch
34 Schulter	schouder	**ßchau**der
42 Seite	zij	säi
41 Spann	wreef	wreef
39 Stirn	voorhoofd *n*	**voor**hooft
30 Unterbauch	onderbuik	**on**derböik
22 Wade	kuit	köit
40 Wange	wang	wang
35 Zehe	teen	teen

Knochen, Gelenke, Muskeln, Organe

Achillessehne	achillespees	a**chil**leßpees
Backenknochen	jukbeen *n*	**jück**been
Bauchmuskel	buikspier	**böik**ßpier
Becken	bekken *n*	**bäk**ke(n)
Brustkorb	borstkas	**borst**kaß
Finger(spitze), Fingerknochen	vinger(top), vingerkootje *n*	**vin**ger(topp), **vin**gerkootje
Gesäßmuskel	bilspier	**bill**ßpier
Halswirbel	halswervel	**hals**wärvel
Kniescheibe	knieschijf	**knie**ßchäif

Mittelfußknochen	middenvoetsbeentje *n*	**mid**denvuzbeentje
Mittelhandknochen	middenhandsbeentje *n*	**mid**denhanzbeentje
Muskel, Muskulatur	spier, spierstelsel *n*	ßpier, **spier**ßtälßel
Nasenbein	neusbeen *n*	**nöß**been
Nasenhöhle	neusholte	**nöß**hollte
Oberarm	bovenarm	**bo**ve(n)arm
Rippe	rib	ripp
Rückenmuskel	rugspier	**rüch**ßpier
Schädel	schedel	**ßche**del
Schenkelknochen	dijbeen *n*	**däi**been
Schienbein	scheenbeen *n*	**ßcheen**been
Schlüsselbein	sleutelbeen *n*	**ßlöh**telbeen
Schulterblatt	schouderblad *n*	**ßchau**derblatt
Speiseröhre	slokdarm	**ßlock**darm
Trommelfell	trommelvlies *n*	**trom**melvließ
Wadenbein	kuitbeen *n*	**köit**been
Wadenmuskel	kuitspier	**köit**ßpier
Wirbelsäule	wervelkolom	**wär**velkolomm
Zehe(nspitze), Zehenknochen	teen, teenkootje *n*	teen, **teen**kootje
Zunge	tong	tong

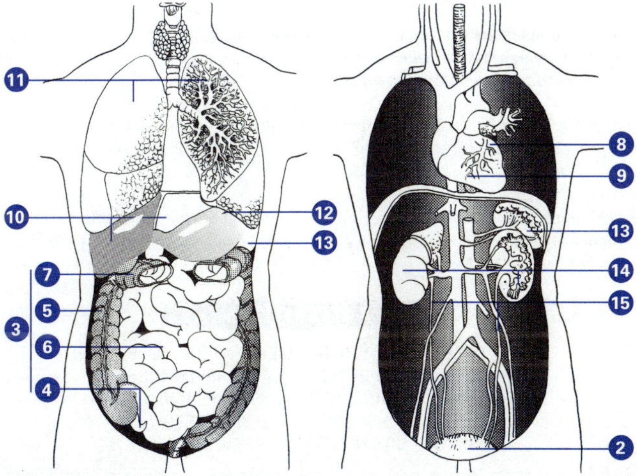

Eingeweide

*1	**Bauchspeicheldrüse**	alvleesklier	**all**vleeßklier
2	**Blase**	blaas	blaaß
4	**Blinddarm**	blinde darm	**blin**de darm
3	**Darm**	darm	darm
5	**Dickdarm**	dikke darm	**dik**ke darm
6	**Dünndarm**	dunne darm	**dün**ne darm
7	**Gallenblase**	galblaas	**chall**blaaß
15	**Harnleiter**	urineleider	ü**ri**neläider
8	**Herz**	hart *n*	hart
9	**Herzklappe**	hartklep	**hart**kläpp
10	**Leber**	lever	**le**ver
11	**Lunge**	long	long
12	**Magen**	maag	maach
13	**Milz**	milt	millt
14	**Niere**	nier	nier

in der Apotheke

(rezeptfreie Artikel: siehe "In der Drogerie" im Kapitel "Einkaufen")

Gibt es eine Apotheke mit Nachtdienst/Wochenenddienst?
Is er een apotheek met nachtdienst/weekeinddienst?
iß är en apo**teek** mät **nacht**dienst/**week**äint-dienst?

Können Sie dieses Rezept für mich zusammenstellen?
Kunt u dit recept voor mij klaarmaken?
künnt ü dit re**ßäpt** voor mäi **klaar**make(n)?

◄ Sie können darauf warten
U kunt erop wachten
ü künnt er**op wach**te(n)

Wann kann ich es abholen?
Wanneer kan ik het afhalen?
wan**neer** kann ick hät **aff**hale(n)?

Können Sie mir eine Quittung geben?
Wilt u een kwitantie uitschrijven?
willt ü en kwi**tan**zi **öit**ßchräive(n)?

Aufschriften

DIT MIDDEL BEÏNVLOEDT DE RIJVAARDIGHEID	DIESES MITTEL BEEINTRÄCHTIGT DAS FAHRVERMÖGEN
BUITEN BEREIK VAN KINDEREN HOUDEN	AUSSER REICHWEITE VON KINDERN AUFBEWAHREN
NIET OM IN TE NEMEN	NICHT EINNEHMEN

◄ **Sie werden auf der ... Station afgenommen**
U wordt hier opgenomen op de afdeling ...
ü wort hier **opp**chenome(n) op de **aff**deling ...

◄ **Sie müssen wahrscheinlich ... Tage bleiben**
U moet waarschijnlijk ... dagen blijven
ü muht waar**ßchäin**lick ... **daa**che(n) **bläi**ve(n)

◄ **Sie bleiben nur zur Untersuchung**
U blijft alleen voor onderzoek
ü bläift al**leen** voor **on**dersuhk

◄ **Sie dürfen ... das Krankenhaus wieder verlassen**
U mag ... weer het ziekenhuis verlaten
ü mach ... weer hät **sie**ke(n)höis ver**la**te(n)

◄ **Sie werden ambulant behandelt**
U wordt poliklinisch behandeld
ü wort **po**liklinieß be**han**delt

◄ **Sie werden ... operiert**
U wordt ... geopereerd
ü wort ... cheope**reert**

Dürfen Kinder mitkommen?
Mogen kinderen meekomen?
moche(n) **kin**dere(n) **mee**kome(n)?

◄ **Sie dürfen nach Deutschland/Österreich/in die Schweiz transportiert werden**
U mag naar Duitsland/Oostenrijk/Zwitserland worden vervoerd
ü mach naar **döiz**land/**oo**ßte(n)räik/**swit**ßerlant **wor**den ver**vuhrt**

Wann ist es Besuchszeit?
Wanneer is het bezoekuur?
wan**neer** iß hät be**suhk**ühr?

◄ **Der Patient darf keinen Besuch empfangen**
De patiënt mag geen bezoek ontvangen
de paß**jänt** mach cheen be**suhk** ont**van**ge(n)

Een gracht in Amsterdam		Eine Gracht in Amsterdam
1	Oude koopmanshuizen	Alte Kaufmannshäuser
2	Pakhuizen met klokgevels	Lagerhäuser mit geschweiften Giebeln
3	De boogbrug	Die Bogenbrücke
4	Het draaiorgel	Die Drehorgel
5	De orgeldraaier	Der Leierkastenmann
6	Wat kleingeld in het mansbakje	Kleingeld für die Sammelbüchse
7	Roestige fietsen	Rostige Fahrräder
8	Woonboten in de gracht	Hausboote in der Gracht

in der Bank

Die Banken sind in den Niederlanden im allgemeinen von Montag bis Freitag von 9.00 bis 17.00 geöffnet, kleinere Zweigstellen schließen manchmal eher. In den größeren Städten sind manche Banken in den Einkaufszentren an einem Abend der Woche länger geöffnet (koopavond). In den Touristenzentren gibt es private Wechselstuben; achten Sie darauf, ob Gebühren für das Wechseln erhoben werden; der Unterschied zwischen den einzelnen Wechselstuben kann erheblich sein. Bei nahezu allen Banken können Euro- und Reiseschecks eingelöst werden; das Einlösen von Postanweisungen und Postbarschecks ist ausschließlich auf den Postämtern möglich.
Alle großen Banken und die Postbank haben jeweils eigene Geldautomaten, mit allen gängigen Euroscheckkarten kann hier Geld abgehoben werden.

Wo finde ich eine Bank?
Waar kan ik een bank vinden?
waar kann ick en bank **vin**de(n)?

Wie ist der Wechselkurs?
Wat is de wisselkoers?
watt iß de **wis**selkurs?

Würden Sie dieses Geld bitte wechseln?
Wilt u dit geld voor mij wisselen?
willt ü ditt chäld voor mäi **wis**sele(n)?

Wieviel Gulden/Franc bekomme ich für hundert D-Mark/Schilling/Franken?
Hoeveel Gulden/Franken krijg ik voor honderd Duitse Marken/Schillingen/Franken?
huhveel **chül**de(n)/**fran**ke(n) kräich ick voor **hon**dert **döi**ze marken/**schil**lingen/**fran**ken?

Akzeptieren Sie auch Münzen?
Neemt u ook munten aan?
neemt ü ook **mün**te(n) aan?

Am liebstens in kleinen Scheinen
Het liefst in kleine coupures
hät liefst in **kläi**ne kuh**püh**res

Können Sie diesen Euroscheck/Reisescheck einlösen?
Kunt u deze eurocheque/reischeque verzilveren?
künnt ü **de**se **öh**roscheck/**räiß**scheck ver**sil**vere(n)?

Niederländisches Geld

Die niederländische Währungseinheit ist der **gulden**, der in 100 **centen** aufgeteilt ist. Der Gulden wird entweder Fl. abgekürzt ("florijn", ein altes Wort für Gulden), oder mit dem alten Zeichen ***f*** angedeutet; im internationalen Bankverkehr wird der Gulden NLG abgekürzt.
Im Umlauf sind Münzen zu 5, 10 und 25 Cent und zu 1, 2.50 und 5 Gulden, sowie Banknoten zu 10, 25, 50, 100, 250 und 1000 Gulden. Aus Sicherheitsgründen akzeptieren die meisten Geschäfte keine 1000-Gulden-Scheine.
Einige Münzen haben einen Eigennamen, wie **stuiver** (5 ct.), **dubbeltje** (10 ct.), **kwartje** (25 ct.), **rijksdaalder** (*f* 2,50). Kreditkarten erfreuen sich zunehmender Beliebtheit, werden jedoch meistens nur in Hotels, Restaurants und Kaufhäusern akzeptiert. Mit der Scheckkarte (**betaalpas**) der verschiedenen Banken kann - im Gegensatz zur Kreditkarte - nur zusammen mit einem unterschriebenen (Euro-)Scheck bezahlt werden.

Ich hätte gern drei Scheine von 100 Gulden/Franc 5 von 50 ...
Graag drie biljetten van honderd Gulden/Franken, vijf van vijftig ...
chraach drie bil**jät**te(n) van **hon**dert **chül**de(n)/**fran**ken, väif van väiftich ...

... und den Rest in Kleingeld
... en de rest in kleingeld
... än de räst in **kläin**chält

◄ Darf ich Ihren Paß/Ihre Scheckkarte sehen?
Mag ik uw paspoort/betaalpas zien?
mach ick üu **paß**poort/be**taal**paß sien?

◄ Würden Sie hier unterschreiben?
Wilt u hier tekenen?
willt ü hier **te**kene(n)?

Wo muß ich unterschreiben?
Waar moet ik tekenen?
waar muht ick **te**kene(n)?

Belgisches Geld

Die belgische Währungseinheit ist der **frank**, der in 100 **centimes** aufgeteilt ist. Der franc wird F., Fr., BFr. abgekürzt oder (im Bankverkehr) BEF. Im Umlauf sind Münzen zu 50 centimes und zu 1, 5, 10 und 20 franc und Banknoten zu 100, 500, 1000 und 5000 franken.

Euro

Belgien und die Niederlande gehören zu den elf Ländern der Europäischen Union, die von ihrer nationalen Währung auf den Euro umsteigen. Am 1. Januar 1999 wird die neue Währung im Giroverkehr eingeführt, was bedeutet, daß der Euro im bargeldlosen Zahlungsverkehr der Banken gilt. Am 1. Januar 2002 kommen die Euro-Münzen und Geldscheine in Umlauf, der belgische Franc und der niederländische Gulden werden aus dem Portemonnaie verschwinden.

◄ **Sie bekommen das Geld an der Kasse**
U kunt het geld krijgen bij de kas
ü künnt hät chält **kräi**che(n) bäi de kaß

Ist Geld für mich überwiesen worden?
Is er geld voor mij overgemaakt?
iß är chält voor mäi **o**verchemaakt?

Ich möchte diesen Betrag (telegrafisch/telefonisch) nach ... überweisen
Ik wil dit bedrag (telegrafisch/telefonisch) overmaken naar ...
ick will dit be**drach** (tele**chra**fiß/tele**fo**niß) **o**vermake(n) naar ...

abheben	opnemen	**opp**nehme(n)
Ausweis	legitimatie	lechiti**ma**zi
Banknoten	bankbiljetten	**bank**biljätte(n)
Provision	bankprovisie	**bank**provißi
Bargeld	contant geld *n*	kon**tannt** chält
Betrag	bedrag *n*	be**drach**
Deutsche Mark	Duitse Mark	**döi**ze mark
Devisen	deviezen	de**vi**se(n)
einzahlen	storten	**ßtor**te(n)
Formular	formulier *n*	formü**lier**
Geldautomat	geldautomaat	**chält**automaat
Kleingeld	kleingeld *n*	**kläin**chält
Konto	rekening-courant	**re**kening kuh**rant**
Kreditkarte	creditcard	**kräd**dittkart
Münzen	munten	**mün**te(n)
Öffnungszeiten	openingstijden	**o**peningstäide(n)
Österreichische Schilling	Oostenrijkse Schilling	**oo**ßte(n)räikße **schil**ling
Quittung	kasbewijs *n*, kwitantie	**kaß**bewäiß, kwit**tann**zi
Reiseschecks	reischeques	**räiß**schecks
Schalter	loket *n*	lo**kätt**
Schweizer Franken	Zwitserse franken	**swit**ßerße **fran**ke(n)
Sparbuch	spaarbankboekje *n*	**ßpaar**bankbukje

BANK•POST•TELEFON

Sparkonto	spaarrekening	**ßpaar**rekening
Tageskurs	dagkoers	**dach**kurs
überweisen	overmaken	**o**vermake(n)
Überweisungsauftrag	bankopdracht	**bank**opdracht
Überweisungsformular	overschrijvingsformulier *n*	**o**verßchräivings-formü**lier**
Wechsel	wisselbriefje *n*	**wis**selbriefje
Wechselkurs	wisselkoers	**wis**selkurs
Wertpapiere	effecten	ef**fäck**te(n)

Aufschriften

GELD WISSELEN	GELDWECHSEL
(HOOFD)KAS	(HAUPT)KASSE
INLICHTINGEN	AUSKUNFT
KREDIETEN	KREDITE
SPAARBANK	SPARKASSE
UITBETALINGEN	AUSZAHLUNG

auf der Post

Wo ist das Postamt/die Postsparkasse?
Waar is het postkantoor/de postspaarbank?
waar iß hät **post**kantoor/de **post**ßpaarbank?

PTT Post, ein privatisiertes Unternehmen, besitzt in den Niederlanden ein weit verzweigtes Netz von Postämtern und Poststellen. Auf den meisten Postämtern werden nicht nur Postangelegenheiten erledigt, sondern z.B. auch Lose und Angelscheine verkauft; oft kann man auf der Post ausländische Währungen bestellen oder sogar eine Reise buchen. Auf den Postämtern gibt es auch Ein- und Auszahlungsschalter der **Postbank**, einer Bank, die hauptsächlich im Giroverkehr tätig ist. Die Öffnungszeiten sind von der Größe des Postamtes abhängig; die meisten sind von 8.30 bis 17 Uhr geöffnet. Nur die Hauptpostämter sind auch am Samstagmorgen geöffnet. Die Briefkästen sind rot und werden ein mal pro Tag geleert; sie haben getrennte Schlitze für örtliche und überregionale Postsendungen (**overige postcodes**).

Wo finde ich einen Briefkasten?
Waar is een brievenbus?
waar iß en **brie**ve(n)büß?

Kann ich hier Postschecks einlösen?
Kan ik hier girobetaalkaarten verzilveren?
kann ick hier chirobe**taal**kaarte(n) ver**sil**vere(n)?

◀ Nein, das ist nur bei der Postsparkasse möglich
Nee, hiervoor moet u bij de postspaarbank zijn
nee, **hier**voor muht ü bäi de **post**ßpaarbank säin

Wieviel kann ich aufnehmen?
Hoeveel kan ik opnemen?
huhveel kann ick **opp**nehme(n)?

Haben Sie auch Sondermarken?
Heeft u ook bijzondere postzegels?
heeft ü ook bi**sonn**dere **post**seechels?

Kann ich auch einen kleineren Betrag ausschreiben?
Kan ik ook een lager bedrag invullen?
kan ick ook en **laa**cher be**drach in**vülle(n)?

◀ Darf ich Ihre Scheckkarte und Ihren Paß sehen?
Mag ik uw betaalpas en uw paspoort zien?
mach ick üu be**taal**paß än üu **paß**poort sien?

Was kostet ein Brief/eine Postkarte nach Deutschland/Österreich/in die Schweiz?
Hoeveel moet er op een brief/ansichtkaart naar Duitsland/Oostenrijk/Zwitserland?
huhveel muht är op en brief/**an**sichtkaart naar **döiz**lant/**ooß**te(n)räik/**swit**ßerlant?

Aufschriften

AANGETEKENDE STUKKEN	EINSCHREIBEN
FILATELIE	PHILATELIE
GIROBETAALKAARTEN	POSTSCHECKS
(HOOFD)KAS	(HAUPT-)KASSE
INLICHTINGEN	AUSKUNFT
POSTE RESTANTE	POSTLAGERND
POSTPAKKETTEN	PAKETE
POSTSPAARBANK	POSTSPARKASSE
POSTWISSELS	POSTANWEISUNG
TELEFONEREN	TELEFONIEREN
TELEFOON	TELEFON
UITBETALINGEN	AUSZAHLUNG

Drei Briefmarken zu 80 Cent/1 Gulden bitte bitte
Drie zegels van tachtig cent/1 gulden alstublieft
drie **see**chels van **tach**tich ßänt/een **chül**den alßtü**blift**

Ich hätte gern diesen Satz Briefmarken
Ik wil graag deze serie
ick will chraach **de**se **ß**eri

Ist ein postlagernder Brief für mich angekommen?
Is er poste restante voor mij aangekomen?
iß är **poß**te räß**tan**te voor mäi **aan**chekome(n)?

Was kostet es pro Wort?
Wat is het tarief per woord?
watt iß hät ta**rif** pär woort?

Ich möchte ein Telegramm aufgeben
Ik wil een telegram verzenden
ick will en tele**chramm** ver**sän**de(n)

◄ **Würden Sie dieses Formular ausfüllen?**
Wilt u dit formulier invullen?
willt ü dit formü**lier** **in**vülle(n)?

Adressieren

Wenn Sie Briefe an Einwohner der Niederlande adressieren, brauchen Sie sich nur an wenige feste Regeln zu halten.
Sie schreiben den Namen des Empfängers (die Anrede ist **Dhr. - de Heer** - für Herren und **Mevr. - Mevrouw** - für Damen). Es ist nicht üblich, den Vornamen auszuschreiben; wenn Sie den Empfänger nicht kennen, kürzen Sie den Vornamen zu Initialen ab. In der nächsten Zeile steht die Adresse; in der dritten Zeile die Postleitzahl und danach (mit der Schreibmaschine: zweimal Leertaste betätigen) der Ortsname in Großbuchstaben. Die Postleitzahl ist aus vier Ziffern (zwei für den Ort, zwei für den Postbezirk) und zwei Buchstaben (die den Straßenabschnitt bezeichnen) zusammengesetzt.
In Belgien ist es üblicher, den Vornamen auszuschreiben. Viel Belgier schreiben erst ihren Nachnamen und dann ihren Vornamen. Die Postleitzahl ist vierstellig.

Dhr. J.H. van Vliet
Wezelrade 102
1054 SH AMSTERDAM
Nederland

Mevr. Verbiest Jeanne
Oude Steenweg 42
2000 ANTWERPEN
België

Manche Hausnummern haben einen Zusatz: II (2. Etage) oder hs (huis, für Ladenwohnungen).

Absender	afzender	**aff**sänder
Empfänger	geadresseerde	cheadres**seer**de
Ansichtskarte	ansichtkaart	**an**sichtkaart
Brief	brief	brief
Briefkasten	brievenbus	**brie**ve(n)büß
Briefmarke	postzegel	**post**seechel
Briefmarkenautomat	postzegelautomaat	**post**seechelautomaat
Drucksache	drukwerk *n*	**drück**wärk
Einschreiben	aangetekend	**aan**chetekent
Empfangsbestätigung	ontvangstbevestiging	ont**vangst**beväßtiching
Gebühr zahlt Empfänger	kosten ontvanger	**koß**te(n) ont**van**ger
Glückwunschtelegramm	gelukstelegram *n*	che**lücks**telechramm
Leerung	lichting	**lich**ting
Luftpost	luchtpost	**lücht**post
Muster	monster *n* zonder waarde	**monnß**ter **sonn**der **waar**de
Öffnungszeiten	openingstijden	**o**peningstäide(n)
Paket	pakket *n*	pak**kätt**
Paketpost	pakketpost	pak**kätt**post
per Eilboten	exprespost	ex**präß**post
Postanweisung	postwissel	**post**wissel
Postfach	postbus	**post**büß
Postkarte	briefkaart	**brief**kaart
Postleitzahl	postcode	**post**kode
Telegramm	telegram *n*	tele**chramm**

Telefonieren

Telefonieren können Sie in den Niederlanden in den vielen öffentlichen Telefonzellen der PTT Telecom (grün gestrichen). In den meisten Telefonzellen kann ausschließlich met TelefonKarte (telefoonKaart) telefoniert werden. Die Telefonkarten sind auf den Postämtern und in einigen Geschäften erhältlich. Es gibt kaum Fernsprechämter; Sie können in den Telefonzellen auf den Postämtern telefonieren.

Wo ist das Fernsprechamt?
Waar is het telefoonkantoor?
waar iß hät tele**foon**kantoor?

Wo finde ich eine Telefonzelle?
Waar is een telefooncel?
waar iß en tele**foon**ßäll?

Wo kann ich telefonieren?
Waar kan ik telefoneren?
waar kann ick telefo**ne**re(n)?

◄ **Zelle fünf ist frei**
Cel vijf is vrij
ßäll väif iß vräi

Ich möchte mit Deutschland/Österreich/der Schweiz telefonieren
Ik wil een gesprek met Duitsland/Oostenrijk/Zwitserland voeren
ick will en che**ßpräck** mät **döiz**lant/**ooß**te(n)räik/**swit**ßerlant **vuh**re(n)

Wie telefonieren Sie?

In den Niederlanden und in Belgien können sämtliche Fern- und Auslandsgespräche direkt gewählt werden. In allen Telefonzellen hängen Gebrauchsanweisungen in mehreren Sprachen. Sie können mit den Niederlanden und mit Belgien telefonieren, indem Sie die Auslandsvorwahl wählen (je nach Land verschieden), die Landeskennzahl (NL: **31**, B: **32**), die Vorwahl ohne 0 und die Teilnehmernummer.
In den Niederlanden können Sie die Auslandsvorwahl **00** wählen, dann die Landeskennzahl, in den meisten Fällen ebenfalls die Vorwahl ohne 0 und die Teilnehmernummer. Die Auslandsvorwahl für Gespräche aus Belgien ist ebenfalls **00**.
Es ist möglich, R-Gespräche zu führen; meistens kommt das Gespräch über die niederländische oder belgische Vermittlung zustande, manchmal ist ein direkter Kontakt mit der Vermittlung im Ausland möglich. Die Auslandsauskunft erreicht man in den Niederlanden unter **0900-8418**, die Auskunft für niederländische Telefonnummern unter **0900-8008**; dic Vermittlung für R-Gespräche unter der Nummer **0800-0410**.
Niederländer und Flamen melden sich am Telefon mit ihrem (Vor-)Namen, selten mit "Hallo!". Eine allgemeingültige Buchstabiertafel gibt es nicht.
Namen, Adressen und Telefonnummern können Sie im telefonbuch nachschlagen (es gibt örtliche Telefonbücher). In den Niederlanden werden die Namen alfabetisch geordnet ohne die Zusätze "de", "van" und "van der" zu berücksichtigen (d.h. Van der Bildt unter B suchen, nicht unter V). Firmen und Betriebe stehen auch im regionalen "Gouden Gids", dem Branchenfernsprechbuch.

Können Sie mir die Auslandsvorwahl/Landeskennzahl/Ortsnetzkennzahl geben?
Weet u het internationaal toegangsnummer/landnummer/kengetal?
weet ü hät internaßjo**naal tuh**changsnümmer/**lant**nümmer/**kännchetall?**

◄ Es dauert noch dreißig Minuten
Dat duurt nog 30 minuten
dat dührt noch **där**tich mi**nü**te(n)

◄ Sie können die Nummer selbst wählen
U kunt zelf het nummer draaien
ü künnt sälf hät **nüm**mer **drai**jen

Wieviel kostet das Gespräch pro Minute?
Hoeveel kost het gesprek per minuut?
huhveel koßt hät che**ßpräck** pär mi**nüt**?

Wieviel schulde ich Ihnen?
Hoeveel ben ik u schuldig?
huhveel bän ick ü **ßchüll**dich?

Ich bekomme keinen Anschluß
Ik krijg geen verbinding
ick kräich cheen ver**binn**ding

Der Anschluß ist besetzt/überlastet
De lijn is bezet/overbelast
de läin iß be**sätt**/**o**verbelaßt

Es meldet sich niemand
Ik krijg geen gehoor
ick kräich cheen che**hoor**

◄ Bleiben sie am Apparat
Blijft u aan de lijn
bläift ü aan de läin

Die Verbindung ist schlecht/unterbrochen worden
De verbinding is slecht/verbroken
de ver**binn**ding iß ßlächt/ver**bro**ke(n)

Kann ich bitte Herrn/Frau de Vries sprechen?
Kan ik met de heer/mevrouw de Vries spreken?
kann ick mät de heer/me**vrau** de vrieß **ßpre**ke(n)?

◄ Einen Augenblick bitte
Een moment a.u.b.
en mo**mänt** alßtü**blift**

anrufen	opbellen	op**bäl**le(n)
automatisch	automatisch	auto**ma**tiß
besetzt	bezet	be**sätt**
defekt	defect	de**fäkt**
Einwurf	inwerpen	**in**wärpe(n)
Ferngespräch	interlokaal gesprek *n*	interlo**kaal** che**ßpräck**
Gespräch	gesprek *n*	che**ßpräck**
international	internationaal	internaßjo**naal**
Münzen	munten	**münte**(n)
Ortsgespräch	lokaal gesprek *n*	lo**kaal** che**ßpräck**
Ortsnetzkennzahl	netnummer *n*	**net**nümmer
Rückgabe	teruggave	**trüch**chave
Telefonbuch	telefoonboek *n*	tele**foon**buk
Telefonnummer	abonneenummer *n*	abon**nee**nümmer

Telefonzelle	telefooncel	tele**foon**ßäll
Zentrale	centrale	ßän**tra**le

◄ **Ich verbinde Sie**
Ik verbind u door
ick ver**bint** ü door

◄ **Er/sie ist nicht da**
Hij/zij is niet aanwezig
häi/säi iß niet aan**we**sich

Kann er/sie mich zurückrufen?
Kan hij/zij mij terugbellen?
kann häi/säi me **trüch**bälle(n)?

eine niederländische Buchstabiertafel

A	Anna/Anton	**an**na/**ann**ton	**O**	Otto	**ot**to
B	Bernard	**bär**nart	**P**	Pieter	**pie**ter
C	Cornelis	kor**ne**liß	**Q**	Quotiënt	quoß**jänt**
D	Dirk	dirk	**R**	Rudolf	**rü**dolf
E	Eduard	**e**düard	**S**	Simon	**ßi**mon
F	Ferdinand	**fär**dinant	**T**	Teunis	**töh**niß
G	Gerard	**che**rart	**U**	Utrecht	**ü**trecht
H	Hendrik	**hänn**drick	**V**	Victor	**vik**tor
I	Izaäk	**i**saak	**W**	Willem	**wil**lem
J	Jan	jann	**X**	Xantippe	xan**tip**pe
K	Karel	**ka**rel	**Y**	Ypsilon	**ipp**ßilon
L	Lodewijk	**lo**dewäik	**IJ**	IJmuiden	äi**möi**de(n)
M	Marie	ma**rie**	**Z**	Zaandam	saan**damm**
N	Nico	**ni**ko			

S

Sport und Freizeit

Die niederländische und die belgische Küste wird ständig von Meer und Wind bedroht; jahrhundertelang mußten vor allem die Niederländer einen Streit gegen die Nordsee führen. Lediglich an wenigen Stellen hat die Natur selbst für Küstenschutz in Form einer Dünenreihe (**duinen**) gesorgt. Um die Dünen vor Abbruch zu schützen, werden sie mit Strandhafer bepflanzt. Es ist streng untersagt, die Dünen abseits der offiziellen Wege zu betreten (achten Sie auf die Schilder **VERBODEN TOEGANG**, Zutritt verboten). Andernorts hat der Mensch **strekdammen** (Längsbuhnen) anlegen müssen, Dämme aus Basaltblöcken, die in die See hinein gebaut wurden, um die Gewalt der Wellen zu brechen. Um diese Dämme herum entstehen starke Strömungen; das Schwimmen in der Nähe eines **strekdam** oder **golfbreker** ist lebensgefährlich! Auch anderswo birgt die Nordsee Gefahren; schwimmen Sie niemals an menschenleeren Stellen, sondern an Stränden mit einer **strandwacht** (Eintrittsgebühr!).

am Strand, im Schwimmbad

Wie weit ist es zum Strand/Schwimmbad?
Hoe ver is het naar het strand/zwembad?
huh vär iß hät naar hät ßtrant/**swämm**batt?

◀ Sie dürfen hier nicht schwimmen
U mag hier niet zwemmen
ü mach hier niet **swäm**me

Hat der Strand ein Starkes Gefälle?
Loopt het strand steil af?
loopt hät ßtrant ßtäil aff?

Wie warm ist das Wasser?
Hoe warm is het water?
huh warm iß hät **wa**ter?

Darf man hier schwimmen?
Mag hier worden gezwommen?
mach hier **wor**de(n) che**swom**me(n)?

Ist die Strömung gefährlich?
Is er een gevaarlijke stroming?
iß är en che**vaar**licke **ßtro**ming?

Wie tief ist es hier?
Hoe diep is het hier?
huh diep iß hät hier?

Laufen Kinder hier Gefahr?
Is het hier gevaarlijk voor kinderen?
iß hät hier che**vaar**lick voor **kin**dere(n)?

Gibt es Beaufsichtigung?
Is er toezicht?
iß är **tuh**sicht?

Das Meer ist ruhig/unruhig
De zee is kalm/woelig
de see iß kalm/**wuh**lich

Es wird Sturm geben
Er komt storm
är kommt ßtorm

Ich kann nicht schwimmen
Ik kan niet zwemmen
ick kann niet **swäm**me(n)

Die Wellen sind hoch
Er zijn hoge golven
är säin **ho**che **choll**ve(n)

Sind Hunde hier erlaubt?
Mogen hier honden komen?
mochen hier **hon**de(n) **ko**me(n)?

Das Wasser ist mir zu kalt
Het water is mij te koud
hät **wa**ter iß mäi te kaut

Gibt es hier ein Planschbecken?
Is hier een kinderbadje?
iß hier en **kin**derbattje?

Was kostet der Eintritt für zwei Erwachsene und ein Kind?
Hoeveel is de entree voor twee volwassenen en een kind?
huhveel iß de an**tree** voor twee voll**was**sene(n) en een kint?

Zwei Karten bitte
Twee kaartjes a.u.b.
twee **kaart**jes alßtü**blift**

Eine Kinderkarte bitte
Een kinderkaartje a.u.b.
een **kin**derkaartje alßtü**blift**

Aufschriften

BADSTRAND	BADESTRAND
VRIJ TOEGANKELIJK	EINTRITT FREI
ZWEMMEN VERBODEN	SCHWIMMEN VERBOTEN
GEVAARLIJKE STROMING	GEFÄHRLICHE STRÖMUNG
ZWEMBAD	SCHWIMMBAD
BADMEESTER	BADEMEISTER
BADHOKJES	UMKLEIDEKABINEN
TOILETTEN	TOILETTEN
DOUCHES	DUSCHEN
DAMES	DAMEN
HEREN	HERREN
HONDEN NIET TOEGELATEN	FÜR HUNDE VERBOTEN
KINDERBAD	PLANSCHBECKEN
NATURISTENSTRAND	FKK-STRAND

Ist es ein Hallenbad/Freibad/beheiztes Schwimmbad?
Is het zwembad overdekt/onoverdekt/verwarmd?
iß hät **swämm**batt over**däckt**/**onn**overdäckt/ver**warmt?**

Ich möchte gern ... mieten
Ik wil graag ... huren
ick will chraach ... **hü**re(n)

Badezeug	badkleding	**batt**kleding
einen Liegestuhl	een ligstoel	en **lich**ßtuhl
eine Luftmatratze	een luchtmatras	en **lücht**matraß
einen Sonnenschirm	een parasol	en para**ßoll**
ein Tretboot	een waterfiets	en **wa**terfiez
einen Windschirm	een windscherm	en **wint**ßchärm

Wieviel kostet es pro Stunde?
Wat kost dat per uur?
watt kost datt pär ühr?

Können Sie einen Augenblick auf meine Sachen aufpassen?
Kunt u even op mijn spullen letten?
könnt ü **e**ve(n) op mäin **ßpül**le(n) **lät**te(n)?

Badeanzug	badpak *n*	**batt**pack
Badegast	badgast	**batt**chast
Badehose	zwembroek	**swämm**bruk
Bademeister	badmeester	**batt**meester
Bademütze	badmuts	**batt**mütz
Badetuch	badhanddoek	**batt**handuk
Bikini	bikini	bi**ki**ni
Brandung	branding	**brann**ding
Duschen	douches	**du**sches
Freibad	openluchtbad *n*	ope(n)**lücht**batt
Kieselstrand	kiezelstrand *n*	**kie**selßtrant
Muscheln	schelpen	**ßchäll**pe(n)
Rettungsdienst	reddingsbrigade	**räd**dingsbrichade
Sandstrand	zandstrand *n*	**sant**ßtrant
steiniger Strand	stenig strand *n*	**ßte**nich ßtrant
Strandwanderung	strandwandeling	**ßtrant**wandeling
Umkleidekabinen	omkleedcabines	**omm**kleedkabines
Wasserrutsche	waterglijbaan	**wa**terchläibaan
Wassertemperatur	watertemperatuur	**wa**tertemperatühr
Wellenbad	golfslagbad *n*	**cholf**ßlachbatt

Motorboot fahren	motorbootvaren	**mo**torboot**va**re(n)
Paddeln	kanovaren	**ka**novaare(n)
Rudern	roeien	**ruh**je(n)
Segeln	zeilen	**säi**le(n)
Tauchen	duiken	**döi**ke(n)
Wasserski laufen	waterskiën	**wa**terskije(n)
Wellenreiten	brandingsurfen	**brann**dingsürfe(n)
Windsurfen	plankzeilen, windsurfen	**plank**säile(n), **wint**sürfe(n)

Gibt es hier einen Jachthafen?
Is hier een jachthaven?
iß hier en **jacht**have(n)?

Wo ist das Hafenbüro?
Waar is het havenkantoor?
waar iß hät **ha**ve(n)kanntoor?

Was kostet hier ein Liegeplatz?
Wat kost hier een ligplaats?
watt kost hier en **lich**plaaz?

Kann ich ... mieten?
Kan ik ... huren?
kann ick ... **hü**re(n)?

eine Taucherausrüstung	duikspullen	**döik**ßpülle(n)
ein Motorboot	een motorboot	en **mo**torboot
ein Ruderboot	een roeiboot	en **rui**boot
ein Surfbrett	een surfplank	een **ßürf**plank
Wasserski	waterski's	**wa**terskis
ein Segelboot	een zeilboot	en **säil**boot
ein Surfbrett	een zeilplank/windsurfplank	en **säil**plank/**wint**sürfplank

Darf man hier tauchen?
Mag hier gedoken worden
mach hier che**do**ke(n) **wor**de(n)

Benötigt man eine Genehmigung?
Is daar een vergunning voor nodig?
iß daar en ver**chün**ning voor **no**dich?

Gibt es hier eine Surfschule/Wasserskischule?
Is hier een surfschool/waterskischool?
iß hier en **ßürf**ßchool/**wa**terßkißchool?

Was kostet eine Unterrichtsstunde?
Wat kost een les?
watt kost en läß?

Anlegesteg	steiger	**ßtäi**cher
Außenbordmotor	buitenboordmotor	böite(n)**boord**motor
Boje	boei	bui
Dekompressionskammer	decompressiekamer	dekom**präs**sikamer

Hafenvorsteher	havenmeester	**ha**ve(n)meester
Liegeplatz	ligplaats	**lich**plaaz
Mole	havenhoofd *n*	**ha**ve(n)hooft
Paddel	peddels	**päd**dels
Rennboot	speedboat	**ßpiet**boot
Rettungsboje	reddingsboei	**räd**dingsbui
Ruderboot	roeiboot	**rui**boot
Ruderriemen	roeiriemen	**rui**rimen
Sauerstofflasche	zuurstoffles	**sühr**ßtof-fläß
Schwimmweste	zwemvest *n*	**swämm**väst
Segelboot	zeilboot	**säil**boot
Taucherbrille	duikbril	**döik**brill

Reiten

Gibt es hier eine Reitbahn/Reitschule?
Is hier een manege/rijschool?
iß hier en ma**nee**sche/**räi**ßchool?

Kann ich ein Pferd/Pony mieten?
Kan ik een paard/pony huren?
kann ick en paart/**pon**ni **hü**re(n)?

Konnen Kinder hier Reitstunden bekommen?
Kunnen kinderen hier les krijgen?
künne(n) **kin**dere(n) hier läß **kräi**che(n)

Ich kann noch nicht reiten
Ik kan nog niet paardrijden
Ick kann noch niet **paart**räide(n)

Was kostet der Verleih/Unterricht pro Stunde
Wat kost de huur/les per uur?
watt kost de hühr/läß pär ühr?

Das Pferd ist mir zu wild
Het paard is mij te wild
hät paart iß me te wilt

Fahrradverleih

Wo kann ich ein Fahrrad mieten?
Waar kan ik een fiets huren?
waar kann ick en fiez **hü**re(n)

Was kostet es pro Tag/Stimde?
Wat kost dit per dag/uur?
watt kost dit pär dach/ühr?

Ich möchte ein Fahrrad ...
Ik wil een fiets ...
ick will en fiez ...

mit Handbremsen	met knijpremmen	mät **knäip**rämme(n)
mit Rücktrittbremse	met terugtrapremmen	mät **trüch**trapprämme(n)
mit Trommelbremsen	met trommelremmen	mät **trom**melrämme(n)
mit (drei) Gängen	met (drie) versnellingen	mät (drie) ver**ßnäl**linge(n)

SPORT UND FREIZEIT

◄ **Sie müssen eine Kaution hinterlegen**
U moet een borgsom betalen
ü muht en **borch**ßomm be**ta**le(n)

◄ **Können Sie sich ausweisen?**
Kunt u zich legitimeren?
künnt ü sich lechiti**me**re(n)?

Können Sie mir den Sattel verstellen?
Wilt u het zadel voor mij afstellen?
willt ü hät **sa**del voor mäi **aff**ßtälle(n)?

Er ist zu hoch/niedrig
Het staat te hoog/te laag
kann de fiez op ßlott?

Haben Sie eine Radwanderkarte?
Heeft u een fietskaart?
heeft ü en **fiez**kaart?

Haben Sie Information über Fahrradrouten?
Heeft u informatie over fietsroutes?
heeft ü infor**ma**zi **o**ver **fiez**ruhtes?

Damenrad	damesfiets	**da**mesfiez
Fahrradschloß	fietsslot *n*	**fiez**ßlott
Fahrradverleih	fietsverhuur	**fiez**verhühr
Geländerad	terreinfiets	ter**räin**fiez
Herrenrad	herenfiets	**he**re(n)fiez
Kinderrad	kinderfiets	**kin**derfiez
Kindersitz	kinderzitje *n*	**kin**dersittje
Tandem	tandem	**tän**däm

(Siehe auch "Fahrradteile")

andere Sportarten

Gibt es heute ein sehenswertes Spiel?
Is er vandaag een leuke wedstrijd?
iß är van**daach** en **löh**ke **wätt**ßträit?

Wann fängt es an?
Hoe laat begint het?
huh laat be**chinnt** hät?

Einen Sitzplatz/Stehplatz bitte
Een zitplaats/staanplaats a.u.b
en **sitt**plaaz/**ßtaan**plaaz alßtü**blift**

Was für ein schlechter Schiedsrichter!
Wat een slechte scheidsrechter!
watt en **ßläch**te **ßchäiz**rächter!

Wo ist der/die/das ...?
Waar is de/het ...?
waar iß de/hät ...?

Trabrennbahn	draf- en renbaan	draff än **ränn**baan
Rennbahn	circuit *n*	ßir**kwie**
Golfplatz	golfbaan	**cholf**baan
Sporthalle	sporthal	**ßport**hall
Sportplatz	sportpark *n*	**ßport**park
Tennisplatz	tennisbaan	**tän**nisbaan

(Fußball-)Stadion	(voetbal)stadion *n*	(**vut**ball)**ßta**dion
Athletik	atletiek	atle**tik**
Basketball	basketbal *n*	**bas**ketball
Billard spielen	biljarten	bill**jar**te(n)
Boxen	boksen	**bo**xe(n)
Eishockey	ijshockey *n*	**äis**hokki
Fechten	schermen	**ßchär**me(n)
Federball	badminton *n*	bät**minn**ten
Fußball	voetbal *n*	**vut**ball
Golf	golf *n*	cholf
Hockey	hockey *n*	**hok**ki
Motorsport	motorsport	**mo**torßport
Radsport	wielrennen	**wiel**renne(n)
Reiten	paardrijden	**paart**räide(n)
Rudern	roeien	**ruh**je(n)
Schach spielen	schaken	**ßcha**ke(n)
schwimmen	zwemmen	**swäm**me(n)
Tennis	tennis *n*	**ten**nis
Tischtennis	tafeltennis *n*	**ta**feltennis
Trabrennsport	draf- en rensport	draff än **ränn**ßport
Volleyball	volleybal *n*	**vol**leeball

Abseits	buitenspel	böite(n)**ßpäll**
Abwehr	verdediging	ver**de**diching
Ecke	hoekschop	**huk**ßchopp
Elfmeter	strafschop	**ßtraff**ßchopp
erste Halbzeit	eerste (speel)helft	**eer**ßte (ßpeel)hälft
Freistoß	vrije schop	**vräi**e ßchopp
gelbe Karte	gele kaart	**chee**le kaart
Linienrichter	grensrechter	**chränz**rächter
Mittelfeldspieler	middenveldspeler	**mid**denveltßpeler
Niederlage	nederlaag	**ne**derlaach
Pause	pauze, rust	**pau**se, rößt
rote Karte	rode kaart	**ro**de kaart
Schiedsrichter	scheidsrechter	**ßchäiz**rächter
Sieg	overwinning	over**win**ning
Spiel	wedstrijd	**wätt**ßträit
Spielfeldhälfte, Halbzeit	(speel)helft	(**ßpeel**)hälft
Stürmer	voorhoedespeler	**voor**hudeßpeler
Tor (Ziel)	doel	duhl
Tor (Punkt)	doelpunt *n*	**duhl**pünt
Torwart	doelman, keeper	**duhl**mann, **kie**per

SPORT UND FREIZEIT

Unentschieden	gelijk spel *n*	che**läik** ßpäll
Verlängerung	verlenging	ver**län**ging

Niederländische Sportarten

In den Niederlanden sind Fußball und Eislauf die populärsten Sportarten und Fußballspiele und Eislaufwettkämpfe erreichen die höchsten Zuschauerzahlen. Der Radsport ist ebenfalls sehr beliebt, nicht nur die großen Radrennen (davon finden nur einige in den Niederlanden statt), sondern hauptsächlich der *kermiskoers*, ein kurzes Radrennen, das meistens anläßlich einer Kirmes oder einer anderen Feier stattfindet und aus vielen Runden durch das Dorf besteht. Oft starten weltberühmte Radsportler bei diesen Rennen. In Belgien finden derartige Radrennen ebenfalls sehr oft statt.

Die Niederlände und Belgien sind beide mehrfache Weltmeister im *korfbal*. Das ist kein Wunder, denn dieser Sport wird in größerem Umfang eigentlich nur in diesen beiden Ländern betrieben. Zwei Mannschaften zu jeweils 12 Spielern (6 Männer und 6 Frauen) müssen einen Ball in einen an einem Pfahl aufgehängten Korb werfen - oder es verhindern. Das Spiel ist mit Basketball verwandt, allerdings werden selten mehr als 15 Punkte pro Mannschaft erzielt.

Im Winter steht vor allem in der Provinz Friesland das *kortebaanschaatsen* im Brennpunkt des Interesses, Eisschnellauf-wettkämpfe zwischen jeweils zwei Teilnehmern, die auf einer 100 m langen Bahn gegeneinander antreten; nur der Sieger geht in die nächste Runde. Das größte Eislaufereignis ist der *Elfstedentocht* (Elfstädtetour), der nur in einem strengen Winters stattfinden kann und über Kanäle und Seen entlang den 11 Städten Frieslands führt (gut 200 km). An dieser zermürbenden Tour nehmen Tausende von Schlittschuhläufern teil.

Weitere typisch friesische Sportarten sind *kaatsen* (entfernt verwandt mit Volleyball und Pelota) und *fierljeppen*. Hierbei müssen die Teilnehmer mit einem Sprungstab über einen Graben oder Kanal springen. Dieser Stab steht im Wasser; der Athlet springt, klettert zur Spitze des Stabes und läßt sich dann ans andere Ufer fallen (bei einer falschen Technik landet er im Wasser). Mit einem guten Sprung überbrückt man einen Abstand von etwa 17-18 Metern.

In den Niederlanden und in Belgien öffnen die meisten Geschäfte um 8.30 oder 9.00 Uhr und schließen um 18.00. In den Niederlanden öffnen große Supermärkte in den größe Städten um 8.00 und schließen um 20.00 Uhr, einige dieser Supermärkte sind auch am Sonntag geöffnet. Die Öffnungszeiten müssen auf einer gellben Karte eingetragen sein, die an der Ladentür aushängt. Am Samstag schließen die meisten läden um 18.00 Uhr; abends und am Sonntag sind Lebensmittelgeschäfte mit Sondergenehmigung, sogenannte *"avondwinkels"* oder *"zondagwinkels"* geöffnet. In den Großstädten sind die Läden im Zentrum einmal die Woche bis 21.00 abends geöffnet *(koopavond)*. Eine Mittagspause halten meistens nur die kleinen Geschäfte. Supermärkte gibt es fast überall; in Belgien sind diese often außerhalb de Städte angesiedelt.

Wo finde ich hier eine Einkaufsstraße/einen Supermarkt/ein Einkaufszentrum?
Waar vind ik hier een winkelstraat/supermarkt/winkelcentrum?
waar vint ick hier en **win**kelßtraat/**ßü**permarkt/**win**kelßäntrüm?

Wann öffnen/schließen die Geschäfte hier?
Hoe laat gaan de winkels hier open/dicht?
huh laat chaan de **win**kels hier **o**pe(n)/dicht?

Gibt es eine Mittagspause/eine Dienstleistungsabend?
Is er een middagpauze/koopavond?
iß är en **mid**dachpause/**koop**avont?

Gibt es ein Geschäft das am Sonntag/am Abend geöffnet ist?
Is er een winkel die op zondag/'s avonds open is?
iß är en **win**kel die op **sonn**dach/**ßa**vonz **o**pe(n) iß?

Wo finde ich einen Markt/Flohmarkt?
Waar vind ik een markt/vlooienmarkt?
waar vint ick en markt/**vloo**je(n)markt?

Deutsch-Niederländisch

ANTIQUITÄTEN	ANTIEK
APOTHEKE	APOTHEEK
AUSGANG	UITGANG
AUSVERKAUF	UITVERKOOP
AUSVERKAUFT	UITVERKOCHT
BÄCKEREI	BAKKERIJ
BACKWERK	BANKET
BLUMEN	BLOEMEN
BRIEFMARKEN	POSTZEGELS
BROT	BROOD
BÜCHER	BOEKEN
BUCHHANDLUNG	BOEKHANDEL
CHEMISCH REINIGEN	CHEMISCH REINIGEN
CHEMISCHE REINIGUNG	STOMERIJ
DAMENFRISEUR	DAMESKAPPER
DAMENKLEIDUNG	DAMESKLEDING
DAMENSCHNEIDER	DAMESKLEERMAKER
DECKEN	DEKENS
EINGANG	INGANG
EISENWAREN	IJZERWAREN
FEINKOSTGESCHÄFT	DELICATESSENHANDEL
FISCHHANDLUNG	VISHANDEL
FLEISCHWAREN	VLEESWAREN
FRISEUR	KAPPER
GEBRAUCHTWAREN	TWEEDEHANDSARTIKELEN
GEMÜSEHANDLUNG	GROENTEHANDEL
GEÖFFNET	OPEN
GESCHENKARTIKEL	CADEAUARTIKELEN
GESCHLOSSEN	GESLOTEN
GLAS	GLAS
GOLD(SCHMIED)	GOUD(SMID)
HANDARBEIT	HANDWERK
HERRENFRISEUR	HERENKAPPER
MÖBEL	MEUBELS
MÜNZEN	MUNTEN
OBERHEMDEN	OVERHEMDEN
OBST	FRUIT

OPTIKER	OPTICIEN
PAPIERWAREN	PAPIERWAREN
PORZELLAN	PORSELEIN
RAUCHWAREN	ROOKWAREN
REISEARTIKEL	REISARTIKELEN
REISEBÜRO	REISBUREAU
SCHLACHTER, FLEISCHER	SLAGER
SCHMUCK	BIJOUX
SCHNEIDER	KLEERMAKER
SCHÖNHEITSPFLEGE	SCHOONHEIDSVERZORGING
SCHREIBWARENGESCHÄFT	KANTOORBOEKHANDEL
SCHUHE	SCHOENEN
SCHUSTER	SCHOENMAKER
SONDERANGEBOT	AANBIEDING
SONN- UND FEIERTAGE	ZON- EN FEESTDAGEN
SPIELZEUG	SPEELGOED
SPIRITUOSENHANDLUNG	SLIJTERIJ
UHRMACHER	HORLOGER
WASCHSALON	WASSERETTE
WEINHANDLUNG	WIJNHANDEL
WERKTAGE	WERKDAGEN
WOHNUNGSEINRICHTUNG	WONINGINRICHTING
ZEITSCHRIFTEN	TIJDSCHRIFTEN
HERRENKLEIDUNG	HERENKLEDING
JUWELEN	JUWELEN
KAUFHAUS	WARENHUIS
KINDERKLEIDUNG	KINDERKLEDING
KUNSTGEWERBE	KUNSTNIJVERHEID
KURIOSITÄTEN	CURIOSA
LEDERWAREN	LEDERWAREN
MILCHHANDLUNG	MELKHANDEL

Niederländisch-Deutsch

AANBIEDING	SONDERANGEBOT
ANTIEK	ANTIQUITÄTEN
APOTHEEK	APOTHEKE
BAKKERIJ	BÄCKEREI

BANKET	BACKWERK
BIJOUX	SCHMUCK
BLOEMEN	BLUMEN
BOEKEN	BÜCHER
BOEKHANDEL	BUCHHANDLUNG
BROOD	BROT
CADEAUARTIKELEN	GESCHENKARTIKEL
CHEMISCH REINIGEN	CHEMISCH REINIGEN
CURIOSA	KURIOSITÄTEN
DAMESKAPPER	DAMENFRISEUR
DAMESKLEDING	DAMENKLEIDUNG
DAMESKLEERMAKER	DAMENSCHNEIDER
DEKENS	DECKEN
DELICATESSENHANDEL	FEINKOSTGESCHÄFT
FRUIT	OBST
GEOPEND	GEÖFFNET
GESLOTEN	GESCHLOSSEN
GLAS	GLAS
GOUD(SMID)	GOLD(SCHMIED)
GROENTEHANDEL	GEMÜSEHANDLUNG
HANDWERK	HANDARBEIT
HERENKAPPER	HERRENFRISEUR
HERENKLEDING	HERRENKLEIDUNG
HORLOGER	UHRMACHER
INGANG	EINGANG
JUWELEN	JUWELEN
KANTOORBOEKHANDEL	SCHREIBWARENGESCHÄFT
KAPPER	FRISEUR
KINDERKLEDING	KINDERKLEIDUNG
KLEERMAKER	SCHNEIDER
KUNSTNIJVERHEID	KUNSTGEWERBE
LEDERWAREN	LEDERWAREN
MELKHANDEL	MILCHHANDLUNG
MEUBELS	MÖBEL
MUNTEN	MÜNZEN
OPTICIEN	OPTIKER
OVERHEMDEN	OBERHEMDEN
PAPIERWAREN	PAPIERWAREN
PORSELEIN	PORZELLAN

POSTZEGELS	BRIEFMARKEN
REISARTIKELEN	REISEARTIKEL
REISBUREAU	REISEBÜRO
ROOKWAREN	RAUCHWAREN
SCHOENEN	SCHUHE
SCHOENMAKER	SCHUSTER
SCHOONHEIDSVERZORGING	SCHÖNHEITSPFLEGE
SLAGER	SCHLACHTER, FLEISCHER
SLIJTERIJ	SPIRITUOSENHANDLUNG
SPEELGOED	SPIELZEUG
STOMERIJ	CHEMISCHE REINIGUNG
TWEEDEHANDSARTIKELEN	GEBRAUCHTWAREN
TIJDSCHRIFTEN	ZEITSCHRIFTEN
UITGANG	AUSGANG
UITVERKOCHT	AUSVERKAUFT
UITVERKOOP	AUSVERKAUF
VISHANDEL	FISCHHANDLUNG
VLEESWAREN	FLEISCHWAREN
WARENHUIS	KAUFHAUS
WASSERETTE	WASCHSALON
WERKDAGEN	WERKTAGE
WONINGINRICHTING	WOHNUNGSEINRICHTUNG
WIJNHANDEL	WEINHANDLUNG
IJZERWAREN	EISENWAREN
ZON- EN FEESTDAGEN	SONN- UND FEIERTAGE

Gespräche mit den Verkäufern

◄ **Kann ich Ihnen behilflich sein?**
Kan ik u ergens mee helpen?
kann ick ü **är**chens mee **häll**pe(n)?

Ich sehe mich nur um
Ik kijk zo maar wat rond
ick käik so maar watt

Haben Sie ... ein ...?
Heeft u voor mij een ...?
heeft ü voor mäi en ...?

Haben Sie auch ...?
Heeft u ook ...?
heeft ü ook ...?

◄ **Nein, das haben wir nicht/das ist leider ausverkauft**
Nee, dat hebben wij niet/dat is helaas uitverkocht
nee, dat **häb**be(n) we niet/dat iß he**laas öi**tverkocht

Haben Sie einen anderen ...?
Heeft u een andere ...?
heeft ü en **an**dere ...?

Ich nehme das hier
Dit/deze neem ik
dit/**de**se nehm ick

Was kostet das?
Wat kost dit/deze?
watt koßt dit/**de**se?

Das ist mir zu teuer
Dat is mij te duur
dat iß mäi te dühr

Haben Sie etwas preiswerteres?
Heeft u iets goedkopers?
heeft ü iez chut**ko**pers?

Das paßt mit nicht
Dit/deze past mij niet
dit/**de**se paßt mäi niet

Er/Sie/Es ist zu ...
Hij/Het is te ...
häi/hät iß te ...

breit	breed	breet
eng	nauw	nau
klein	klein	kläin
kurz	kort	kort
lang	lang	lang
schmal	smal	ßmall
weit	wijd	wäit

Können Sie es einpacken?
Wilt u het voor me inpakken?
willt ü hät voor me **in**packe(n)?

Können Sie dies nach Deutschland/Österreich/in die Schweiz schicken lassen?
Kan dit rechtstreeks naar Duitsland/Oostenrijk/Zwitserland worden gestuurd?
kann dit rächt**ßtreeks** naar **döiz**lant/**oo**ßte(n)räik/**swit**ßerlant **wor**de(n) che**ßtührt**?

Das ist die Adresse
Dit is het adres
dit iß hät a**dräß**

◄ Kann ich noch etwas für Sie tun?
Nog iets van uw dienst?
noch iez van üu dienst?

Nein danke, das ist alles
Nee dank u, dit was het
nee dank ü, dit waß hät

◄ Sie können an der Kasse bezahlen
U kunt betalen aan de kassa
ü künnt be**ta**le(n) aan de **kas**sa

◄ Sie können es innerhalb von acht Tagen umtauschen
U kunt het binnen acht dagen ruilen
ü künnt hät **bin**ne(n) acht **daa**che(n) **röi**le(n)

Kann ich mit einem Euroscheck/einer Kreditkarte bezahlen?
Kan ik betalen met een eurocheque/creditcard?
kann ick be**ta**le(n) mät en **öh**roscheck/**kräd**dittkart?

◄ **Haben Sie hier einen Kundenkredit laufen?**
Hebt u hier een rekening?
häpt ü hier en **re**kening?

Ich möchte dies gern umtauschen
Ik wil dit graag ruilen
ick will dit chraach **röi**le(n)

Hier ist die Quittung
Hier is de kassabon
hier iß de **kas**sabonn

◄ **Das können Sie beim Kundendienst regeln**
U kunt dit doen bij de ruilbalie/klantenservice
ü künnt dit duhn bäi de **röil**bali/**klann**te(n)ßörviß

◄ **Kann ich das Geld zurückbekommen?**
Kan ik het geld terugkrijgen?
kann ick hät chält **trüch**kräiche(n)?

◄ **Nein, Sie bekommen einen Gutschein**
Nee, u krijgt een tegoedbon
nee, ü kräicht en te**chut**bonn

Grössen, Gewichte, Mengen

ein Karton	een doos	en dooß
eine Dose, Büchse	een blik	en blick
eine Packung	een pak	en pack
ein Stück	een stuk	en ßtück
ein Paar	een paar	en paar
ein Set	een set	en ßät
eine Flasche	een fles	en fläß
eine Rolle	een rol	en roll
eine Tube	een tube	en **tü**be
eine Tüte	een zak	en sack
100 Gramm	honderd gram (een ons)	**hon**dert chramm (en onz)
250 Gramm (halbes Pfund)	tweehonderdvijftig gram (half pond)	**twee**hondert**väif**tich chramm (half pont)
500 Gramm (Pfund)	vijfhonderd gram (pond)	**väif**hondert chramm (pont)
1000 Gramm (Kilo)	duizend gram (kilo)	**döi**sent chramm (**ki**lo)
Liter	liter	**li**ter
Meter	meter	**me**ter

EINKAUFEN

(Siehe auch "Essen und Trinken" und "Reise- und Campingausrüstung")

Äpfel	appels	**ap**pels
Apfelsinen	sinaasappels	**ßie**naaßappels
Aprikosen	abrikozen	abri**kos**e(n)
Bananen	bananen	ba**na**ne(n)
Bier	bier *n*	bier
Birnen	peren	**pe**re(n)
Brot	brood *n*	broot
Brötchen	broodjes	**broot**jes
Butter	boter	**bo**ter
Eier	eieren	**äi**jere(n)
Einkaufswagen	winkelwagentje *n*	**win**kelwaache(n)tje
Eis	ijs *n*	äiß
Erfrischungsgetränke	frisdranken	**friß**dranke(n)
Fleischwaren	vleeswaren	**vleeß**ware(n)
Fruchtsaft	vruchtensap *n*	**vrüch**teßapp
Gebäck	gebak *n*	che**back**
Gurken, saure	augurken	au**chür**ke(n)
Hähnchen	haantje *n*	**haan**tje
Hamburger	hamburger	**ham**bürcher
Himbeeren	frambozen	fram**bo**se(n)
Huhn	kip	kipp
Joghurt	yoghurt	**jo**chürt
Kaffee	koffie	**kof**fi
Instantkaffee	oploskoffie	**op**loßkoffi
Filterkaffee	filterkoffie	**fil**terkoffi
Kartoffeln	aardappelen	**aart**appele(n)
Käse	kaas	kaaß
Kasse	kassa	**kas**sa
Kekse	koekjes	**kuhk**jes
Kirschen	kersen	**kär**ße(n)
Konserven	conserven	konn**ßär**ve(n)
Kuchen	koek	kuhk
Mayonnaise	mayonaise	majo**näh**se
Mehl	meel *n*	mehl
Melone	meloen	me**luhn**
Wassermelone	watermeloen	**wa**termeluhn
Honigmelone	suikermeloen	**ßöi**kermeluhn
(Voll-) Milch	(volle) melk	(**v**olle) mälk

Buttermilch	karnemelk	**kar**nemälk
fettarme Milch	halfvolle melk	**half**volle mälk
Mineralwasser	mineraalwater *n*	mine**raal**water
Molkereiprodukte	zuivelwaren	**söi**velware(n)
Pfirsich	perzik	**pär**sick
Plastiktüte	plastic zak	**pläß**tick sack
Quark	kwark	quark
Sahne	room	rohm
saure Sahne	zure room	**süh**re rohm
Schlagsahne	slagroom	**slach**rohm
Salat	salade, sla	ßa**la**de, ßla
Salz	zout *n*	saut
Schinken	ham	hamm
Schokolade	chocolade	schoko**la**de
Senf	mosterd	**moß**tert
scharf/mild	scherp/mild	ßchärp/milt
Servietten	servetten	ßer**vä**tte(n)
Streichhölzer	lucifers	**lü**ßifers
Suppe	soep	ßuhp
Süßigkeiten	snoep *n*	ßnuhp
Tee	thee	tee
Teebeutel	theezakjes	**tee**sackjes
Tomaten	tomaten	to**ma**te(n)
Trauben	druiven	**dröi**ve(n)
Wein	wijn	wäin
Zucker	suiker	**ßöi**ker

in der Drogerie

(Siehe auch "Beim Friseur", "Im Kosmetiksalon" und "In der Apotheke")

Haben Sie ein Mittel gegen ...?
Heeft u een middel tegen ... ?
heeft ü en **mid**del **teh**che(n) ... ?

Brandwunden	brandwonden	**brant**wonde(n)
Durchfall	diarree	dia**ree**
Erkältung	verkoudheid	ver**kaut**häit
Fieber	koorts	koorz
Grippe	griep	chriep
Halsschmerzen	keelpijn	**keel**päin
Heuschnupfen	hooikoorts	**hoi**koorz

Husten	hoest	huhst
Insektenstiche	insectenbeten	in**ßäk**tebete(n)
einen Kater	een kater	en **ka**ter
Kopfschmerzen	hoofdpijn	**hooft**päin
Magen- und Darmstörungen	maag- en darmstoornissen	maach än **darm**ßtoornisse(n)
Ohrenschmerzen	oorpijn	**oor**päin
Reisekrankheit	wagenziekte	**waa**chesiekte
Sonnenbrand	zonnebrand	**son**nebrant
Wundinfektion	wondinfectie	**wont**infäkzi

◄ **Das ist Apothekenpflichtig/nur auf Rezept erhältlich**
Dat is alleen verkrijgbaar bij een apotheek/op recept
dat iß al**leen** ver**kräich**baar bäi en apo**teek**/op re**ßäpt**

◄ **Sie sollten erst einen Arzt befragen**
U kunt beter eerst een arts raadplegen
ü künnt **be**ter eerst en arz **raat**pleeche(n)

◄ **Das darf nicht an Kinder verkauft werden**
Dit mag niet aan kinderen verkocht worden
dit mach niet aan **kin**dere(n) ver**kocht wor**de(n)

◄ **Dieses Mittel beeinflußt die Fahrtüchtigkeit**
Dit middel beïnvloedt de rijvaardigheid
dit **mid**del be**in**vluht de räi**vaar**dichhäit

◄ **Das ist giftig/brennbar/gefährlich für Kinder**
Dit is giftig/brandbaar/gevaarlijk voor kinderen
dit iß **chiff**tich/**brant**baar/che**vaar**lick voor **kin**dere(n)

Abführmittel	laxeermiddel *n*	la**xeer**middel
Beruhigungsmittel	kalmeringsmiddel *n*	kall**me**ringsmiddel
Bürste	borstel	**bor**ßtel
Damenbinde	maandverband *n*	**maant**verbant
Desodorant	deodorant	deodo**rant**
Einwegwindeln	wegwerpluiers	**wäch**wärplöiers
elastische Binde	rekverband *n*	**räck**verbant
Fieberthermometer	koortsthermometer	**koorz**termometer
Flaschensauger	speen	ßpeen
Fleckenwasser	vlekkenwater *n*	**vläk**ke(n)water
Haarbürste	haarborstel	**haar**borßtel
Haarwaschmittel	shampoo	**schamm**poo

Halsschmerztabletten	keelpastilles	**keel**paßtijes
Hautcreme	huidcrème	**höit**kräm
Hustensaft	hoestdrank	**huhst**drank
Insektenmittel, Insektenstift	muggenolie/muggenstick	**mü**che(n)oli/**mü**che(n)ßtick
Jod	jodium	**jo**diüm
Kamm	kam	kamm
Kämmchen	kammetje *n*	**kam**metje
Kölnisch Wasser	eau de cologne	oh de ko**lonn**je
Lidschatten	oogschaduw	**ooch**ßchadüh
Lippenpomade	lippenzalf	**lip**pe(n)salf
Lippenstift	lippenstift	**lip**pe(n)ßtift
Nagelbürste	nagelborstel	**naa**chelborßtel
Nagelfeile	nagelvijl	**naa**chelväil
Nagellack	nagellak	**naa**chellack
Nasentropfen	neusdruppels	**nöß**drüppels
Ohrentropfen	oordruppels	**oor**drüppels
Papiertaschentücher	papieren zakdoekjes *n*	pa**pie**re(n) **sack**dukjes
Parfüm	parfum *n*	par**füm**
Pflaster	pleisters	**pläi**ßters
Rasierklingen	scheermesjes	**ßcheer**mäsches
Rasierpinsel	scheerkwast	**ßcheer**kwast
Rasierseife	scheerzeep	**ßcheer**seep
Rasierwasser	after shave	**af**ter scheef
Saugflasche	zuigfles	**söich**fläß
Schere	schaar	ßchaar
Schlaftabletten	slaaptabletten	**ßlaap**tablätte(n)
Schmerzmittel	pijnstiller	**päin**ßtiller
Schnuller	fopspeen	**fopp**ßpeen
Schwamm	spons	ßpons
Seife	zeep	seep
Sonnenöl	zonnebrandolie	**son**nebrantoli
Tampons	tampons	**tamm**ponns
Toilettenpapier	toiletpapier *n*	twa**lett**papier
Verbandkasten	verbandtrommel	ver**bant**trommel
Verbandmull	verbandgaas *n*	ver**bant**chaaß
Verhütungsmittel	voorbehoedsmiddel *n*	**voor**behutßmiddel
Vitamintabletten	vitaminetabletten	vita**mi**netablette(n)
Watte	watten	**wat**te(n)
Wattestäbchen	oorwatjes	**oor**wattjes
Wundsalbe	wondzalf	**wont**salf
Zahnbürste	tandenborstel	**tann**de(n)borßtel
Zahnpasta	tandpasta	**tant**paßta

EINKAUFEN

Ich möchte am liebsten etwas in ...
Ik heb het liefst iets in het ...
ick häp hät liefst iez in hät ...

beige	beige	**bä**sche
blau	blauw	blau
braun	bruin	bröin
gelb	geel	cheel
grün	groen	chrun
grau	grijs	chräiß
lila	lila	**li**la
orange	oranje	o**rann**je
rot	rood	rot
rosa	roze	**ro**se
weiß	wit	witt
schwarz	zwart	swart
bunt	bont	bonnt
dunkelblau/hellblau	donkerblauw/lichtblauw	**donn**kerblau/**licht**blau

Ich bevorzuge etwas ...
Ik geef de voorkeur aan ...
ick cheef de **voor**köhr aan ...

Geblümtes	een bloemmotief	en **blum**motif
Einfarbiges	effen	**äf**fe(n)
Kariertes	geruit	che**röit**
Gewürfeltes	geblokt	che**blockt**
Getupftes	gestippeld	che**ßtip**pelt
Gestreiftes	gestreept	che**ßtreept**

Ist das Material ...?
Is dit gemaakt van ...?
iß dit che**maakt** van ...?

Baumwolle	katoen	ka**tuhn**
Filz	vilt *n*	vilt
Flanell	flanel *n*	fla**näll**
Kammgarn	kamgaren *n*	**kamm**chare(n)
Kord	ribfluweel *n*	**ripp**flüeel
Kunstfaser	kunstvezel	**künßt**wesel
Kunstleder	kunstleer *n*	**künßt**lehr
Kunstseide	kunstzijde	**künßt**säide
Kunststoff	kunststof	**künst**ßtoff

(Rinds-)Leder	(rund)leer *n*	(rünt)lehr
Leinen	linnen *n*	**lin**ne(n)
Nylon	nylon *n*	**nai**lonn
Samt	fluweel *n*	flü**eel**
Schurwolle	scheerwol *n*	**ßcheer**woll
Seide	zijde	**säi**de
Spitze	kant	kannt

Ist es farbecht/läuft es nicht ein?
Is dit kleurecht/krimpvrij?
iß dit **klör**ächt/krimp**vräi**?

Kann es gebügelt/in der Maschine gewaschen werden?
Kan dit worden gestreken/in de machine worden gewassen?
kann dit **wor**de(n) che**ßtre**ke(n)/in de ma**schi**ne **wor**de(n) che**was**se(n)?

Meine Größe ist ...
Mijn maat is ...
mäin maat is ...

Das ist mir zu groß/klein
Dit is mij te groot/klein
dit iß mäi te chroot/kläin

Es ist zu eng/weit
Hij valt te nauw/wijd
häi vallt te nau/wäit

Die Schuhe drücken hier
De schoenen knellen hier
de **ßchuh**ne(n) **knäl**le(n) hier

Haben Sie eine Nummer größer/kleiner?
Heeft u een maatje groter/kleiner?
heeft ü en **maat**je **chro**ter/**kläi**ner?

Kann es geändert werden?
Kan het vermaakt worden?
kann hät ver**maakt wor**de(n)?

Wann ist es fertig?
Wanneer is het klaar?
wan**neer** iß hät klaar?

Kann ich es anprobieren?
Mag ik het passen?
mach ick hät **pas**se(n)?

Wo ist die Umkleidekabine?
Waar is de paskamer?
waar iß de **paß**kamer?

Wo ist ein Spiegel?
Waar is een spiegel?
waar iß en **ßpi**chel?

Wo gibt es einen Schuster?
Waar is een schoenmaker?
waar iß en **ßchuhn**maker?

Ich möchte neue Sohlen/Hacken
Ik wil nieuwe zolen/hakken
ick will ni**ue soh**le(n)/**hak**ke(n)

Können Sie diese Schuhe/diesen Schuh reparieren?
Kunnen deze schoenen/kan deze schoen worden gerepareerd?
künne(n) **de**se **ßchuh**ne(n)/kann **de**se ßchuhn **wor**de(n) cherepa**reert**?

Anzug	kostuum *n*	koß**tühm**
Bluse	blouse	**blu**se

Büstenhalter	beha	be**ha**
Damenkonfektion	damesconfectie	**da**meskonfäkzi
Garn	garen *n*	**cha**re(n)
Gürtel	ceintuur	ßäin**tühr**
Handschuhe	handschoenen	**hant**ßchuhne(n)
Hemd	hemd *n*	hämt
Herrenkonfektion	herenconfectie	**he**re(n)konfäkzi
Hose	pantalon	panta**lonn**
Hosengürtel	broekriem	**bruk**rim
Damenweste	damesvest *n*	**da**mesväst
Jeans	spijkerbroek	**ßpäi**kerbruk
Jeansjacke	spijkerjasje *n*	**ßpäi**kerjasche
Kinderkleidung	kinderkleding	**kin**derkleding
Kleid	jurk	jürk
Kniestrümpfe	kniekousen	**knie**kauße(n)
Knöpfe	knopen	**kno**pe(n)
Kopftuch	hoofddoek	**hooft**duk
Kostüm	mantelpak *n*	**man**telpack
Krawatte	das	daß
Mantel	mantel	**man**tel
Morgenrock	kamerjas	**ka**merjaß
Mütze	muts	mütz
Nachthemd	nachtjapon	**nacht**japonn
Oberhemd	overhemd *n*	**o**verhämt
Pantoffeln	pantoffels	pan**to**ffels
Pelzmantel	bontjas	**bonnt**jaß
Pullover	trui	tröi
Regenmantel	regenjas	**ree**che(n)jaß
Regenschirm	paraplu	para**plüh**
Reißverschluß	ritssluiting	**ritz**ßlöiting
Rock	rok	rock
Sandalen	sandalen	ßan**da**le(n)
Schlafanzug, Pyjama	pyama	pi**ja**ma
Schnürsenkel	schoenveters	**ßchuhn**veters
Schuhanzieher	schoenlepel	**ßchuhn**lepel
Schuhcreme	schoensmeer	**ßchuhn**ßmeer
Schuhe	schoenen	**ßchuh**nen
Shorts	short	schort
Socken	sokken	**ßok**ke(n)
Sohle	zool	sool
Sportkleidung	sportkleding	**ßport**kleding
Stiefel	laarzen	**laar**se(n)

Strickgarn	breiwol	**bräi**woll
Strumpfhose	panty	**pänn**ti
Taschentuch	zakdoek	**sack**duk
Trainingsanzug	trainingspak *n*	**tree**ningspack
Unterhemd	onderhemd *n*	**onn**derhämt
Unterhose	onderbroek	**onn**derbruk
Unterrock	onderrok	**onn**derrock
Unterwäsche	ondergoed *n*	**onn**derchut
Weste	vest *n*	väst

Foto-, Film- und Videoapparate

Ich möchte gern einen/eine ...
Ik wil graag een ...
ick will chraach en ...

Farbfilm	kleurenfilm	**klöh**re(n)film
Scharzweißfilm	zwartwitfilm	swart**witt**film
Filmkassette	filmcassette	**film**kassette
Diafilm	diafilm	**di**afilm
100ASA	100ASA	**hon**dert asa
mit 20/36 Aufnahmen	voor 20/36 opnamen	voor **twin**tich/**säs**-än-därtich **opp**nahme(n)
für Tageslicht	voor daglicht	voor **dach**licht
für Kunstlicht	voor kunstlicht	voor **künß**licht

Ich hätte gern eine 8 mm/Super 8 Filmkassette/Videofilmkassette
Ik wil graag een 8 mm/super 8 filmcassette/videofilmcassette
ick will chraach en acht **mil**limeter/**ßü**per acht **film**kassette/**vi**deofilmkassette

Können Sie diesen Film entwickeln und Abzüge machen?
Kunt u deze film voor mij ontwikkelen en afdrukken?
künnt ü **de**se film voor mäi ont**wik**kele(n) än **aff**drücke(n)?

matt	mat	matt
Hochglanz	glanzend	**chlan**sent
9 mal 13 cm	9 maal 13 cm	**ne**che(n) maal **där**tien

Ich möchte die Dias rahmen lassen
Ik wil de dia's ingeraamd hebben
ick will de **di**as **in**cheraamt **häb**be(n)

Wann sind sie fertig?
Wanneer zijn ze klaar?
wan**neer** säin se klaar?

EINKAUFEN

Können Sie vier Paßbilder machen?
Kunt u vier pasfoto's maken?
künnt ü vier **paß**fotos **ma**ke(n)?

Kann diese Kamera repariert werden?
Kan deze camera worden gerepareerd?
kann **de**se **ka**mera **wor**de(n) cherepa**reert**?

Der ... funktioniert nicht
Er is een defect aan de ...
är iß en de**fäckt** aan de ...

◄ **Sie müssen die Kamera zur Fabrik schicken**
U moet de camera naar de fabriek sturen
ü muht de **ka**mera naar de fa**brik ßtü**re(n)

◄ **Das wird sicherlich teuer werden**
Dit zal veel gaan kosten
dit sall veel chaan **koß**te(n)

Auslöser	sluiter	**ßlöi**ter
Batterie	batterij	batte**räi**
Belichtungsmesser	belichtingsmeter	be**lich**tingsmeter
Bildzählwerk	opnameteller	**opp**nahmeteller
Blitz	flitser	**flit**zer
Blitzlampen	flitslampjes	**flitz**lampjes
Blitzlicht	flitslicht *n*	**flitz**licht
Blitzwürfel	flitsblokjes	**flitz**blockjes
Dia	dia	**di**a
Diarahmen	diaraampjes	**di**araampjes
empfindlicher Film	snelle film	**ßnäl**le film
Entfernungsmesser	afstandsmeter	**af**ßtanzmeter
Filmkamera	filmcamera	**film**kamera
Filmtransport	filmtransport *n*	**film**transport
Filter	filter *n*	**fil**ter
Farbfilter	kleurenfilter *n*	**klöh**re(n)filter
UV-Filter	UV-filter *n*	ü-ve **fil**ter
Format	formaat *n*	for**maat**
Fotoapparat	fototoestel *n*	**fo**totußtäll
Mikroobjektiv	micro-objectief *n*	**mi**kro objäk**tiv**
Negativ	negatief *n*	**nee**chativ
Linse	lens	länß
Objektiv	objectief *n*	objäk**tiv**
35 mm	vijfendertig millimeter	**väif**-än-därtich**mil**limeter
70 mm	zeventig millimeter	**se**ventich

135 mm	honderdvijfendertig millimeter	**hon**dert-väif-än-**där**tich **mil**limeter
Objektivdeckel	lenskap	**länß**kapp
Schmalfilm	smalfilm	**ßmall**film
Sonnenblende	zonnekap	**son**nekapp
Stativ	statief *n*	ßta**tiv**
Sucher	zoeker	**suh**ker
Tonspur	geluidsspoor *n*	che**löiz**ßpoor
Unterwasserkamera	onderwatercamera	onder**wa**terkamera
Vergrößerung	vergroting	ver**chro**ting
Videokamera	videocamera	**vi**deokamera
Videokassette	videocassette	**vi**deokassette
Videorekorder	videorecorder	**vi**deorekorder
Weitwinkelobjektiv	groothoeklens	**chroot**huklänß
Zoomobjektiv	zoomlens	**suhm**länß

Reise- und Campingausrüstung

(Schwimm- und Sportartikel: Siehe auch "Sport und Freizeit")

Aktentasche	aktetas	**ack**tetaß
Becher	bekers	**be**kers
Besteck	bestek *n*	be**ßtäck**
Bratpfanne	braadpan	**braat**pann
Bratspieß	braadspies	**braat**ßpieß
Brennspiritus	brandspiritus	**brant**ßpiritüß
Butangas	butagas *n*	**bü**tachaß
Campingausrüstung	kampeeruitrusting	kam**peer**öitrüßting
Diplomatenkoffer	diplomatenkoffer	diplo**ma**te(n)koffer
Dosenöffner	blikopener	**blick**opener
Eimer	emmer	**äm**mer
Einwegbesteck	wegwerpbestek *n*	**wäch**wärpbeßtäck
Einwegteller	wegwerpborden	**wäch**wärpborde(n)
Feldbett	opklapbaar bed *n*	opp**klapp**baar bätt
Flaschenöffner	flesopener	**fläß**opener
Gabel	vork	vork
Gasbrenner	gasbrander	**chaß**brander
Hammer	hamer	**ha**mer
Hängematte	hangmat	**hang**matt
Holzkohle	houtskool *n*	**hauz**kool
Kerzen	kaarsen	**kaar**ße(n)

EINKAUFEN

Klappstuhl	klapstoel	**klapp**ßtuhl
Klapptisch	klaptafel	**klapp**tafel
Kochtopf	pan	pann
Koffer	koffer	**kof**fer
Kompaß	kompas *n*	**komm**paß
Korkenzieher	kurkentrekker	**kür**ke(n)träcker
Kühltasche	koelbox	**kuhl**box
Lampe	lamp	lamp
Laterne	lantaarn	lan**taarn**
Liegestuhl	ligstoel	**lich**ßtuhl
Löffel	lepel	**le**pel
Luftmatratze	luchtbed *n*	**lücht**bätt
Luftpumpe	luchtpomp	**lücht**pomp
Matratze	matras	ma**traß**
Messer	mes *n*	mäß
Pfeifkessel	fluitketel	**flöit**ketel
Plastiktüte	plastic zak	**pläß**tick sack
Petroleumkocher	primus	**pri**müß
Regenschirm	paraplu	para**plüh**
Reisetasche	reistas	**räiß**taß
Rucksack	rugzak	**rüch**sack
Schere	schaar	ßchaar
Schnur	touw *n*	tau
Schraubenzieher	schroevendraaier	**ßchru**ve(n)draier
Schultertasche	schoudertas	**ßchau**dertaß
Schüssel, Untertasse	schotel	**ßcho**tel
Sonnenschirm	zonnescherm *n*	**son**neßchärm
Streichhölzer	lucifers	**lü**ßifers
Taschenlampe	zaklantaarn	**sack**lantaarn
Taschenmesser	zakmes *n*	**sack**mäß
Tassen	kopjes	**kopp**jes
Teller	borden	**bor**de(n)
Thermosflasche	thermosfles	**tär**moßfläß
Verbandkasten	verbandkist	ver**bant**kist
Vorzelt	luifel	**löi**fel
Waschmittel	waspoeder *n*	**waß**puder
Wäscheklammer	wasknijper	**waß**knäiper
Windschirm	windscherm *n*	**wint**ßchärm
Zelt	tent	tänt
Zeltboden	grondzeil *n*	**chront**säil
Zelthäring	tentharing	**tänt**haring
Zeltstange	tentstok	**tänt**ßtock

Bücher, Zeitschriften, Schreibwaren

Wo finde ich eine Buchhandlung/ein Schreibwarengeschäft/einen Kiosk
Waar is een boekhandel/kantoorboekhandel/kiosk?
waar iß en **buk**handel/kan**toor**bukhandel/ki**osk?**

Haben Sie Bücher auf Deutsch/Englisch über ...?
Heeft u boeken in het Duits/Engels over ...?
heeft ü **bu**ke(n) in hät döiz/**än**gels **o**ver ...?

diese Gegend	deze streek	**de**se ßtreek
diese Stadt	deze stad	**de**se ßtatt
Naturschönheiten	het natuurschoon	hät na**tühr**ßchoon
Geschichte	geschiedenis	che**ßchie**deniß
Denkmäler	monumenten	monü**männ**te(n)
Fahrradausflüge	fietstochten	**fiez**tochte(n)
Wanderungen	wandelingen	**wan**delinge(n)
mit vielen Fotos	met veel foto's	mät veel **fo**tos

Haben Sie übersetzte niederländische Literatur?
Heeft u vertaalde Nederlandse literatuur?
heeft ü ver**taal**de **ne**derlanze litera**tühr**?

Haben Sie deutsche Zeitungen/Zeitschriften?
Heeft u Duitse kranten/tijdschriften?
heeft ü **döi**ze **krann**te(n)/**täit**ßchriften ?

Ansichtskarten	ansichtkaarten	**an**sichtkaarte(n)
Anspitzer	puntenslijper	**pün**te(n)ßläiper
Atlas	atlas	**at**laß
ausländische Zeitungen	buitenlandse kranten	**böi**te(n)lanze **kran**ten
Ausverkauf	opruiming	**opp**röiming
Bleistift	potlood *n*	**pott**loot
Luftpostumschläge	enveloppen voor luchtpost	änve**lop**pe(n) voor **lücht**post
Buch	boek *n*	buk
Büroklammern	paperclips	**pe**perklipps
Farbband	schrijfmachinelint *n*	**ßchräif**maschinelint
Farbstifte	kleurpotloden	**klöhr**pottlode(n)
Filzschreiber	viltstift	**vilt**ßtift
Füllfederhalter	vulpen	**vüll**pänn
Gummibänder	elastiekjes	elaß**tiek**jes
Kinderbücher	kinderboeken	**kin**derbuke(n)

EINKAUFEN

Klebestreifen	plakband *n*	**plack**bant
Klebstoff	lijm	läim
Kochbuch	kookboek *n*	**kook**buk
Kriminalroman	detectiveroman	de**täck**tifromann
Kugelschreiber	balpen	**ball**pänn
Kunstbücher	kunstboeken	**künßt**buke(n)
Landkarte	landkaart	**lant**kaart
Lineal	liniaal	lini**aal**
Literatur	literatuur	litera**tühr**
Magazin	maandblad *n*	**maant**blatt
Packpapier	pakpapier *n*	**pack**papier
Papier	papier *n*	pa**pier**
Radiergummi	vlakgom	**vlack**chomm
Reiseführer	reisgids	**räiß**chiz
Kunstreiseführer	kunstreisgids	**künßt**räißchiz
Reißzwecken	punaises	pü**näh**ses
Schreibblock	schrijfblok *n*	**ßchräif**block
Schreibheft	schrift *n*	ßchrift
Spielkarten	speelkaarten	**ßpeel**karte(n)
Stadtplan	plattegrond	platte**chront**
Straßenkarte	wegenkaart	**wee**che(n)kaart
Tageszeitung	dagblad *n*	**dach**blatt
Taschenbücher	pockets	**pok**käz
Taschenrechner	calculator	**kall**külätor
Tinte	inkt	inkt
topographische Karte	topografische kaart	topo**chra**fiße kaart
Wanderführer	wandelgids	**wan**delchiz
Wanderkarte	wandelkaart	**wan**delkaart
Wochenblatt	weekblad *n*	**week**blatt
Wörterbuch	woordenboek *n*	**woor**de(n)buk
Niederländisch-Deutsch	Nederlands-Duits	döiz-**ne**derlanz
Deutsch-Niederländisch	Duits-Nederlands	**ne**derlanz-döiz
Zeitschrift	tijdschrift *n*	**täit**ßchrift
Zeitung	krant	krannt

Schmuck und Uhren

Können Sie diese Uhr/dieses Armband/diese Kette reparieren?
Kunt u dit horloge/deze armband/deze ketting repareren?
künnt ü dit hor**loo**sche/**de**se **arm**bant/**de**se **kät**ting repa**re**re(n)?

Die Uhr geht vor/nach
Het horloge loopt voor/achter
hät hor**loo**sche loopt voor/**ach**ter

Wann ist es fertig?
Wanneer is het klaar?
wan**neer** iß hät klaar?

◄ **Die Batterie muß erneuert werden**
De batterij moet vervangen worden
de batte**räi** muht ver**van**ge(n) **wor**de(n)

◄ **vierzehn/achtzehn Karat**
veertien/achttien karaat
veertien/**acht**tien ka**raat**

Können Sie dies reinigen?
Kunt u dit schoonmaken?
künnt ü dit **ßchoon**make(n)?

◄ **Das kann nicht repariert werden**
Dit is onherstelbaar
dit iß onher**ßtäll**baar

Wieviel Karat hat er?
Hoeveel karaat is dit?
huhveel ka**raat** iß dit?

Kann dieser Name graviert werden?
Kan deze naam erin gegraveerd worden?
kann **de**se naam är**in** chechra**veert wor**de(n)?

Amulett	amulet	amü**lätt**
Anstecknadel	speld	ßpält
Armband	armband	**arm**bant
Armbanduhr	polshorloge *n*	**pollß**horloosche
Aufziehrädchen	opwindknopje *n*	**opp**wintknoppje
Batterie	batterij	batte**räi**
Blattgold	bladgoud *n*	**blatt**chaut
Brillant	briljant	bril**jannt**
Brosche	broche	**bro**sche
Chrom	chroom *n*	chroom
Damenarmbanduhr	dameshorloge *n*	**da**meshorloosche
Diamant	diamant	dia**mant**
Dublee	doublé	dou**blee**
Feder	veer	veer
Glas	glas *n*	chlaß
Gliederarmband	schakelarmband	**ßcha**kelarmbant
Gold	goud *n*	chaut
Halskette	halsketting	**hals**kätting
Herrenarmbanduhr	herenhorloge *n*	**he**re(n)horloosche
Jade	jade	**ja**de
Kristall	kristal *n*	kriß**tall**
(reines) Kupfer	(rood) koper *n*	(rot) **ko**per
Leder	leer *n*	lehr
Messing	messing *n*	**mäs**sing
Ohrringe	oorbellen	**oor**bälle(n)
Perlenkette	parelsnoer	**pa**rel-ßnuhr

Perlmutt	parelmoer *n*	parel**muhr**
Platin	platina *n*	**pla**tina
Quarzuhr	kwartshorloge *n*	**quarz**horloosche
Ring	ring	ring
Trauring	trouwring	**trau**ring
Siegelring	zegelring	**see**chelring
rostfreier Stahl	roestvrij staal *n*	**ruhst**vräi ßtaal
Rubin	robijn *n*	ro**bäin**
Saphir	saffier	**saf**fier
Schmuckkästchen	juwelenkistje *n*	jü**ee**le(n)kische
Silber	zilver *n*	**sil**ver
Smaragd	smaragd	ßma**racht**
Tabaksdose	tabaksdoos	ta**backs**doos
Tafelsilber	tafelzilver *n*	**ta**felsilver
Taschenuhr	vestzakhorloge *n*	**väst**sack-horloosche
Topas	topaas	to**paaß**
Uhr	horloge *n*	hor**loo**sche
digital	digitaal	dichi**taal**
mit Zeigern	met wijzers	mät **wäi**sers
Uhrenarmband	horlogebandje *n*	hor**loo**schebantje
Uhrkette	horlogeketting	hor**loo**schekätting
Weißgold	witgoud *n*	**witt**chaut
(Reise-)Wecker	(reis)wekker	(räiß)**wäk**ker
Zinn	tin *n*	tinn

Münzen und Briefmarken

Bogen	vel *n*	väll
Briefmarke	postzegel	**post**seechel
Briefmarkenalbum	postzegelalbum *n*	**post**seechelalbüm
Briefmarkenblock	blok *n*	block
Ersttagsbrief	eerstedagenveloppe	**eer**ßte**dach**änvelopp
Gedenkmünzen	gelegenheidsmunten	che**lee**che(n)häizmünte(n)
Gendenkausgaben	gelegenheidspostzegels	che**lee**che(n)häizpostseechels
gestempelt	gestempeld	che**ßtäm**pelt
gewöhnliche Briefmarken	gewone zegels	che**wo**ne **see**chels
gezahnt	getand	che**tant**
Goldmünzen	gouden munten	**chau**de(n) **mün**te(n)
Jahressammlung	jaarcollectie	**jaar**kollekzi
Loseblattausgabe	losbladig	loß**bla**dich
Münzalbum	muntenalbum *n*	**mün**te(n)albüm

Münzprobe	muntproef	**münt**pruf
postfrisch	postfris	post**friß**
Satz	serie	**ße**ri
sehr schön	zeer fraai	sehr frai
Silbermünzen	zilveren munten	**sil**vere(n) **mün**te(n)
Sonderstempel	gelegenheidsstempel *n*	che**lee**che(n)häizßtämpel
ungezahnt	ongetand	onche**tant**

in anderen Läden

Können Sie diese Brille reparieren?
Kan deze bril gerepareerd worden?
kann **de**se brill cherepa**reert wor**de(n)?

Haben Sie auch Sonnenbrillen?
Heeft u voor mij een zonnebril?
heeft ü voor mäi en **son**nebrill?

Kontaktlinsenflüssigkeit	vloeistof voor contactlenzen	**vlui**ßtoff voor kon**takt**länse(n)
Kontaktlinsen	contactlenzen	kon**takt**länse(n)

Haben Sie ausländische Zigarren/Zigaretten?
Heeft u buitenlandse sigaren/sigaretten?
heeft ü **böi**te(n)lanze ßi**cha**re(n)/ßicha**rät**te(n)?

Filterzigaretten	filtersigaretten	**fil**terßicharätte(n)
Streichhölzer	lucifers	**lü**ßifers
Drehtabak	shag	schäg
Tabak	tabak	ta**back**

Waschsalon und Reinigung

Wo finde ich einen Waschsalon?
Waar is een wasserette?
waar iß en wasse**rät**te?

Wo kann ich Kleidung reinigen lassen?
Waar kan ik kleding laten reinigen?
waar kann ick **kle**ding **la**te(n) **räi**niche(n)?

Können Sie dies reinigen/chemisch reinigen?
Kan dit voor mij gereinigd/gestoomd worden?
kann dit voor mäi che**räi**nicht/che**ßtohmt wor**de(n)?

◄ Es benötigt eine Sonderbehandlung
Dit vraagt een speciale behandeling
dit vraacht en ßpeeß**ja**le be**han**deling

◄ Dieser Fleck kann nicht entfernt werden
Deze vlek krijgen wij er niet uit
dese vläck **kräi**che(n) we är niet öit

bei 40 Grad waschen	op veertig graden wassen	op **veer**tich **chra**de(n) **was**se(n)
bügeln	strijken	**ßträi**ke(n)
chemisch reinigen	stomen, chemisch reinigen	**ßto**me(n), **che**mieß **räi**niche(n)
Handwäsche	met de hand wassen	mät de hant **was**se(n)
Hauptwäsche	hoofdwas	**hooft**waß
knitterfrei	kreukvrij	**krök**vräi
lauwarm waschen	lauw wassen	lau **was**se(n)
nicht bügeln	niet strijken	niet **ßträi**ke(n)
synthetisch	synthetisch	sin**tee**tiß
Trockentrommel	droogtrommel	**drooch**trommel
Vorwäsche	voorwas	**voor**waß
waschen	wassen	**was**se(n)
Waschmaschine	wasautomaat	**waß**automaat
Waschpulver	zeeppoeder	**seep**puder
wasserdicht	waterdicht	water**dicht**

beim Friseur

Damenfriseur	dameskapper	**da**meskapper
Herrenfriseur	herenkapper	**he**re(n)kapper

Kann ich einen Termin bekommen?
Kan ik een afspraak maken?
kann ick en **aff**ßpraak **ma**ke(n)?

Wie lange kann es dauern?
Hoe lang kan het duren?
huh lang kann hät **düh**re(n)?

Schneiden Sie auch Kindern die Haare?
Knipt u ook kinderen?
knippt ü ook **kin**dere(n)?

Nicht zu kurz
Niet te kort
niet te kort

Haare schneiden und rasieren bitte
Knippen en scheren alstublieft
knippe(n) än **ßche**re(n) alßtü**blift**

Waschen und legen bitte
Wassen en watergolven alstublieft
wasse(n) än **wa**tercholve(n) alßtü**blift**

Nur die Spitzen abschneiden bitte
Wilt u alleen de punten bijknippen?
willt ü al**leen** de **pünn**te(n) **bäi**knippe(n)?

... etwas kürzer
Iets korter ...
iez **kor**ter ...

oben	bovenop	bove(n)**op**
im Nacken	in de nek	in de näck
hinten	aan de achterkant	aan de **ach**terkant
an den Seiten	aan de zijkanten	aan de **säi**kante(n)

Bart	baard	baart
Dauerwelle	permanent	perma**nänt**
färben	verven	**vär**ve(n)
fettiges Haar	vet haar *n*	vett haar
föhnen	föhnen	**föh**ne(n)
Frisur	kapsel *n*	**kapp**ßel
Gel	gel	dschäll
das Haar schneiden	knippen	**knip**pe(n)
Haarausfall	haaruitval	**haar**öitvall
Haarfestiger	haarversteviger	**haar**verßtevicher
Haarpomade	brillantine	brijan**ti**ne
Haarspray	haarlak	**haar**lack
Haarwaschmittel, Shampoo	shampoo	**schamm**po
Haarwasser	lotion	**loo**schen
Kamm	kam	kamm
kämmen	kammen, opkammen	kamme(n), **opp**kamme(n)
Koteletten	bakkebaard	**bak**kebaart
langes Haar	lang haar *n*	lang haar
Locken	krullen	**krül**le(n)
Maniküre	manicure	mani**kü**re
Pferdeschwanz	paardenstaart	**paar**de(n)ßtaart
Punkfrisur	punkkapsel *n*	**pünk**kapßel
Schnurrbart	snor	snorr
Schuppen	roos	rooß
Spülung	spoeling	**ßpuh**ling
Strähnchen	coupe soleil	kup ßo**läj**
Tönung	kleurspoeling	**klöhr**ßpuhling
trockenes Haar	droog haar *n*	drooch haar
Trockenhaube	droogkap	**drooch**kapp
Wasserwelle	watergolf	**wa**tercholf
Zopf	vlecht	vlächt

im Kosmetiksalon

(Siehe auch "In der Drogerie")

Kann ich einen Termin bekommen?
Kan ik een afspraak maken?
kann ick en **aff**ßpraak **ma**ke(n)?

Wie lange kann es dauern?
Hoe lang kan het duren?
huh lang kann hät **düh**re(n)?

enthaaren	ontharen	ont**haa**re(n)
Gesichtsmaske	gezichtsmasker *n*	che**sichts**masker
Gesichtspflege	gezichtsverzorging	che**sichts**versorching
kosmetische Grundbehandlung	volledige behandeling	vol**le**diche be**han**deling
Maniküre	manicure	mani**kü**re
Pediküre	pedicure	**pe**diküre
rasieren	scheren	**ßche**re(n)
Schlammpackung	modderbehandeling	**mod**derbehandeling

Tourismus

im Fremdenverkehrsbüro

Wo ist das Fremdenverkehrsbüro?
Waar is het VVV-kantoor?
waar iß hät ve-ve-**ve** kan**toor**?

Sprechen Sie Deutsch/Englisch?
Spreekt u Duits/Engels?
ßpreekt ü döiz/ängels?

Ich hätte gern Auskunft/eine Broschüre über ...
Ik wil graag inlichtingen/een folder hebben over ...
ick will chraach **in**lichtinge(n)/en **foll**der **häb**be(n) **o**ver ...

Angeln	vissen	**vis**se(n)
Ausgehmöglichkeiten	uitgaansmogelijkheden	**öit**chaans-**mo**chelickhede(n)
Autovermietung	autoverhuur	**au**toverhühr
Busverbindungen	busdiensten	**büß**dienste(n)
Campingplätze	kampeerterreinen	kam**peer**terräine(n)
Denkmäler	monumenten	monü**männ**te(n)
Fahrradverleih	fietsverhuur	**fiez**verhühr
Ferienhäuser/Bungalows	vakantiehuisjes/bungalows	va**kan**zihöisches/**bün**galoos
Hotels	hotels	ho**täls**
Jugendherbergen	jeugdherbergen	**jöcht**härbärche(n)
mehrtägige Ausflüge	meerdaagse excursies	**meer**daachse ex**kür**ßis
Museen	musea	mü**ßee**a
öffentliche Verkehrsmittel	openbaar vervoer	**o**pe(n)baar ver**vuhr**
Pensionen	pensions	pänß**jonns**
Rundfahrten	rondvaarten	**ront**vaarte(n)
Stadtbesichtigungen	stadswandelingen	**statß**wandelinge(n)
Tagesausflüge	dagexcursies	**dach**exkürßis
Unterhaltung für Kinder	amusement *n* voor kinderen	amüse**mänt** voor **kin**dere(n)
Veranstaltungen	evenementen	evene**män**te(n)
Wanderungen	wandelingen	**wan**delinge(n)
Wassersport	watersport	**wa**terßport
Züge	treinen	**träi**ne(n)

Haben Sie deutsch-/englischsprachige Broschüren?
Hebt u folders in het Duits/Engels?
häpt ü **foll**ders in hät döiz/**än**gels?

Haben Sie einen Stadtplan/eine Karte von der Umgebung?
Hebt u een stadsplattegrond/streekkaart?
häpt ü en **ßtatß**plattechront/**ßtreek**kaart?

Haben Sie Radwanderkarten/Wanderkarten?
Hebt u fietskaarten/wandelkaarten?
häpt ü **fiez**kaarte(n)/**wan**delkaarte(n)?

Können Sie die Route einzeichnen?
Kunt u de route intekenen?
künnt ü de **ruh**te **in**tekene(n)?

Was sind die bedeutendsten Sehenswürdigkeiten?
Wat zijn de belangrijkste bezienswaardigheden?
watt säin de be**lang**räikßte besiens**waar**dichhede(n)?

Wo befindet sich der/die/das ...?
Waar vind ik de/het ...?
waar vint ick de/hät ...?

Aquarium	aquarium *n*	a**qua**rium
Aussichtspunkt	uitzichtpunt *n*	**öit**sichtpünt
Botanische Garten	botanische tuin	bo**ta**niße töin
Festung	vesting	**väß**ting
Grotten	grotten	**chrot**te(n)
Kapelle	kapel	ka**päll**
Kathedrale, Dom	kathedraal, dom	kate**draal**, domm
Kirche	kerk	kärk
Kloster	klooster *n*	**kloo**ßter
Markt	markt	markt
Museum	museum *n*	mü**ßee**üm
Oper	opera	**o**pera
Palast	paleis *n*	pa**läiß**
Park	park *n*	park
Parlamentsgebäude	parlementsgebouw *n*	parle**mänz**chebau
Rathaus	raadhuis *n*	**raat**höiß
Ruine	ruïne	rü**i**ne
Schauspielhaus	schouwburg	**ßchau**bürch
Schloß	kasteel *n*	kaß**teel**
(Funk-)Turm	(t.v.-)toren	(tee-vee)**toh**re(n)
Zoo	dierentuin	**die**re(n)töin

Können Sie mir das auf dem Stadtplan zeigen?
Kunt u het op de plattegrond aanwijzen?
künnt ü hät op de platte**chront aan**wäise(n)?

Ist es heute geöffnet?
Is het vandaag geopend?
iß hät van**daach** che**o**pent?

Muß man Eintritt bezahlen?
Moet er entree betaald worden?
muht är an**tree** be**taalt wor**de(n)?

Verkaufen Sie auch Reiseführer/Landkarten/Stadtpläne?
Verkoopt u ook gidsen/kaarten/plattegronden?
ver**koopt** ü ook **chit**ze(n)/**kaar**te(n)/platte**chronn**de(n)?

Wo fahren die Busse ab?
Van waar vertrekken de bussen?
van waar ver**träk**ke(n) de **büs**se(n)?

◀ Sie werden bei Ihrem Hotel abgeholt
U wordt bij uw hotel afgehaald
ü wort bäi üu ho**täl af**chehaalt

Museumbesuch

Wo befindet sich das (Museum für) ...?
Waar is het (museum voor) ...?
waar iß hät (mü**ße**üm voor) ...?

Angewandte Kunst	toegepaste kunst	**tu**chepaßte künst
Archäologie	oudheidkunde	**aut**häidkünde
Armeemuseum	legermuseum	**lee**chermüßeeüm
Automobilmuseum	automuseum	**au**tomüßeeüm
Bildende Kunst	beeldende kunst	**beel**dende künst
Bildhauerei	beeldhouwkunst	**beelt**haukünst
Briefmarkenmuseum	postzegelmuseum	**post**seechelmüßeeüm
Eisenbahnmuseum	spoorwegmuseum	**ßpoor**wechmüßeeüm
Fischereimuseum	visserijmuseum	visse**räi**müßeeüm
Freilichtmuseum	openluchtmuseum	ope(n)**lücht**müßeeüm
Geologiemuseum	voor geologie	voor cheolo**chi**
Geschichte	historisch museum	hiß**to**ris müß**ee**üm
Heimatmuseum	voor streekgeschiedenis	voor **ßtreek**cheßchideniß
Keramik	voor keramiek	voor kera**mik**
Kunstgewerbemuseum	voor kunstnijverheid	voor künst**näi**verhäid
Landwirtschaftsmuseum	voor landbouw	voor **lant**bau
Literaturmuseum	voor letterkunde	voor **lät**terkünde
Musikgeschichte	voor muziekgeschiedenis	voor mü**siek**cheßchideniß
Naturwissenschaft	voor natuurwetenschappen	voor na**tühr**wete(n)ßchappe(n)
Orientalische Kunst	voor oosterse kunst	voor **ooß**terse künst

Postmuseum	postmuseum	**post**müßeeüm
Seefahrtmuseum	scheepvaartmuseum	**ßcheep**vaartmüßeeüm
Stadtgeschichte	voor stadsgeschiedenis	voor **ßtatz**cheßchideniß
Technik	voor techniek	voor täch**nik**
Textilgewerbe	voor textielnijverheid	voor tex**til**näiverhäid
Urgeschichte	voor prehistorie	voor prähiß**to**ri
Verkehrsmuseum	verkeersmuseum	ver**keerß**müßeeüm
Völkerkunde	volkenkundig museum	volke(n)**kün**dich mü**ßee**üm
Volkskundemuseum	voor folklore	voor foll**klo**re
Volkskunst	voor volkskunst	voor **volks**künst
Zoologiemuseum	voor zoölogie	voor so-olo**chi**

Kann das Museum ohne Führung besichtigt werden?
Is het museum vrij toegankelijk?
iß hät mü**ßee**üm vräi tu**chan**kelick?

◄ Nein, außschließlich mit Führung
Nee, alleen met een rondleiding
nee, al**leen** mät en **ront**läiding

Was kostet der Eintritt?
Hoeveel bedraagt de entree?
huhveel be**draacht** de an**tree**?

◄ Der Eintritt ist frei
Het bezoek is gratis
hät be**suhk** iß **chra**tiß

Zwei Eintrittskarten für Erwachsene
Twee kaartjes voor volwassenen
twee **kaart**jes voor voll**was**sene(n)

Zwei Eintrittskarten für Kinder
Twee kinderkaartjes
twee **kin**derkaartjes

Gibt es eine Sonderausstellung?
Is er een bijzondere tentoonstelling?
iß är en bi**sonn**dere ten**toon**ßtälling?

Darf ich hier fotografieren?
Mag ik fotograferen?
mach ick fotochra**fee**re(n)?

◄ Nur gegen Bezahlung
Alleen tegen betaling
al**leen te**che(n) be**ta**ling

◄ Nur ohne Blitzlicht und ohne Stativ
Alleen zonder flitslicht en zonder statief
al**leen sonn**der **flitz**licht än **sonn**der ßta**tiv**

Haben Sie einen Plan/Führer/Katalog?
Heeft u een plattegrond/gids/catalogus?
heeft ü en platte**chront**/chitz/ka**ta**lochüs?

Gibt es ein/Wo ist der/die/das ...?
Is er een/Waar is de/het ...?
iß är en/waar iß de/hät ...?

Ausgang	uitgang	**öit**chang
Filmvorführung	filmvoorstelling	**film**voorßtälling
Garderobe	garderobe	charde**ro**be
Kaffeeautomat	koffieautomaat	**kof**fiautomaat
Kindergarten	crèche	kräsch
Museumsladen	museumwinkel	mü**ßee**ümwinkel
Restaurant	restaurant *n*	räßtau**rant**
Saalwärter	suppoost	süp**poost**
Schnellbüfett	cafetaria	kaffe**ta**ria
Toiletten	toilet *n*	twa**lett**
Vortrag	lezing	**lee**sing

in Schlössern, Kirchen und Klöstern

(Fragen zu "Eintritt": Siehe "Museumbesuch")

Wann beginnt die Führung?
Hoe laat begint de rondleiding?
huh laat be**chinnt** de **ronnt**läiding?

Können wir uns hier alleine umsehen?
Mogen we hier vrij rondkijken?
moche(n) we hier vräi **ronnt**käike(n)?

Gibt es eine Führung auf Deutsch/Englisch?
Is er een rondleiding in het Duits/Engels?
iß är en **ronnt**läiding in hät döiz/**än**gels?

Schloß	kasteel *n*	ka**ßteel**
Palast	paleis *n*	pa**läiß**
königlich	koninklijk	**ko**ninklick
herzoglich	hertogelijk	**här**tochelick
gräflich	grafelijk	**chra**felick
bischöflich	bisschoppelijk	bis**ßchop**pelick
Rittersaal	ridderzaal	**rid**dersaal
Empfangshalle	ontvangsthal	ont**vangst**hall
Ballsaal	balzaal	**ball**saal
Festung	vesting	**väß**ting
Festungsmauer	vestingwal	**väß**tingwall
Bastion	bastion *n*	baß**tjonn**
Rondell	rondeel *n*	ronn**deel**
Munitionskammer	munitiekamer	mü**ni**zikamer

Kerker	kerker	**kär**ker
Kloster	klooster *n*	**kloo**ßter
Abtei	abdij	ap**däi**
Kathedrale	kathedraal	kate**draal**
Kirche	kerk	kärk
Moschee	moskee	moß**kee**
Synagoge	synagoge	sina**cho**che
Schiff	schip *n*	ßchipp
Chor	koor *n*	koor
Altar	altaar *n*	al**taar**
Gewölbe	gewelf *n*	che**wälf**
Schatzkammer	schatkamer	**ßchatt**kamer
Benediktiner	benedictijnen	benedick**täi**ne(n)
Zisterzienser	cisterciënzers	ßißter**ßjän**sers
Dominikaner	dominicanen	domini**ka**ne(n)
Franziskaner	franciscanen	franßiß**ka**ne(n)
Jesuiten	jezuïeten	jesü**i**te(n)
prähistorisch	prehistorisch	**pre**hißtoriß
römisch	Romeins	ro**mäins**
mittelalterlich	middeleeuws	**mid**deleeuhs
vorromanisch	preromaans	preero**maans**
romanisch	romaans	ro**maans**
gotisch	gotisch	**choo**tiß
byzantinisch	Byzantijns	bisan**täins**
Renaissance	renaissance	renä**ßang**ße
Barock	barok	ba**rock**
Rokoko	rococo	**ro**koko
klassizistisch	classicistisch	klassi**ßiß**tiß
neugotisch	neogotisch	neo**cho**tiß
modernistisch	modernistisch, Jugendstil	moder**niß**tiß, **ju**gendstil
modern	modern	mo**därn**
zeitgenössisch	eigentijds	äiche(n)**täiz**
aus dem 16. Jahrhundert	zestiende-eeuws	**säß**tiende **ee**uhs

aufschriften

VERBODEN TE FOTOGRAFEREN	FOTOGRAFIEREN VERBOTEN
VRIJ TOEGANKELIJK	EINTRITT FREI
GEEN TOEGANG	ZUTRITT VERBOTEN
NIET AANRAKEN	NICHT BERÜHREN

Deutsch-Niederländisch

Der Kürze halber haben wir in dieser alphabetisch geordneten Wortliste die Aussprachebezeichnung weggelassen und nur die Übersetzung der Wörter aufgeführt. Bei den sächlichen niederländischen Substantiven finden Sie das Geschlecht hinter dem Wort angegeben (*n* = neutrum). Die weiblichen und männlichen Substantive haben keine Geschlechtsangabe, da es für beide Geschlechter nur einen bestimmten Artikel gibt: **de**.
In der ersten, deutschsprachigen Spalte, führen wir nur die männliche Form eines Wortes auf; in der niederländischen Übersetzung wird die männliche und die weibliche Form genannt. Zum Beispiel: König - **koning** *m*, **koningin** *w* (der König = **de koning**, die Königin = **de koningin**).

A

Aal - paling
ab - af, vanaf
Abend - avond
Abendessen - avondeten *n*
abends - 's avonds
abfahren - vertrekken
Abfahrt - vertrek *n*, afvaart
Abfall - afval *n*
Abführmittel - laxeermiddel *n*
abgelegen - achteraf, afgelegen
abgeschlossen - afgesloten, gesloten,
abgesperrt - afgesloten
Abhang - helling
absagen - afzeggen
abschleppen - wegslepen
Abschleppseil - sleepkabel
Abschleppwagen - sleepwagen
Absender - afzender
Absicht - bedoeling
Abstand - afstand
Abteil - coupé
Abteilung - afdeling
abweichen - afwijken
Abzug - afdruk
Achse - as
addieren - optellen
Adresse - adres *n*
akzeptieren - accepteren, aannemen
allein - alleen
allgemein - algemeen
allmählich - geleidelijk, langzamerhand
alt - oud
Ameise - mier
Ampel - stoplicht *n*
anbieten - aanbieden
andauernd - voortdurend
Andenken - souvenir *n*
ändern - veranderen, verstellen
anderswo - ergens anders
Anfang - begin *n*
anfangen - beginnen
anfragen, anfordern - aanvragen
angebrannt - aangebrand

angenehm - aangenaam, lekker
Angst haben - bang zijn
ängstlich - angstig
anhalten - stoppen
Anhänger - aanhangwagen
ankommen - aankomen
Ankunft(szeit) - aankomst(tijd)
anlassen - starten (motor)
anlocken - aanlokken, aantrekken
annehmen - aannemen
anprobieren - passen (kleding)
anrufen - bellen, opbellen
Ansichtskarte - ansichtkaart
anständig - fatsoenlijk, correct
ansteckend - besmettelijk
Anstreichpinsel - verfkwast
Antiquität - antiek *n*, antiquiteit
Antiquitätenhändler - antiquair
Antragsformular - aanvraagformulier *n*
Antwort - antwoord *n*
antworten - antwoorden
Anzahl - aantal *n*
anziehen - aantrekken, aanlokken
Anzug - kostuum *n*, pak *n*
Apfel - appel
Apfelsaft - appelsap *n*
Apfelsine - sinaasappel
Apfelsinensaft - sinaasappelsap
Apotheke - apotheek
Appell - appel, oproep
Arbeit - werk *n*
arbeiten - werken
Arbeitgeber - werkgever *m*
Arbeitnehmer - werknemer
Armbanduhr - (pols)horloge *n*
Ärmel - mouw
Arzt - dokter, arts
Asche - as
Aschenbecher - asbak *n*
Ast - tak
Atem - adem
Atemnot - ademnood
auch - ook
Aufenthalt - oponthoud *n*, verblijf *n*
Aufenthaltsgenehmigung - verblijfs-vergunning
Aufenthaltsort - verblijfplaats
aufessen - opeten
Aufführung - voorstelling
aufgeben - opgeven
aufgebrochen - opgebroken
aufheben - optillen, opheffen
aufhören - ophouden, stoppen
aufpassen - oppassen
aufpumpen - oppompen
aufräumen - opruimen
aufschreiben - noteren, opschrijven
Aufschrift - opschrift *n*
Aufschub - uitstel *n*
Aufstand - opstand
aufstehen - opstaan
Auge - oog *n*
Augenarzt - oogarts
Augenblick - ogenblik, moment
Augenzeuge - ooggetuige
aus - uit, van
ausbessern - herstellen, repareren
außer - behalve
außerhalb - buiten
äußerlich - uitwendig
Ausflug - uitstapje *n*, tocht, excursie
ausfüllen - invullen
Ausgang - uitgang
ausgehen - uitgaan
Auskunft - informatie, inlichtingen
Ausland - buitenland *n*
Ausländer - buitenlander
ausleihen - lenen, uitlenen
ausruhen - uitrusten (bij vermoeidheid)
ausrüsten - uitrusten
Ausrüstung - uitrusting
ausschauen - uitkijken
ausschauen auf - uitzien op
ausschließlich - uitsluitend

Aussicht auf - gezicht *n* op, uitzicht *n* op
Aussprache - uitspraak
aussprechen - uitspreken
Ausstellung - tentoonstelling
Ausverkauf - opruiming, uitverkoop
auswählen - kiezen
auswechseln - vervangen
ausweichen - uitwijken
Ausweis - identiteitsbewijs *n*
Auswirkung - gevolg *n*
Autobahn - (auto)snelweg

B

Babynahrung - babyvoeding
Babysitter - oppas
backen - bakken
Backenzahn - kies
Bäcker - bakker
Badeanzug - badpak *n*
Badehose - zwembroek
baden - baden, zwemmen
Badeschaum - badschuim *n*
Badetuch - badhanddoek
Badezimmer - badkamer
Bahnhof - station *n*
Bahnlinie - spoorlijn
Bahnsteig - perron *n*
Bahnübergang - spoorwegovergang
bald - gauw, spoedig, binnenkort
Ball - bal
Bart - baard
Batterie - batterij *n*, accu
Bauch - buik
Bauchschmerzen - buikpijn
bauen - bouwen
Bauer - boer
Bauernhof - boerderij
Baum - boom
Baumgarten - boomgaard
Baumwolle - katoen *n*
beabsichtigen - van plan zijn
Beamter - ambtenaar
bedanken - bedanken
bedeuten - betekenen
bedeutend - belangrijk
Bedienung (inbegriffen) - bediening (inbegrepen)
bedingt - voorwaardelijk
Bedingung - voorwaarde
beeilen, sich - voortmaken, zich haasten
befestigen - vastmaken
befinden, sich - zijn, zitten in
begegnen - ontmoeten
Begegnung - ontmoeting
beginnen - beginnen, aanvangen, starten
begleiten - vergezellen
begleitet von - vergezeld van
begreifen - verstaan
behaglich - aangenaam
behaglich fühlen, sich - op zijn gemak zijn
behalten - houden
Behandlung - behandeling
Behinderter - invalide
bei - bij
beide - beide
Bein - been *n*
beinahe - bijna
beißen - bijten
bekannt - bekend
Bekannte(r) - kennis
Bekanntschaft machen - kennismaken
Beklemmung - benauwdheid
beklommen - benauwd, benepen
bekommen - krijgen
belästigen - lastigvallen
beleuchten - verlichten
Beleuchtung - verlichting
Belgien - België
Belgier - Belg, Belgische
belgisch - Belgisch
Belohnung - beloning
benötigen - nodig hebben
benutzen - gebruiken
Benutzung - gebruik *n*
Benzin - benzine

Benzintank - benzinetank
bergab - bergafwaarts
Beruf - beroep *n*
berühmt - beroemd
beschädigen - beschadigen
beschädigt - beschadigd
Beschädigung - beschadiging
Bescheinigung - bewijs *n*, verklaring
Beschleunigen - versnellen
Beschwerde - bezwaar *n*, klacht
Beschwerdebuch - klachtenboek *n*
Beschwerdeschrift - bezwaarschrift *n*
beschweren, sich - klagen
besetzt - vol, bezet
besichtigen - bezichtigen
besonders - bijzonder, vooral
besorgt - ongerust, bezorgd
besprechen - bespreken
besser (... als) - beter (... dan)
bestehen auf - staan op
bestellen - bestellen
Bestellung - bestelling
Bestimmung - bestemming
Besuch - bezoek *n*
Betrag - bedrag *n*
Betrug - bedrog, oplichting
betrügen - bedriegen, oplichten
Bett - bed *n*
Bettwäsche - linnengoed *n*, beddengoed *n*
Bevölkerung - bevolking
bewacht - bewaakt
Bewachung - bewaking
Beweis - bewijs *n*
bewölkt - bewolkt
bewustlos - bewusteloos
bezahlen - betalen, afrekenen
Beziehung - verkering, relatie, verhouding
Bezirk - buurt, wijk
Biene - bij
Bier (vom Faß) - bier *n* (van de tap)
bieten - bieden
Bild - plaat, afbeelding, beeld
Biß - beet
bißchen, ein - een beetje
bitte - alstublieft
Bitte - verzoek *n*
bitten - verzoeken, vragen
bitteschön - alstublieft
Blase - blaar, blaas
Blatt - blad *n*
blau - blauw
Blech - blik *n*, plaat
Blechdose - blik(je), trommel(tje)
bleiben - blijven
bleich - bleek
bleifrei - loodvrij
Bleistift - potlood *n*
blenden - verblinden
Blick - blik, oogopslag
Blinker (Auto) - knipperlicht *n*
Blitz - bliksem
Blitzlicht - flitslicht *n*
Blume - bloem
Blut - bloed *n*
Boden - grond, bodem
Bodenplane - grondzeil *n*
Bogen - blad *n*
Bohnen - bonen
Bord, an - aan boord
Böschung - berm
Botschaft - ambassade
Brandsalbe - brandwondenzalf
Brandwunde - brandwond
braten - braden
Brauch - gebruik *n*, gewoonte
braun - bruin
brav - braaf, zoet
brechen - breken
Breite - breedte
Bremse - rem
Brett - plank
Briefkasten - brievenbus
Briefmarke - postzegel
Brieftasche - portefeuille

Briefträger - postbode
Briefumschlag - envelop
Brille - bril
bringen - brengen
Brot - brood *n*
Brötchen, belegtes - belegd broodje *n*
Bruch - breuk
Brücke - brug
Bruder - broer
Brunnen - fontein
Brust - borst
Buch - boek *n*
buchen - boeken, reserveren
Buchhandlung - boekhandel
Büchse - blik, bus
buchstabieren - spellen
Bucht - baai, inham
Bügelbrett - strijkplank
Bügeleisen - strijkijzer *n*
bügeln - strijken
Bühne - toneel *n*
Bummelzug - stoptrein
Bürgermeister - burgemeester
Büro - kantoor *n*, bureau *n*
Bürobedarfsartikel - kantoorbehoeften
Bürste - borstel
Busbahnhof - busstation *n*
Buße - boete
Bushaltestelle - bushalte
Butter - boter
Butterbrot - boterham
Buttermilch - karnemelk

C

Campingausrüstung - kampeeruitrusting
Campingausweis - kampeercarnet *n*
Campingführer - kampeergids
Campinggeschäft - campingwinkel
Campingplatz - kampeerterrein *n*
Chance - kans
Charterflug - chartervlucht
Cousin - neef *m*
Cousine - nicht *w*

D

Dachboden - zolder
Dachgepäckträger - imperiaal *n*
Damen - dames
Damenbinde - maandverband *n*
Damentoilette - damestoilet *n*
Damm - dam
danach - daarna
danke - bedankt
danken - bedanken
Darmentzündung - darminfectie
darstellen - voorstellen, afbeelden
Darstellung - voorstelling
darum - daarom
dasselbe - hetzelfde
Dauer - duur, tijdsduur
dauern - duren
Daumen - duim
Decke - deken
Deckel - deksel
Deich - dijk
Demonstration - demonstratie
Desinfektionsmittel - ontsmettingsmiddel
desinfizieren - ontsmetten
deutsch - Duits
Deutscher - Duitser *m*, Duitse *w*
Deutschland - Duitsland
Diabetes - suikerziekte
Diät - dieet *n*
dick - dik
Dieb - dief
Diebstahl - diefstal
dies - deze, dit, dat
diese - deze, dit, dat, die
dieselbe - de-, hetzelfde
Dieselöl - dieselolie
doch - wèl
Dolmetscher - tolk
Doppelbett - tweepersoonsbed *n*
doppelt - dubbel
Doppelzimmer - tweepersoonskamer
Dorf - dorp *n*

dort - daar
Dose - blik *n*, doos
Dosengemüse - blikgroente
draußen - buiten
Dreck - vuil *n*
drehen - draaien
drinnen - binnen
Druck - druk, spanning
drucken - drukken
drücken - drukken
drückend - benauwd
Druckknopf - drukknop
duftig - geurig
dünn - dun, mager
durch - door
Durchfall - diarree
Durchgang - doorgang, passage
Durst haben - dorst hebben
Dusche - douche

E

Ebene - vlakte
Ecke - hoek
Ehe - huwelijk *n*
Ehefrau - echtgenote, vrouw
Ehemann - echtgenoot, man
Ehepaar - echtpaar
ehrlich - eerlijk
Ei, weiches - zacht gekookt ei *n*
Ei, hartes - hard gekookt ei *n*
Eigelb - eigeel *n*
Eigentum - eigendom *n*
Eigentümer - eigenaar
Eilboten, per - per expresse
Eile - haast, spoed
Eilzug - sneltrein
Eimer - emmer
Einbahnstraße - eenrichtingsverkeer *n*
einfach - eenvoudig, makkelijk
einfahren - inrijden
einführen - invoeren
Einfuhrzoll - invoerrechten
Eingeweide - ingewanden
einheimisch - inheems
einige - enkele, een paar
Einkäufe (machen) - boodschappen (doen)
Einkaufswagen - winkelwagentje *n*
Einkaufszentrum - winkelcentrum *n*
einmalig - uniek
einnehmen - innemen
einschenken - inschenken
einschiffen, sich - inschepen
Einschreiben, per - aangetekend
einsteigen - instappen
Einteilung - indeling
eintragen - inschrijven
Eintrittskarte - toegangskaartje *n*
Einwand - bezwaar *n*
Einwilligung - toestemming
Einwohner - inwoner
Einzelzimmer - eenpersoonskamer
Eis - ijs *n*
Eisen - ijzer *n*
Eisenbahn - spoorwegen
Eisendraht - ijzerdraad *n*
eisern - ijzeren
Eiswürfel - ijsblokje *n*
Ellbogen - elleboog
Eltern - ouders
empfangen - ontvangen
empfehlen - aanbevelen
empfindlich - gevoelig
Empfindung - gevoel *n*
Ende - eind(e)
Endpunkt - eindpunt *n*
eng - nauw, strak
England - Engeland
Engländer - Engelsman *m*, Engelse *w*
englisch - Engels
Enkel(in) - kleinkind *n*
entdecken - ontdekken
Entfernung - afstand
entlang - langs
Entschädigung - vergoeding
Entschuldigung - excuus *n*

Entschuldigung! - pardon!
entwickeln - ontwikkelen
Entzündung - infectie, ontsteking
erbrechen, sich - braken, overgeven
Erde - aarde
Erdgeschoß - begane grond
Erfrischungsgetränk - frisdrank
ergeben, sich - zich overgeven
erkältet - verkouden
Erkältung - verkoudheid
erkundigen nach, sich - informeren naar
erlassen - kwijtschelden
erlauben - toestaan
erleichtern - verlichten
Erleichterung - verlichting, opluchting
Ermächtigung - machtiging
Ermäßigung - korting
Ernte - oogst
erröten - blozen
Ersatzteile - onderdelen
Erstaunen - verbazing
erstaunt - verbaasd
erster - eerste
erwarten - verwachten
Erwartung - verwachting
eßbar - eetbaar
Esel - ezel
essen - eten
Essig - azijn
Eßwaren - eten(swaar)
Etagenwohnung - flat
etwa - ongeveer
etwas - iets, een beetje, wat
evangelisch - protestants

F

fade - flauw, zoutloos
Faden - draad
Fahne - vlag
Fahrbahn - rijbaan
Fähre - pont, veerboot
fahren - rijden
Fahrgestell - chassis *n*
Fahrkarte - kaartje *n*, reisbiljet
Fahrkarte, einfache - enkele reis
Fahrplan - dienstregeling
Fahrrad - fiets
Fahrradausflug - fietstocht
Fahrradmechaniker - fietsenmaker
Fahrradroute - fietsroute
Fahrstuhl - lift
Fahrt - rit
Fahrzeug - vaartuig *n*
Fall - val
Fall, dringender - spoedgeval *n*
Falle - val(strik)
fallen - vallen
falsch - fout, verkeerd
Familie - gezin *n*, familie
Familienname - achternaam
Farbe - kleur, verf
Fassade - gevel
fasten - vasten
Fastenzeit - vastentijd
Feder - veer
fegen - vegen
fehlen - ontbreken
Fehler - fout
fehlerfrei - foutloos
feiern - feestvieren
Feile - vijl
fein - fijn, dun, smal
Feld - veld *n*
Feldflasche - veldfles
Feldweg - binnenweggetje *n*
Felsbrocken - rotsblok *n*
Felsen - rots
felsig - rotsachtig
Fenster - raam *n*
Ferien - vakantie
fern - ver
Ferne, in der - in de verte
Ferngespräch - interlokaal telefoongesprek *n*
Fernseher - televisietoestel

fertig - klaar
fest - vast
Fest - feest *n*
festhalten - vasthouden
Festtag - feestdag
Festung - vesting
Fett - vet *n*
fettig - vet
feucht - vochtig
Feuchtigkeit - vocht *n*
Feuer - vuur *n*
Feuerlöscher - brandblusser
Feuermelder - brandmelder
Feuerwehr - brandweer
Feuerwerk - vuurwerk *n*
Feuerzeug - aansteker
Fieber - koorts
Filmrolle - filmrolletje *n*
Filterkaffee - filterkoffie
Filtertüte - filterzakje *n*
Filterzigarette - filtersigaret
Filzschreiber - viltpen
finden - vinden
Finger - vinger
Fisch - vis
Fischer - visser
flach - plat, vlak
Flachland - laagland *n*, vlakte
Flame - Vlaming *m*, Vlaamse *w*
flämisch - Vlaams
Flamme - vlam
Flandern - Vlaanderen
Flasche - fles
Fleck - vlek
Fleck, blauer - blauwe plek
Fleisch - vlees *n*
Fleischer - slager
Fleischerei - slagerij
Fleischwaren - vleeswaren
Fliege - vlieg
fliegen - vliegen
Fliese - tegel
fließen - stromen, vloeien
Floh - vlo
Flohmarkt - vlooienmarkt
Flucht - vlucht
flüchtig - vluchtig
Flüchtling - vluchteling
Flug - vlucht
Flughafen - luchthaven, vliegveld *n*
flugkrank - luchtziek
Flugzeug - vliegtuig *n*
Fluß - rivier
Flüssigkeit - vloeistof
Flut - vloed
Flutwelle - vloedgolf
folgen - volgen
Form - vorm
Format - formaat *n*
fort - weg, verdwenen
Fotoapparat - fototoestel *n*
Frage - vraag
fragen - vragen
frankieren - frankeren
Frankreich - Frankrijk
Franzose - Fransman *m*, Française *w*
französisch - Frans
Frau - vrouw, mevrouw
frei - vrij
Freiheit - vrijheid
fremd - vreemd
Fremdenpolizei - vreemdelingendienst
Fremder - vreemdeling *m*, vreemdelinge *w*
Freude - vreugde, blijdschap
Freund - vriend, vriendin
freundlich - vriendelijk
Friedhof - begraafplaats, kerkhof *n*
frisch - fris, vers
Friseur - kapper
frisieren - kappen
froh - blij
Frost - vorst
Frostschutzmittel - antivries
Frucht - vrucht

Fruchtsaft - vruchtensap *n*
früh - vroeg
früher - vroeger
Frühling - lente
Frühstück - ontbijt *n*
fühlen - voelen
führend - vooraanstaand
Führer - gids
Führerschein - rijbewijs *n*
füllen - vullen
Füllfederhalter - (vul)pen
funktionieren - werken, functioneren
für - voor
Fürst - vorst *m*, vorstin *w*
Furunkel - steenpuist
Fuß - voet
Fußball - voetbal *n*
Fußballstadion - voetbalstadion *n*
Fußboden - vloer
Fußgänger - voetganger
Fußweg - voetpad *n*

G

Gabel - vork
Gabelfrühstück - lunch
Galle - gal
Gang - gang, versnelling
Gangschaltung - versnelling
ganz - heel, geheel, helemaal
Ganze(s) - geheel *n*
gar - gaar
Garantieschein - garantiebewijs *n*
Gardine - gordijn *n*
Garn - garen *n*
Garten - tuin
Gas - gas *n*
Gasflasche - gasfles
gastfreundlich - gastvrij
Gastgeber - gastheer *m*, gastvrouw *w*
Gasthof - pension, hotel, restaurant
Gaststätte - restaurant, eethuis
Gebäck - gebak(je) *n*
gebacken - gebakken
Gebäude - gebouw *n*
geben - geven
Gebiet - gebied *n*
Gebirge - gebergte *n*
Gebirgslandschaft - berglandschap *n*
gebraten - gebraden, gebakken
Gebrauchsanweisung - gebruiksaanwijzing, handleiding
gebraucht - tweedehands
gebräunt - (ge)bruin(d)
Gebühr - tarief *n*
Geburtsdatum - geboortedatum
Geburtsklinik - kraamkliniek
Geburtstag haben - jarig zijn
Geburtstag - verjaardag
Gedanke - gedachte
Gefahr - gevaar *n*
gefährlich - gevaarlijk
Geflügel - gevogelte *n*
Gefriertruhe - diepvriezer
Gefühl - gevoel *n*
gefüllt - gevuld
gefunden - gevonden
gegen - tegen
Gegend - streek, gebied
Gegenstand - voorwerp *n*, ding *n*
gegenüber - tegenover
gegenüberliegende Seite - overkant,
gegenwärtig - tegenwoordig
Gegner - tegenstander
Gehalt - salaris *n*
gehbehindert sein - slecht ter been zijn
gehen - gaan
Gehirnerschütterung - hersenschudding
Gehör - gehoor *n*
Gehsteig - stoep
gekocht - gekookt
gekühlt - gekoeld
gelähmt - lam
Geländer - leuning
gelb - geel
Geld, abgezähltes - gepast geld *n*

Geldschein - (bank)biljet *n*
Gemälde - schilderij *n*
Gemeinde - gemeente
Gemeindehaus - gemeentehuis *n*
Gemeinderat - gemeenteraad
gemischt - gemengd
Gemüse - groente
Gemüsehändler - groenteman
gemütlich - gezellig
genau - nauwkeurig, precies
Genehmigung - vergunning, toestemming
genesen - genezen, herstellen
genießen - genieten
genug - genoeg
Genugtuung - genoegdoening
geöffnet - open
Gepäck - bagage
Gepäckaufbewahrung - bagagedepot *n*
Gepäcknetz - bagagerek *n*
gerade - even (getal), zojuist, recht
geradeaus - rechtuit, rechtdoor
geradewegs - rechtstreeks
geräuchert - gerookt
Geräusch - geluid *n*
Gericht - rechtbank, gerecht *n*
Gericht, regionales - streekgerecht *n*
geringer als - minder dan
geringfügig - gering
gerne - graag
geröstet - geroosterd
Geruch - geur
Geschäft - winkel
geschäftlich - zakelijk
Geschäftsschluß - sluitingstijd
geschickt - handig
geschieden - gescheiden
geschlossen - dicht
Geschwindigkeit - snelheid
Geschwür - zweer
Gesicht - gezicht *n*
Gestank - stank
Gestell - montuur *n*
gestreift - gestreept
gesund - gezond
Gesundheit - gezondheid
getrennt - gescheiden
gewiß - zeker
Gewitter - onweer *n*
Gewohnheit - gewoonte
Gezeit - getij *n*
Giebel - gevel
Gift - (ver)gif *n*
glad - glatt
Glas - glas *n*
Glätte - gladheid
Glatteis - ijzel
gleich - gelijk, straks
glitschig - glad
Glockenturm - klokkentoren
Gold - goud *n*
golden - gouden
Gottesdienst - kerkdienst
graben - graven
Graben - sloot
Grad - graden
Gras - gras *n*
Gräte - graat
gratulieren - feliciteren
grau - grijs
Grenze - grens
Grippe - griep
groß - groot, lang
großartig - grandioos, fantastisch
Größe - maat, grootte, lengte
Großeltern - grootouders
Grube - kuil
grün - groen
Grund - grond, reden
Grundstück - stuk grond, perceel
Gruppe - groep
Gruppe - band
Gruß - groet
Grüße aus - groeten uit

grüßen, jemanden - iemand de groeten doen
Gummiband - elastiekje *n*
günstig - gunstig
Gurt - riem
Gürtel - gordel, riem
gut - goed
Gutschein - tegoedbon

H

Haarbürste - haarborstel
Haarnadelkurve - haarspeldbocht
haben - hebben
Hacke - hak
hacken - hakken
Hackfleisch - gehakt
Hafen - haven
Hahn - haan, waterkraan
Hai - haai
Haken - haak
halb - half
Hälfte - helft
Halle - hal
Halsschmerzen - keelpijn
haltbar - houdbaar
halten - stoppen, houden
Haltestelle - halte
Hammer - hamer
Handarbeit - handwerk *n*
Handbremse - handrem
Handgelenk - pols
handlich - handig
Handtasche - handtasje *n*
Handtuch - handdoek
hart - hard
häßlich - lelijk
Hauptstraße - hoofdweg, hoofdstraat
Haus - huis *n*
Hausarbeit - huiswerk *n*
Hausarzt - huisarts
Hausboot - woonboot
Hause, zu - thuis
Hausfrau - huisvrouw
Haushalt - huishouding
Haushaltswaren - huishoudelijke artikelen
Haut - huid
heben - optillen
heftig - fel
heil - heel
heilen - genezen
Heimkehr - thuiskomst
heiß - heet
Heizung - verwarming
hell - licht, helder
herausragend - uitstekend
Herbst - herfst
hereinkommen - binnenkomen
Herr - heer
herrlich - heerlijk
herstellen - maken, vervaardigen
Herz - hart *n*
herzhaft - hartig
Herzkranker - hartpatiënt
heute - vandaag
hierher - hierheen
Hilfe - hulp
Himmel - hemel, lucht
hinabgehen - afdalen
hindern - storen
hinsetzen - neerzetten
hinstellen - neerzetten
hinter - achter
hoch - hoog
Höchstgeschwindigkeit - maximumsnelheid
Hochzeit - bruiloft
Höhe - hoogte
Höhenangst - hoogtevrees
Höhle - grot
holen - halen
Holz - hout *n*
Holzkohle - houtskool *n*
hören - horen
Hörgerät - gehoorapparaat *n*
Hörner - hoorns (bijv. van een stier)

Hose, kurze - korte broek
Hose - broek
Hüfte - heup
Hügel - heuvel
Huhn - kip
Hühnerfleisch - kippenvlees *n*
Hummer - (zee-)kreeft
Hund - hond
Hunger (haben) - honger (hebben)
husten - hoesten
Hut - hoed
Hütte - hut

I

Identifizieren - identificeren
immer - altijd, steeds
immer mehr - steeds meer
impfen - inenten
importieren - invoeren
inbegriffen - inbegrepen
Infektion - infectie
informieren - informeren
Injektionsnadel - injectienaald
inländisch - binnenlands, inheems
Innenhof - binnenplaats
innerhalb - binnen
Insektenstich - insectenbeet
Insel - eiland *n*
irgendwo - ergens
irren, sich - zich vergissen
Irrtum - vergissing

J

Jacke - jack *n*, jas(je)
Jacket - jasje *n*, colbert *n*
Jagd - jacht *n*
Jahr - jaar *n*
Jahrhundert - eeuw
jährlich - jaarlijks
jeder - elk, ieder
jedermann - iedereen
jemand - iemand
jemand anders - iemand anders
jetzt - nu
Job - werk *n*
Jod - jodium *n*
Joghurt - yoghurt
jucken - jeuken
Juckreiz - jeuk
Jugendherberge - jeugdherberg
jung - jong
Junge - jongen
Junges (Tier) - jong *n* (dier)
Junggeselle - vrijgezel
Juwel - juweel *n*

K

Kachel - tegel
Kaffee - koffie
Kaffeebohne - koffieboon
Kaffeekanne - koffiepot
Kai - kade
Kajüte - kajuit, scheepshut
Kakao - chocolade
Kakerlak - kakkerlak
Kalbfleisch - kalfsvlees *n*
kalt - koud
Kamm - kam
Kanal - kanaal *n*, gracht
Kanalrohr - rioolbuis
Kanne - kan
Kante - kant
kaputt - kapot, stuk
Karotte - wortel
Karre - kar
Kärtchen - kaartje *n*
Karten (spielen) - kaarten (spelen)
Kartoffel - aardappel
Karton - doos
Käse - kaas
Kasse - kassa
Kater - kater
Kathedrale - kathedraal
katholisch - (rooms-)katholiek
Katze - kat, poes
kauen - kauwen
kaufen - kopen

Käufer - koper
Kaufhaus - warenhuis *n*
Kaugummi - kauwgom
kaum - nauwelijks
Kehle - keel
kein - geen
Keks - koekje *n*
Keller - kelder
kennenlernen - kennismaken
Kenntnis - kennis, kunde
Kerze - kaars
Kette - ketting
Kiefer - pijnboom, kaak(been)
Kinderbett - kinderbedje *n*
Kinderstuhl - kinderstoel
Kinn - kin
Kino - bioscoop
Kirche - kerk
Kissen - kussen *n*
Kiste - kist
Klappe - klep
Klasse - klas
kleben - lijmen, plakken
Klebestreifen - plakband *n*
Klebstof - lijm
Kleid - jurk
Kleider - kleren
Kleiderbügel - kleerhanger
Kleiderschrank - kleerkast
Kleidung - kleding
Kleinkind - kleuter
Klima - klimaat *n*
Klingel - bel
klingeln - aanbellen
Klippe - klip
klopfen - kloppen
Kloster - klooster *n*
Klostergang - kloostergang
Klostergarten - kloostertuin
Klosterhof - kloosterhof
Klosterschwester - kloosterzuster
Kneipe - café, kroeg
Kniescheibe - knieschijf
Knoblauch - knoflook
Knöchel - enkel
Knochen - bot *n*
Knopf - knoop
Knospe - knop
Knoten - knoop
Koch - kok
kochen - koken
Kocher - kookstel *n*
Kochtopf - pan
Kofferraum - bagageruimte, kofferruimte
Kohl - kool
kommen - komen
Konditorei - banketbakkerij, lunchroom
König - koning *m*
Königin - koningin *w*
können - kunnen
Konzert - concert *n*
Kopf - hoofd *n*
Kopfsalat - sla
Kopfschmerz - hoofdpijn
Kopftuch - hoofddoek
Korb - mand
Korken - kurk
Korkenzieker - kurkentrekker
Körper - lichaam *n*
körperlich - lichamelijk
korrespondieren - corresponderen
Korridor - gang
kosten - proeven, kosten
Krabbe - krab
Kraft - kracht, sterkte
Kraftfahrer - automobilist
kräftig - stevig, sterk
Kragen - kraag
Krämer - kruidenier
Kran(wagen) - kraan(wagen)
krank - ziek
Krankenhaus - ziekenhuis *n*
Krankenkasse - ziekenfonds *n*
Krankenpfleger - broeder, verpleger

Krankenschwester - zuster, verpleegster
Krankenversicherung - ziektekosten-verzekering
Krankenwagen - ambulance, ziekenauto
Krankheit - ziekte
Kräuter - kruiden
Krawatte - (strop)das
Krebs - (zee)kreeft
Kreuz - kruis *n*
Kreuzung - kruising
Krug - kruik, karaf
Küche - keuken
Kuchen - gebak, koek, cake
Küchenschabe - kakkerlak
Kugelschreiber - balpen
kühl - fris, koel
Kühlschrank - koelkast
Kunstgebiß - kunstgebit *n*
Künstler - kunstenaar *m*, kunstenares *w*
künstlich(e Atmung) - kunstmatig (e-ademhaling)
Kupfer - koper (metaal)
Kupplung - koppeling
Kurs - koers
Kurve - bocht
kurvenreich - bochtig
kurz - kort
Kurzschluß - kortsluiting
Kuß - kus, zoen
küssen - kussen
Küste - kust
Küstengewässer - kustwateren
Küstenort - kustplaats
Küstenstreifen - kuststrook
Küstenwache - kustwacht

L

Laden - winkel
Lage - situatie, ligging
Lager - kamp *n*
Lagerfeuer - kampvuur *n*
lahm - lam, mank, lamlendig
Laken - laken *n*
Lamm(fleisch) - lam(svlees) *n*
Lampe - lamp
Land, Stück - lap grond
Landhaus - landhuis, villa
Landkarte - landkaart
ländlich - landelijk
Landschaft - landschap *n*
Landung - landing
lange, wie - hoe lang?
langsam - langzaam
Lappen - lap
Lärm - lawaai *n*
Lärmbelästigung - geluidshinder
lärmend - lawaaierig
lästig - lastig
Laterne - lantaarn
laufen - lopen, rennen
laufenden, auf dem sein - op de hoogte zijn
Laus - luis
laut - hard, luid
lauwarm - lauw
leben - leven
Leben - leven
lebendig - levend
Lebensmittel - levensmiddelen
Lebewohl! - vaarwel!
Leck - lek *n*
lecken - likken
lecker - lekker
Leder - leer *n*
Lederlappen - zeem
ledig - ongehuwd
leer - leeg
leerlaufen - leeglopen
legen - leggen
Lehne - leuning
lehren - leren, onderwijzen
Leibeserziehung - lichamelijke opvoeding
leicht - licht, gemakkelijk
Leiden - kwaal

leihen von - lenen van
Leim - lijm
leimen - lijmen
Leinen - linnen *n*
leise - zacht, stil
Lenkrad - stuur *n*
lernen - leren
lesen - lezen
letzt - laatste
Licht - licht *n*
lieb - lief
Liebe - liefde
lieben - houden van
lieber haben - liever hebben
lieber ..., liebe ... - beste ...
Liebhaberei - liefhebberij, hobby
liebkosen - liefkozen
liefern - leveren, bestellen
liegen - liggen
Liegestuhl - ligstoel
Liegewagen - couchette
Linie - lijn
links (nach) - links(af)
Lippe - lip
Lippenstift - lippenstift
Liter - liter
Loch - gat *n*
Löffel - lepel
löschen - lossen, blussen
lose - los
loslösen - losmaken
Luft - lucht
Luft verlieren - leeglopen
Luftballon - luchtballon
lüften - luchten
Luftfahrt - luchtvaart
Luftmatratze - luchtbed *n*
Luftpost, per - per luchtpost
lügen - liegen
Lunge - long
Lungenentzündung - longontsteking
Lust - zin

M

Mädchen - meisje *n*
Magen - maag
Magensäure - maagzuur *n*
Magenschmerzen - maagpijn
Magnet - magneet
Makler - makelaar
Mann - man
Marmelade - jam
Marmor - marmer *n*
massiv - massief
Matratze - matras
Mauer - muur
Maus - muis
Maut - tol(geld), tolkantoor
Mechaniker - monteur
Meer - zee
Mehl - meel, bloem *n*
mehr - meer
mehr als - meer dan
meinen - bedoelen
Melone - meloen
menstruieren - ongesteld zijn
merkwürdig - vreemd, merkwaardig
Messer - mes *n*
Metzger - slager
Metzgerei - slagerij
mieten - huren
Mietwagen - huurauto
Milch - melk
Milchpulver - melkpoeder *n*
Mißverständnis - misverstand *n*
Mittag - middag
Mittagessen - middageten *n*
Mitte - midden *n*
Mitteilung - mededeling
Mitternacht - middernacht
mögen - lusten, graag hebben, houden van
möglich - mogelijk
Mole - pier, havenhoofd
Molkereiprodukt - zuivelproduct *n*

Moment - ogenblik *n*
Monat - maand
Mönch - monnik, kloosterling
Mond - maan
Moor - veen
Moped - bromfiets
Morgen, am - 's morgens
Morgen - morgen, ochtend
Morgengrauen - dageraad
Motorhaube - motorkap
Motorpanne - motorpech
Motorrad - motorfiets
Mücke - mug
müde - moe
Mühle - molen
Müllbeutel - vuilniszak
Mülleimer - vuilnisbak
Müllfahrer - vuilnisman
Mund - mond
mündlich - mondeling
Münze - munt
Muschel - schelp
Musik - muziek
Muskel - spier
Muskelkater - spierpijn
müssen - moeten
Muster - patroon, dessin
Mutter - moeder, (schroef)moer
Mütze - pet, muts

N

Nachahmung - imitatie, namaak
nachgehen - achterlopen (klok)
nachher, bis ! - tot straks!
Nachmittag - middag
Nachname - achternaam
Nachricht - bericht, boodschap
Nachrichten - nieuws *n*
nachsehen - nakijken
nächst - volgend
Nacht, gute! - welterusten!
Nachtisch - dessert *n*
Nachtwächter - nachtwaker
nackt - bloot, naakt
Nadel - naald
Nagel - nagel, spijker
Nagelfeile - nagelvijltje *n*
Nagellack - nagellak
Nagelschere - nagelschaartje *n*
nahe bei - dicht bij
Nähe, in der von - in de buurt van
nahebei - vlak bij
nähen - naaien
Nahrung - voedsel *n*
Name - naam
naß - nat
Nase - neus
Nationalität - nationaliteit
Natur - natuur
natürlich - natuurlijk
Nebel - mist
neben - naast
Nebenstraße - zijstraat
Neffe - neef
negativ - negatief
nett - aardig, leuk
Netz - net *n*
neu - nieuw
neulich - laatst
Nichte - nicht
nichts - niets
nie - nooit
Niederlande - Nederland
Niederländer - Nederlander, Nederlandse
niederländisch - Nederlands
niederlassen, sich - zich vestigen
niedrig - laag
niesen - niezen
noch - nog
Nonne - non
Norden - noorden *n*
normal - normaal, gewoon
Notausgang - nooduitgang
Notbremse - noodrem
notieren - noteren

nötig sein - nodig ziin
Notiz - notitie
Notruf - alarmnummer *n*
Notverband - noodverband *n*
Nummernschild - nummerplaat
nur - alleen, slechts
Nuß - noot

O

oben - boven
obenauf - bovenop
Oberhemd - hemd *n*
Objektiv - lens
Obst - fruit *n*
Obststand - fruitstalletje *n*
öde - verlaten, eenzaam, doods
oder - of
Ofen - kachel
offen - open
offiziell - officieel
Offizier - officier
öffnen - openen
oft - vaak
ohnmächtig werden - flauwvallen
Ohr - oor *n*
Ohrenschmerzen - oorpijn
Öl - olie
Olive - olijf
Olivenöl - olijfolie
Orange - sinaasappel, oranje
Orangensaft - sinaasappelsap *n*
ordentlich - netjes
Ordnung, in! - in orde!
Osten - oosten *n*

P

Paddelboot - kano
Paket - pak *n*, pakket *n*
Palast - paleis *n*
Pannenhilfe - wegenwacht
Papiere - papieren
parallel zu - evenwijdig aan
parken - parkeren
Parkhaus - parkeergarage
Parkplatz - parkeerplaats
Parkscheibe - parkeerschijf
Parkuhr - parkeermeter
Paß - paspoort, bergpas
Paßbild - pasfoto
Pause - pauze
Pension - pension *n*
pensioniert - gepensioneerd
Perle - parel
Person - persoon
persönlich - persoonlijk
Pfad - pad *n*
Pfahl - paal
Pfand - statiegeld *n*
Pfanne - pan
Pfannkuchen - pannenkoek
Pfeffer - peper
Pfeife - pijp
pfeifen - fluiten
Pfeifentabak - pijptabak
Pfeil - pijl
Pferd - paard *n*
Pferdestall - paardenstal
Pferdestärke - paardenkracht
Pflanze - plant
pflanzlich - plantaardig
Pflaster - pleister
Pforte - poort
Pförtner - portier
Pickel - pukkel
Pille - pil
Pilz - paddestoel
Plakat - affiche
Plan - plan *n*, plattegrond
Plane - zeil *n*
Platz - plaats, plein *n*
Platz reservieren - plaats bespreken
Platzkarte - plaatskaartje *n*
plötzlich - ineens
Police - polis
Polizei - politie
Polizeiwache - politiebureau

Polizist - (politie)agent *m*
Portemonnaie - portemonnee
Portion - portie
Postamt - postkantoor *n*
Postfach - postbus
Postkarte - briefkaart, kaart
prächtig - prachtig
Präservativ - condoom *n*
Preis - prijs
Preisliste - prijslijst
Preisschild - prijskaartje *n*
preiswert - goedkoop
pro - per
Probe - proef, test
probieren - proeven, proberen
Prost! - proost!
protestantisch - protestants
Protokoll - proces-verbaal *n*
Provinz - provincie, platteland *n*
Prozent - procent *n*
Puder - poeder
Pullover - trui
Puls - pols
Pumpe - pomp
Puppe - pop
putzen - poetsen, schoonmaken
Putzmittel - schoonmaakmiddel *n*

Q

Quadrat - vierkant
Qualität - kwaliteit
Qualle - kwal
Quittung - kwitantie

R

Rabatt - korting
Rad - wiel *n*
Radweg - fietspad *n*
Rahmen - frame *n*, kader *n*
Rasen - grasveld *n*
Rasierapparat - scheerapparaat *n*
rasieren - scheren
Rasierklinge - scheermesje *n*
Raststätte - wegrestaurant
Rathaus - stadhuis *n*
Ratte - rat
rauchen - roken
Raucherabteil - rookcoupé
rauh - ruw
Raum - vertrek *n*
Rechnung - rekening, nota
rechthaben - gelijk hebben
rechts abbiegen - rechtsaf slaan
Rechtsanwalt - advocaat
Reederei - rederij
Regenmantel - regenjas
Regenschirm - paraplu
Region - streek
reiben - wrijven
reif - rijp
Reifen - band
Reifenpanne - lekke band
rein - zuiver
Reinigung - stomerij
Reis - rijst
Reise - reis
Reisebüro - reisbureau *n*
Reisebus - touringcar
Reiseführer - reisgids
Reisekrankheit - wagenziekte
Reiseleiter - reisleider *m*
reißen - barsten
Reisepaß - paspoort *n*
Reißverschluß - ritssluiting
reiten - paardrijden
Reparatur - reparatie
reparieren - herstellen, maken, repareren
Reserverad - reservewiel *n*
reservieren - bespreken
reserviert - gereserveerd
retten - redden
Rettungsboot - reddingsboot
Rezept - recept *n*
Richter - rechter
richtig - juist
Richtung - richting

Riegel - (chocolade)reep, grendel
Riemen - roeiriemen
Rindfleisch - rundvlees *n*
Rippe - rib
Riß - barst *n*, scheur
Ritt - rit
Rock - rok
roh - rauw
Rohkost - rauwkost
Röllchen - klosje *n*
Rollsplit - steenslag *n*
Rollstuhl - rolstoel
Rolltreppe - roltrap
Rose - roos
Rost - roest
rosten - roesten
rösten - roosteren
rot - rood
Rücken - rug
Rückfahrkarte - retourtje *n*
Rückkehr - terugkeer
Rückreise - terugreis
Rucksack - rugzak
Rückseite - achterkant
rückwärts - achteruit
Rückwärtsgang - achteruit
Ruder - roer *n*, stuur *n*
Ruderboot - roeiboot
rudern - roeien
rufen - roepen
Ruhe! - stilte!
ruhen - rusten
ruhig - stil, rustig
rund - rond
Rundfahrt - rondrit, rondvaart

S

Saal - zaal
Sackgasse - doodlopende straat
Saft - sap *n*
sagen - zeggen
Sahne - room
Saison - seizoen *n*
Salat - salade
Salbe - zalf
Salz - zout *n*
salzarm - zoutarm
salzlos - zoutloos
Samen - zaad *n*
Sand - zand *n*
Sattel - zadel *n*
Satz - zin, serie, reeks
sauber - net, schoon
saubermachen - schoonmaken
sauer - zuur
Säule - pilaar
Schach spielen - schaken
Schade, es ist - het is jammer
Schaden - schade
Schaf - schaap *n*
Schaffner - conducteur
Schal - sjaal
schalten - schakelen
Schalter - schakelaar
Schalter - loket *n*
scharf - scherp
Schatten - schaduw
schauen - kijken
Schaufel - schep
Schaufenster - etalage
Schauspielhaus - schouwburg
Scheibe - plak(je)
Scherben - scherven
Schere - schaar
Scherleine - scheerlijn
Schicht - laag
schicken - zenden, sturen
schief - scheef
Schiff - schip *n*
Schiffahrt - scheepvaart
Schild - bord *n*, plaat
Schinken - ham
schlachten - slachten
Schlachter - slager
Schlachterei - slagerij

Schlaf - slaap
Schlafanzug - pyjama
schlaff - slap
Schlafsack - slaapzak
Schlafwagen - slaapwagen
Schlagsahne - slagroom
Schlamm - modder
Schlange - slang, rij
Schlauch - slang
schlecht - slecht
Schleim - slijm *n*
schleudern - slippen
schleudern - slingeren
Schleuse - sluis
schließen - sluiten
Schließfach - bagagekluis
schlimm - erg
Schloß - kasteel *n*, slot *n*
Schlucht - kloof, ravijn
Schlüssel - sleutel
Schlüsselloch - sleutelgat *n*
schmackhaft - lekker, smakelijk
schmal - smal
Schmalspur - smalspoor *n*
schmecken - smaken, proeven
Schmerzen - pijn
schmerzlos - pijnloos
Schmerzmittel - pijnstiller
schmieren - smeren
Schmiermittel - smeermiddel *n*
Schmuck(stück) - sieraad *n*
schmusen - knuffelen, vrijen
Schmutz - vuil
schmutzig - vuil, smerig, vies
Schnalle - gesp
Schnecke - slak
Schnee - sneeuw
schneiden - snijden, knippen
schnell - hard, snel, vlug
Schnitte - snee
Schnittwunde - snijwond
Schnorchel - snorkel
Schnur - snoer *n*, koord
Schnurrbart - snor
Schnürsenkel - schoenveter
Schokolade - chocolade
schön - mooi
Schonkost - dieetvoeding
Schrank - kast
Schranken - spoorbomen
Schraube - schroef
schrauben - schroeven
Schraubenzieher - schroevendraaier
Schreibtisch - bureau *n*
Schuh - schoen
Schuhcreme - schoensmeer
Schuhmacher - schoenmaker
schulden - verschuldigd zijn
Schule - school
Schulter - schouder
Schuppen - roos
Schürfwunde - schaafwond
Schüssel - schotel
schwach - zwak
Schwager - zwager
Schwägerin - schoonzuster
Schwamm - spons, zwam
schwanger sein - in verwachting zijn, zwanger
Schwangerschaft - zwangerschap
schwarz - zwart
Schwein(efleisch) - varken(svlees) *n*
Schweiß - zweet *n*
schweißen - lassen, transpireren
schwer - zwaar, moeilijk
schwerhörig - slechthorend
Schwester - zus(ter)
Schwiegersohn - schoonzoon
Schwiegertochter - schoondochter
schwierig - moeilijk
Schwimmbad - zwembad *n*
schwimmen - zwemmen
Schwimmflosse - zwemvlies *n*
Schwimmweste - reddingsvest *n*

Schwindeligkeit - duizeligheid
Schwüle - benauwdheid, zwoelheid
See - meer *n*
Seefahrt - scheepvaart
Seefisch - zeevis
seekrank - zeeziek
Seewasser - zeewater *n*
Segel - zeil *n*
Segeljacht - zeiljacht *n*
Segeljacke - zeiljack *n*
Segelsport - zeilsport
Segeltuch - zeildoek *n*
sehen - zien
Sehenswürdigkeit - bezienswaardigheid
sehr - erg, zeer
sehschwach - slechtziend
Seide - zijde
Seife - zeep
Seil - touw, lijn, snoer
Seite - kant, zijde
selbst - zelf
selbstverständlich - natuurlijk
selten - zelden, zeldzaam
Senf - mosterd
servieren - opdienen, serveren
Serviererin - serveerster
Serviette - servetje *n*
setzen, sich - plaatsnemen
sicher - veilig, zeker
Sicherheit - veiligheid, zekerheid
Sicherheitsgurt - veiligheidsgordel
Sicherheitsnadel - veiligheidsspeld
Sicherung - stop, zekering
Sicht - zicht *n*
sichtbar - zichtbaar
Sieb - zeef
Silber - zilver *n*
Sinn - zin(tuig)
sinnlos - zinloos
sinnvoll - zinvol
Sitte - zede, gewoonte
Sitz - zitplaats
sitzen - zitten
Sitzplatz - zitplaats
so - zo
Socke - sok
Sodawasser - sodawater *n*
sofort - dadelijk, direct, onmiddellijk
sogar - zelfs
Sohle - zool
Sohn - zoon
Sommer - zomer
Sommerferien - zomervakantie
Sommerzeit - zomertijd
Sonderangebot - aanbieding
Sonne - zon
sonnen, sich - zonnebaden
Sonnenbrand - zonnebrand
Sonnenbrille - zonnebril
Sonnencreme - zonnebrandcrème
Sonnenöl - zonnebrandolie
Sonnenschirm - parasol, zonnescherm *n*
Sonnenstich - zonnesteek
sorgen für - zorgen voor
Soße - saus
Spannung - spanning
Spargel - asperge
Sparkasse - spaarbank
sparsam - zuinig
Spaß - plezier *n*, grap
spät - laat
Spaten - schop, spade
spazieren - wandelen
Spaziergang - wandeling
Speck - spek *n*
Speisekarte - menukaart
Speiseöl - spijsolie
Sperre - versperring
Spezialist - specialist
Spiel - spel
spielen - spelen
Spielkarte - (speel)kaart
Spielplatz - speelplaats
Spielzeug - speelgoed *n*

Spinne - spin
spitze - te gek, geweldig
Spitze - kant, punt, spits, top
Splitter - splinter
Sportplatz - sportterrein *n*
Sprache - taal
Sprachführer - taalgids
Sprechstunde - spreekuur *n*
Sprechzimmer - spreekkamer
sprengen - sproeien, opblazen
springen - springen
Sprungbrett - duikplank, springplank
spucken - spuwen
Stadt - stad
Stadtplan - (stads)plattegrond
Stahl - staal *n*
Stall - stal
Standlicht - parkeerlicht *n*
stark - sterk
Stativ - statief *n*
Statue - standbeeld *n*
Stau - file, opstopping
Staub - stof *n*
Steckdose - stopcontact *n*
Stecker - stekker
Stecknadel - speld
stehen - staan
steif - stijf
Stein - steen
Steinschlag - steenslag *n*
Stelle - plaats, plek
Stiefel - laars
still - stil, rustig
stillen - de borst geven, voeden, stelpen
Stimme - stem
stimmen - stemmen
stimmt - het klopt
Stirn - voorhoofd *n*
Stock - stok
Stoff - doek, stof
Stöpsel - stop (afsluiting)
stören an, sich - last hebben van
stören - storen
Stoßstange - bumper
straff - strak
Strafmandat - bekeuring
Straße - straat
Straßendecke - wegdek *n*
Straßenkarte - wegenkaart
Strauch - struik
Strecke - route, traject, afstand
Streichholz - lucifer
Streichholzschachtel - luciferdoosje *n*
Streifen - streep, speelfilm
Streit - ruzie
Strich - streep
Strom - stroom
Strömung - stroming
Strümpfe - kousen
Strumpfhose - panty
Stück - stuk *n*
Student - student
Studentin - studente
studieren - (be)studeren
Studium - studie
Stuhl - stoel
stumpf - bot, stomp
Stunde - uur *n*
Sturm - storm
Sturzhelm - valhelm
stützen auf - leunen op
suchen nach - zoeken naar
Süden - zuiden *n*
Sumpf - moeras *n*
Suppe - soep
süß - zoet
Süßigkeiten - snoepgoed *n*, zoetigheid
süßsauer - zoetzuur
Süßstoff - zoetjes, zoetstof
Süßwasser - zoet water *n*

T

Tabaksladen - tabakswinkel
Tablette - tabletje *n*, pil
Tafel - schoolbord *n*

Tag - dag
Tag, guten - dag!
Tagesgericht - dagschotel
Tageskarte - dagkaart
Tageszeitung - dagblad
täglich - dagelijks
tagsüber - overdag
Tal - dal *n*
Tank - tank (reservoir)
tanken - tanken
Tankstelle - benzinestation *n*, tankstation *n*
tanzen - dansen
Tasche (in Kleiding) - tas, tasje *n*, zak
Taschenlampe - zaklantaarn
Taschenmesser - zakmes *n*
Taschentuch - zakdoek
Tasse - kopje *n*
tatsächlich - inderdaad
Tau - touw *n*
taub - doof
tauchen - duiken
tauschen - ruilen
Taxistand - taxistandplaats
Teelöffel - lepeltje *n*
Teil - deel *n*, gedeelte *n*, onderdeel *n*
Telefonbuch - telefoonboek *n*
Telefonhörer - hoorn
Telefonkarte - telefoonkaart
Telefonzelle - telefooncel
Teller - bord *n*, schotel
Tennis spielen - tennissen
Tennisplatz - tennisbaan
Terasse - terras *n*
teuer - duur
Theater - schouwburg
Theatervorstellung - toneelvoorsteling
Thermosflasche - thermosfles
tief - diep
Tiefe - diepte
Tiefkühlkost - diepvriesproducten
Tier - dier *n*, beest *n*
Tiernahrung - dierenvoedsel *n*
Tinte - inkt
Tintenfisch - inktvis
Tisch - tafel
Tischdecke - tafelkleed *n*
Toast ausbringen - toosten
Tochter - dochter
Tod - dood
tödlich - dodelijk
Toilette - toilet *n*
Toilettenpapier - toiletpapier *n*
toll - leuk, geweldig, dwaas, dol
Tollwut - hondsdolheid *n*
Tomate - tomaat
Tongeschirr - aardewerk *n*
Topf - pot
Tor - poort
Torf - turf
Törtchen - taartje *n*
Torte - taart
Totalschaden - total loss
Tracht - klederdracht
tragen - dragen
trampen - liften
Tramper - lifter
Treppe - trap
trinken - drinken
Trinkgeld - fooi
Trinkwasser - drinkwater *n*
Tritt - stap, pas, trap, schop
trocken - droog
trocknen - drogen
Tuch - doek, laken
tun - doen
Tür - deur
Türklinke - deurknop
Turm - toren
Tüte - zak

U

U-Bahn - ondergrondse, metro
Übelkeit - misselijkheid
übelnehmen - kwalijk nemen
über - boven, over

Überfahrt - overtocht
Überführung - viaduct *n*
übergeben, sich - braken, overgeven
übergeben - overhandigen
überholen - inhalen
Überholverbot - inhaalverbod *n*
übermorgen - overmorgen
übernachten - overnachten, logeren
Übernachtung mit Frühstück - logies en ontbijt
überqueren - oversteken
Überraschung - verrassing
übersetzen - vertalen
Übersetzung - vertaling
Übervölkerung - overbevolking
Übung - oefening
Ufer - oever
Uhr - klok, horloge
Uhrwerk - uurwerk *n*
Umgebung - omgeving
Umgehungsstraße - rondweg
umgekehrt - andersom
Umkleidekabine - paskamer
Umleitung - (weg)omlegging
umschlagen - omslaan, kapseizen
umsonst - gratis
umsteigen - overstappen
Umweg - omweg
umziehen - verhuizen
unbefahrbar - onberijdbaar
unbewacht - onbewaakt
unehrlich - oneerlijk
Unfall - ongeluk *n*
ungefähr - ongeveer
ungenügend - onvoldoende
ungerade - oneven
Ungeziefer - ongedierte *n*
Unglück - ongeluk
unglücklich - ongelukkig
ungültig - verlopen, ongeldig
ungünstig - ongunstig
unhöflich - onbeleefd
Unkosten - onkosten
unmöglich - onmogelijk
Unrecht haben - ongelijk hebben
unsanft - hardhandig
unschuldig - onschuldig
unten - beneden, onder (in)
unterbrechen - onderbreken
Unterhemd - onderhemd *n*
Unterhose - onderbroek
unterirdisch - ondergronds
Unterschied - verschil *n*
unterschiedlich - verschillend
unterschreiben - (onder)tekenen
Unterschrift - handtekening, onderschrift *n*
Unterseite - onderkant
unterstellen - toedichten
Untersuchung - onderzoek *n*
Untertasse - schotel(tje)
untief - ondiep
unverzüglich - onmiddellijk, onverwijld
Urlaub - vakantie
Ursprung - oorsprong
ursprünglich - oorspronkelijk
Urteil - oordeel, vonnis

V

Vase - vaas
Vater - vader
verabreden - afspreken
verabredet - afgesproken
Verabredung - afspraak(je)
verändern - veranderen, wijzigen
Veränderung - wijziging
verantwortlich - verantwoordelijk
Verband(mull) - verband *n*
Verbandkasten - verbandtrommel
Verbindung - verbinding, samenhang
Verbot - verbod *n*
verboten - verboden
verbrennen - verbranden
Verdauung - spijsvertering
verdorben - bedorven
vereinbaren - afspreken

Vergangenheit - verleden *n*
Vergaser - carburateur
vergessen - vergeten
Vergiftung - vergiftiging
Vergnügen - plezier *n*, genoegen *n*
vergoldet - verguld
Vergrößerung - vergroting
verheiratet - gehuwd
Verhütungsmittel - voorbehoedmiddel *n*
verirren, sich - verdwalen
verkaufen, zu - te koop
verkaufen - verkopen
Verkäufer - verkoper
Verkäuferin - verkoopster
Verkaufsbude - kraampje *n*
Verkehr - verkeer *n*
Verkehrsschild - verkeersbord *n*
Verkehrsverein - VVV
verlassen - verlaten
Verleihbetrieb - verhuurbedrijf *n*
verleihen - uitlenen
Verletzung - verwonding
verlieren - kwijtraken, verliezen
verloben - zich verloven
Verlobte(r) - verloofde
Verlobung - verloving
verlorengehen - zoekraken
Verlust - verlies *n*
vermieten - verhuren
vermietet - verhuurd
verpflichtet - verplicht
verschlissen - versleten
verschwinde! - ga weg!, hoepel op!
versenden - verzenden, versturen
versichern - verzekeren
Versicherung - verzekering
Versicherungsgesellschaft - verzekeringsmaatschappij
Versicherungspolice - verzekeringspolis
Verspätung - vertraging
versprechen - beloven
Versprechen - belofte
verständigen - waarschuwen, op de hoogte brengen
versteckt - verborgen
verstehen - verstaan, begrijpen
verstopft - verstopt
Verstopfung - verstopping
versuchen - proberen
Vertrag - contract *n*
Vertreter - vervanger, vertegenwoordiger, aanhanger
verwechselt - verwisseld
verwundet - gewond
Verwundete(r) - gewonde
verzehren - opeten, opmaken
Verzeihung! - neem me niet kwalijk!,
Verzierung - versiering
Vieh - vee *n*
Viehhalter - veehouder
Viehmarkt - veemarkt
viel, zu - te veel
viel - veel
vielbeschäftigt sein - het druk hebben
vielleicht - misschien
Viereck - vierkant *n*
Viertel - buurt, wijk, kwart *n*
Viertelstunde - kwartier *n*
Visitenkarte - visitekaartje *n*
voll - vol
völlig - helemaal
vollständig - compleet, volledig
von ... an - vanaf
von - van
vor - voor
voran - vooruit
vorbei - over, voorbij
Vorbild - ideaal *n*, voorbeeld
Vorderseite - voorkant
Vorfahrt - voorrang
Vorfahrt geben - voorrang verlenen
Vorfahrtsstraße - voorrangsweg
Vorführung - demonstratie
Vorgesetzter - baas, chef

vorgestern - eergisteren
vorige Woche - verleden week
vorn - vooraan
Vorname - voornaam, doopnaam
Vorschlag - voorstel *n*
vorschlagen - voorstellen
Vorsicht! - voorzichtig!
Vorsteher - hoofd *n*
vorstellen - voorstellen
vortrefflich - uitstekend
vorüber - voorbij
vorwärts! - vooruit!
vorzeigen - tonen
vorzüglich - voortreffelijk
Vulkan - vulkaan

W

Wächter - bewaker
Wade - kuit
Waffe - wapen *n*
wagen - durven, wagen
Wagenheber - krik
Wagentür - portier *n*
wählen - kiezen, stemmen
wahr, es ist - het is waar
wahr - waar
Wahrheit - waarheid
Wald - bos *n*
Waldweg - bosweg
Wall - wal
Wand - muur, wand
wandern - trekken, wandelen
Wange - wang
wann - wanneer
Wärme - warmte
Warndreieck - gevarendriehoek
warnen - waarschuwen
Warnung - waarschuwing
warten - wachten
Wartezimmer - wachtkamer
warum - waarom
was - wat
Waschbecken - wastafel
Waschbenzin - wasbenzine
Wäsche - wasgoed *n*, ondergoed
Wäscheklammer - wasknijper
Wäscheleine - waslijn
waschen - wassen
waschen, sich - zich wassen
Waschmaschine - wasmachine
Waschmittel - wasmiddel *n*
Waschraum - wasruimte
Wasser, fließendes - stromend water *n*
Wasser - water *n*
Wasserfall - waterval
Wasserski laufen - waterskiën *n*
Wassersport - watersport
Wattebausch - watje *n*
Wechselkurs - wisselkoers
wechseln - wisselen
Wechselstube - wisselkantoor *n*
wecken - wekken
Wecker - wekker
Weggabelung - wegsplitsing
weggehen - weggaan
Wegweiser - wegwijzer
weh tun - zeer doen
wehklagen - klagen
weich - week, zacht
weigern - weigeren
weil - omdat
Wein - wijn
Weinberg - wijngaard
weinen - huilen
Weinkarte - wijnkaart
Weinkeller - wijnkelder
weit - lang, wijd, ver
weiter - verder
weitergehen - verdergaan
welch - welk(e), wat
Welt - wereld
wenig - weinig
weniger als - minder dan
weniger - minder
wenn - wanneer

wer - wie
Werkstatt - werkplaats, garage
Werkzeug - gereedschap *n*
Wert - waarde
wertlos - waardeloos
weshalb - waarom
Wespe - wesp
Weste - vest *n*
Westen - westen *n*
Wetter - weer *n*
Wetterbericht - weerbericht *n*
Wettkampf - wedstrijd
wichtig - belangrijk
wie - hoe
wieder - weer, wederom, opnieuw
Wiederholung - herhaling
Wiedersehen, auf - tot ziens!
Wiege - wieg
wiegen - wegen, wiegen
wieviel - hoeveel
Willkommen - welkom *n*
Windel - luier
Windmühle - windmolen
Windrichtung - windrichting
Windschatten - luwte
Windschirm - windscherm *n*
Windschutzscheibe - voorruit
Windstärke - windkracht
wissen - weten
wo - waar
Woche - week
Woche, letzte - vorige week
Wochenende - weekeinde *n*
wohin - waarheen
wohl - wél
wohnen - wonen
Wohnwagen - caravan
Wolle - wol
wollen - willen
Wort - woord *n*
Wunde - wond
wundervoll - prachtig
Wunsch - wens
wünschen - wensen
Würfel - klontje *n*, blokje
Wurst - worst
Wurzel - wortel

Z

zäh - taai
Zahl - getal *n*
zahm - tam
Zahn - tand
Zahnarzt - tandarts
Zahnbürste - tandenborstel
Zahncreme - tandpasta
Zahnschmerzen - kiespijn
Zange - tang
Zaun - hek *n*
Zebra(streifen) - zebra(pad *n*)
Zehe - teen
zeichnen - tekenen
zeigen - (aan)wijzen
Zeit - tijd
Zeitalter - tijdperk *n*
Zeitschrift - tijdschrift
Zeitung - krant
zeitweilig - tijdelijk
Zelt - tent
zelten - kamperen
Zelthäring - tentharing
Zeltverbot - kampeerverbod *n*
Zentimeter - centimeter
Zentrale - centrale
Zentralheizung - centrale verwarming
Zentrum - centrum *n*
zerbrochen - gebroken
zerreißen - scheuren
Zeuge - getuige
Ziege - geit
ziehen - trekken
zieht, es - het tocht
Ziel - doel *n*
ziemlich - tamelijk
Zigarette - sigaret

Zimmer - kamer, vertrek *n*
Zimmermädchen - kamermeisje *n*
Zitrone - citroen
Zoll - douane
Zoo - dierentuin
zu - te, gesloten, in
Zucker - suiker
Zuckerdose - suikerpot
zufrieden sein (mit) - tevreden zijn (met)
Zug - trein
Zugang - toegang
Zugfahrkarte - treinkaartje *n*
zugleich - tegelijkertijd
zuhören - luisteren
Zuhörer - luisteraar
Zündung - ontsteking
zunehmen - aankomen
Zunge - tong
zurück - terug
zurückhaltend - gereserveerd
zusammen - samen
Zusammenhang - samenhang, verband
zusammenhängen - verband houden
Zusammenstoß - aanrijding, botsing
zusammenzählen - optellen
Zuschlag - toeslag
zuverlässig - betrouwbaar
zuviel - te veel
Zweig - tak
Zweigstelle - dependance
Zwiebel - ui
Zwilling - tweeling
zwischen - tussen

Niederländisch-Deutsch

A

aanbevelen - empfehlen
aanbieden - anbieten
aanbieding - Sonderangebot
aangenaam - behaglich, angenehm
aanhangwagen - Anhänger
aankomen - ankommen, zunehmen
aankomst(tijd) - Ankunft(szeit)
aannemen - annehmen, akzeptieren
aanrijding - Zusammenstoß
aansteker - Feuerzeug
aantal - Anzahl, anlocken
aanvragen - anfragen, anfordern
aanwijzen - zeigen
aardappels - Kartoffeln
aarde - Erde
aardewerk - Tongeschirr
aardig - nett
accu - Batterie
achter - hinter
achteraf - abgelegen
achterkant - Rückseite
achternaam - Nachname, Familienname
achteruit - rückwärts
adem - Atem
adres - Adresse
advocaat - Rechtsanwalt
afdeling - Abteilung
afdruk - Abzug
afgesloten - abgesperrt, abgeschlossen
afgesproken - verabredet
afrekenen - bezahlen
afspraak(je) - Verabredung
afspreken - verabreden, vereinbaren
afstand - Abstand
afvaart - Abfahrt
afval - Abfall
afzeggen - absagen
afzender - Absender
agent - Polizist, Vertreter
alarmnummer - Notruf
algemeen - allgemein
alleen - allein, ausschließlich, nur
alstublieft - bitteschön, bitte
altijd - immer
ambassade - Botschaft
ambtenaar - Beamte
ambulance - Krankenwagen
ander(e) - anderer, andere, anderes
anders - anders, anderswo
anders, iemand - jemand anders
andersom - umgekehrt
angstig - ängstlich
ansichtkaart - Ansichtskarte
antiek - Antiquität
antiquair - Antiquitätenhändler
antivries - Frostschutzmittel
antwoord - Antwort
antwoorden - antworten
apotheek - Apotheke
appel - Apfel
appelsap - Apfelsaft
arm - arm
armband - Armband
as - Asche
asbak - Aschenbecher
auto - Auto
automatisch - automatisch
autosnelweg - Autobahn
autoweg - Autostraße
avond - Abend
avondeten - Abendessen
avonds, 's - abends
azijn - Essig

B

baai - Bucht
baard - Bart
baby - Baby
babyvoeding - Babynahrung
bad - Badewanne, Bad
baden - baden
badkamer - Badezimmer
badpak - Badeanzug
bagage - Gepäck
bagagedepot - Gepäckaufbewahrung
bagagekluis - Schließfach
bagagerek - Gepäcknetz
bagageruimte - Kofferraum
bakker - Bäcker
balkon - Balkon
balpen - Kugelschreiber
band - Reifen, Schnur, Gruppe
bang zijn - Angst haben
bank - Couch, Bank
bankbiljet - Geldschein
barst - Riß
barsten - reißen
batterij - Batterie
bed - Bett
bedanken - bedanken
bediening (inbegrepen) - Bedienung (inbegriffen)
bedoelen - meinen
bedoeling - Absicht
bedorven - verdorben
bedrag - Betrag
been - Bein
beest - Tier
beet - Biß, angebissen!
beetje, een - ein bißchen
begane grond - Erdgeschoß, Parterre
beginnen - anfangen
begrijpen - verstehen
behalve - außer
behandeling - Behandlung
beide - beide
bekend - bekannt
bekeuring - Strafmandat
bel - Klingel
belangrijk - wichtig
Belg - Belgier, Belgierin
België - Belgien
Belgisch - belgisch
bellen - klingeln, anrufen
belofte - Versprechen
beloven - versprechen
benauwd - beklommen, drückend, dumpf
benauwdheid - Beklemmung, Schwüle
beneden - unten
benzine - Benzin
benzinestation - Tankstelle
benzinetank - Benzintank
bericht - Nachricht
berm - Böschung
beroemd - berühmt
beroep - Beruf, Appell, Berufung
beschadigd - beschädigt
beschadigen - beschädigen
beschadiging - Beschädigung
besmettelijk - ansteckend
bespreken - reservieren, besprechen
best(e) - beste
beste ... - lieber ...,liebe ...
bestek - Besteck
bestellen - bestellen, liefern
bestelling - Bestellung
bestemming - Bestimmung
betalen - bezahlen
betekenen - bedeuten
beter (... dan) - besser (... als)
beter worden - genesen
betrouwbaar - zuverlässig
bevolking - Einwohner, Bevölkerung
bewaakt - bewacht
bewaking - Bewachung
bewijs - Beweis, Bescheinigung
bewolkt - bewölkt
bewusteloos - bewustlos

bezichtigen - besichtigen
bezienswaardigheid - Sehenswürdigkeit
bezoek - Besuch
bezwaar - Beschwerde, Einwand
bieden - bieten
bier - Flaschenbier, Bier vom Faß
bij - Biene, bei
bijna - beinahe
bijten - beißen
bijzonder - besonders
biljet - Plakat, Eintrittskarte, Geldschein
binnen - innerhalb, drinnen
binnenkomen - hereinkommen
binnenlands - inländisch, einheimisch
binnenplaats - Innenhof
bioscoop - Kino
bitter - bitter
blaar - Blase
blad - Bogen, Zeitschrift, Blatt
blauwe plek - blauer Fleck
bleek - bleich
blij - froh
blijdschap - Freude
blijven - bleiben
blik - Blick, Blech, Dose, Büchse
blikopener - Dosenöffner
blind - blind
bloed - Blut
bloem - Mehl, Blume
bloot - nackt
blussen - löschen
bocht - Kurve
bochtig - schlängelnd, kurvenreich
bodem - Boden
boek - Buch
boeken - buchen
boekhandel - Buchhandlung
boer - Bauer
boerderij - Bauernhof
boete - (Geld)Buße
boodschap - Nachricht
boodschappen (doen) - Einkäufe
boom - Baum
boord, aan - an Bord
boot - Boot
bonen - braune Bohnen
bord - Tafel, Teller, Schild
borst - Brust
borstel - Bürste
bos - Wald
bosweg - Waldweg
bot - stumpf, Knochen
boter - Butter
boterham - Butterbrot
botsing - Zusammenstoß
bouwen - bauen
boven - über, oben
bovenop - obenauf
braden - braten
braken - sich erbrechen, sich übergeben
brand - Brand
brandblusser - Feuerlöscher
brandweer - Feuerwehr
brandwond - Brandwunde
brandwondenzalf - Brandsalbe
breed - breit
breken - brechen
brengen - bringen
breuk - Bruch
brief - Brief
briefkaart - Postkarte
briefpapier - Briefpapier
brievenbus - Briefkasten
bril - Brille
broek - kurze Hose
broeder - Pfleger
broer - Bruder
bromfiets - Moped
brood - Brot
broodje - belegtes Brötchen
brug - Brücke
brugwachter - Brückenwächter
bruiloft - Hochzeit
bruin - braun

buik - Bauch
buikpijn - Bauchschmerzen
buiten - außerhalb, draußen
buitenland - Ausland
buitenlander - Ausländer
buitenverblijf - Landhaus
bumper - Stoßstange
bureau - Büro, Schreibtisch
burgemeester - Bürgermeister
bus - Autobus, Reisebus, Büchse, Dose
bushalte - Bushaltestelle
busstation - Busbahnhof

C

cadeau - Geschenk
café - Café
cake - Kuchen
camera - Kamera
campingwinkel - Campinggeschäft
caravan - Wohnwagen
carburateur - Vergaser
carrosserie - Karosserie
centrale - Zentrale
centrale verwarming - Zentralheizung
centrum - Zentrum
chartervlucht - Charterflug
chef - Vorgesetzte
chocolade - Schokolade, Kakao
citroen - Zitrone
compleet - vollständig
concert - Konzert
condoom - Präservativ
conducteur - Schaffner
contract - Vertrag
controle - Kontrolle
corresponderen - korrespondieren
couchette - Liegewagen
coupé - Abteil

D

daar - dort
daarna - danach
daarom - darum
dadelijk - sofort
dag - Tag
dag! - guten Tag, auf Wiedersehen
dagschotel - Tagesgericht
dam - Damm
dames - Damen
damestoilet - Damentoilette
dank - Dank
dansen - tanzen
darm - Darm
darminfectie - Darmentzündung
das - Krawatte, Schal
dat - das, daß
datum - Datum
defect - defekt
deken - Decke
demonstratie - Vorführung, Demonstration
dessert - Nachtisch
deur - Tür
deze - dieser/diese/dieses
dia - Dia
diaprojector - Diaprojektor
diarree - Durchfall
dicht - geschlossen
dicht bij - in der Nähe
dichtbij - nahe bei, in nächster Nähe
die - dieser/diese/dieses, welcher/welche/welches
dieet - Diät
dieetvoeding - Schonkost
dief - Dieb
diefstal - Diebstahl
dienstregeling - Fahrplan
diep - tief
diepvries - Tiefkühlkost
diepvriezer - Gefriertruhe
dier - Tier
dierentuin - Zoo
dierenvoedsel - Tiernahrung
dieselolie - Dieselöl
dik - dick
ding - Gegenstand

direct - direkt, sofort
dit - dies(es)
dochter - Tochter
dodelijk - tödlich
doel - Ziel
doen - tun
dokter - Arzt
dood - Tod
doodlopende straat - Sackgasse
doof - taub
door - durch
doos - Karton
dop(je) - Deckel
dorp - Dorf
dorst hebben - Durst haben
douane - Zoll, Dusche
draad - Faden
draaien - drehen
dragen - tragen
dringend - dringend
drinken - trinken
drinkwater - Trinkwasser
drogen - trocknen
droog - trocken
druk - Druck
druk hebben, het - vielbeschäftigt sein
drukken - drücken, drucken
duiken - tauchen
duikplank - Sprungbrett
duim - Daumen
Duits - Deutsch
Duitser - Deutscher, Deutsche
Duitsland - Deutschland
duizeligheid - Schwindeligkeit
dun - dünn
duren - dauern
durven - wagen
duur - Dauer, teuer

E

echt - echt
echtgenoot - Ehemann, Ehefrau
eenpersoonskamer - Einzelzimmer
eenrichtingsverkeer - Einbahnstraße
eenvoudig - einfach
eergisteren - vorgestern
eerlijk - ehrlich
eerste - erster, erste, erstes
eetbaar - eßbar
eeuw - Jahrhundert
ei (hard gekookt) - hartes Ei
ei (zacht gekookt) - weiches Ei
ei (gebakken) - Spiegelei
eigendom - Eigentum
eigenaar - Eigentümer
eiland - Insel
eind(e) - Ende
eindpunt - Endpunkt
elektrisch - elektrisch
elk - jeder/jede/jedes
elleboog - Ellbogen
emmer - Eimer
Engeland - England
Engels - englisch
Engelsman - Engländer, Engländerin
enige - einmalige, einige
enkele reis - einfache Fahrkarte
envelop - Briefumschlag
erg - sehr, schlimm
ergens - irgendwo
etalage - Schaufenster
eten - essen
eten(swaar) - Eßwaren
even - gerade
even(tjes) - einen Augenblick
evenwijdig aan - parallel zu
excuses - Entschuldigung, Verzeihung
expresse, per - per Eilboten
ezel - Esel

F

fabriek - Fabrik
familie - Familie
familie zijn van - verwand sein mit
feest - Fest
feestdag - Festtag

feestvieren - feiern
fel - heftig, scharf
feliciteren - gratulieren
fiets - Fahrrad
fietsenmaker - Fahrradmechaniker
fietspad - Radweg
fietsroute - Fahrradroute
fietstocht - Fahrradausflug, fein
file - Stau
film - Spielfilm
filmcamera - Filmkamera
filmrolletje - Filmrolle
filter - Filter
filterkoffie - Filterkaffee
filtersigaret - Filterzigarette
flat - Etagenwohnung
flauw - fade
flauwvallen - ohnmächtig werden
fles - Flasche
fluiten - pfeifen
fontein - Brunnen
fooi - Trinkgeld
formaat - Format
foto - Foto
fotograaf - Fotograf
fototoestel - Fotoapparat
fout - Fehler, falsch
frame - Rahmen
frankeren - frankieren
Frankrijk - Frankreich
Frans - französisch
Fransman - Franzose, Französin
fris - frisch, kühl
frisdrank - Erfrischungsgetränk
fruit - Obst
fruitstalletje - Obststand

G

gaan - gehen
gaar - gar
gang - Korridor, Gang
gans - Gans
garage - Garage, Werkstatt
garantie - Garantie
garantiebewijs - Garantieschein
garen - Garn
gas - Gas
gasfles - Gasflasche
gast - Gast
gastheer - Gastgeber, Gastgeberin
gastvrij - gastfreundlich
gat - Loch
gauw - bald
gebakje - Gebäck
gebakken - gebacken, gebraten
gebied - Gebiet, Fach
geboortedatum - Geburtsdatum
geboren - geboren
gebouw - Gebäude
gebraden - gebraten
gebroken - zerbrochen, gebrochen
gebruik - Benutzung, Brauch
gebruiken - benutzen
gebruiksaanwijzing
Gebrauchsanweisung
gedachte - Gedanke
gedeelte - Teil
geduld - Geduld
geel - gelb
geen - kein/keine/kein
gehakt (vlees) - Hackfleisch
geheel - Ganze, ganz
gehoor - Zuhörer, Gehör
gehoorapparaat - Hörgerät
gehuwd - verheiratet
geit - Ziege
gekoeld - gekühlt
gekookt - gekocht
geld - Geld
gelijk - gleich
gelijk hebben - rechthaben
gelijkvloers - zu ebener Erde
geluid - Geräusch
geluidshinder - Lärmbelästigung
gemak, op zijn - sich behaglich fühlen

gemakkelijk - leicht
gemeentehuis - Gemeindehaus
gemeenteraad - Gemeinderat
gemengd - gemischt
geneesmiddel - Medikament
genezen - heilen
genieten - genießen
genoeg - genug
genoegen - Vergnügen
gepast geld - abgezähltes Geld
gepensioneerd - pensioniert
gerecht - Gericht
gereedschap - Werkzeug
gereserveerd - reserviert/zurückhaltend
gerookt - geräuchert
geroosterd - geröstet
gescheiden - getrennt, geschieden
geschenk - Geschenk
getal - Zahl
getij - Gezeit
getuige - Zeuge
geur - Geruch
geurig - duftig
gevaar - Gefahr
gevaarlijk - gefährlich
gevarendriehoek - Warndreieck
gevel - Fassade, Giebel
geven - geben
gevoel - Gefühl
gevoelig - empfindlich
gevogelte - Geflügel
gevolg - Folge
gevonden - gefunden
gewicht - Gewicht
gewond - verwundet
gewonde - Verwundete
gewoon - normal
gewoonte - Gewohnheit
gezellig - gemütlich
gezicht - Gesicht
gezicht op - Aussicht auf
gezin - Familie
gezond - gesund
gezondheid - Gesundheit
gids - Führer
giftig - giftig
glad - glitschig, glatt
gladheid - Glätte
glas - Glas
goed - gut
goedkoop - billig, preiswert
gordel - Gürtel
gordijn - Gardine
goud - Gold
gouden - golden
graag - gerne
graat - Gräte
graden - Grad
gras - Gras
grasveld - Rasen
gratis - umsonst, gratis
graven - graben
grens - Grenze
griep - Grippe
grijs - grau
groen - grün
groente - Gemüse
groenteboer - Gemüsehändler
groep - Gruppe
groet - Gruß
groeten doen aan - jemanden grüßen
grond - Grundstück, Grund, Boden
grondzeil - Bodenplane
groot - groß
grot - Grotte
gunstig - günstig

H

haai - Hai
haak - Haken
haar - Haar
haarlak - Haarspray
haast - Eile
hagel - Hagel
hak - Hacke

hakken - hacken
hal - Halle
halen - holen
half - halb
hals - Hals
halte - Haltestelle
ham - Schinken
hamer - Hammer
hand - Hand
handdoek - Handtuch
handel - Handel
handig - handlich, geschickt
handleiding - Gebrauchsanweisung
handrem - Handbremse
handtasje - Handtasche
handtekening - Unterschrift
handwerk - Handarbeit, Handwerk, hart
hart - Herz
hartig - herzhaft
hartpatiënt - Herzkranke
haven - Hafen
hebben - haben
heel - ganz, heil
heer - Herr
heerlijk - herrlich
heet - heiß
hek - Zaun
helder - hell
helemaal - völlig
helft - Hälfte
helling - Hang, Abhang
hemd - Oberhemd, Unterhemd
hemel - Himmel
herfst - Herbst
herhalen - wiederholen
herhaling - Wiederholung
hersenschudding - Gehirnerschütterung
herstellen - reparieren, genesen
hetzelfde - dasselbe
heup - Hüfte
heuvel - Hügel
hierheen - hierher
hoe - wie
hoed - Hut
hoek - Ecke, Winkel
hoe lang - wie lange
hoesten - husten
hoeveel - wieviel
hond - Hund
hondsdolheid - Tollwut
honger (hebben) - Hunger (haben)
hoofd - Kopf, Vorsteher
hoofdweg - Hauptstraße
hoog - hoch
hoogte - Höhe
hoogte, op de - auf dem laufenden sein
hoogtevrees - Höhenangst
horen - hören
horloge - Uhr
houdbaar - haltbar
houden - behalten, halten
houden van - mögen, lieben
hout - Holz
houtskool - Holzkohle
huid - Haut
huilen - weinen
huis - Haus
huisarts - Hausarzt
huishoudelijke artikelen - Haushaltswaren
huishouding - Haushalt
huisvrouw - Hausfrau
huiswerk - Hausarbeit
hulp - Hilfe
huren - mieten
hut - Hütte, Kajüte
huur - Miete
huurauto - Mietwagen
huwelijk - Ehe

I

ideaal - Vorbild
identificatie - Identifizierung
identiteitsbewijs - Ausweis
ieder - jeder/jede/jedes

iedereen - jedermann
iemand - jemand
iets - etwas
ijs - Eis, Speiseeis
ijsblokjes - Eiswürfel
ijzel - Glatteis
ijzer - Eisen
ijzerdraad - Eisendraht
ijzeren - eisern
imitatie - Nachahmung
imperiaal - Dachgepäckträger
indeling - Einteilung
inderdaad - tatsächlich
ineens - plötzlich
inenten - impfen
infectie - Infektion, Entzündung
informatie - Auskunft
informatiebureau - Auskunftsbüro
informeren - informieren
informeren naar - sich erkundigen nach
ingewanden - Eingeweide
inhaalverbod - Überholverbot
inhalen - überholen
inham - Bucht
inheems - einheimisch
injectienaald - Injektionsnadel
inkopen doen - Einkäufe machen
inkt - Tinte
inktvis - Tintenfisch
innemen - einnehmen
in orde! - in Ordnung!
inschenken - einschenken
inschepen - sich einschiffen
inschrijven - eintragen
insect - Insekt
insectenbeet - Insektenstich
instappen - einsteigen
interessant - interessant
interlokaal - Ferngespräch
internationaal - international
invalide - Invalide, Behinderte
invalidenwagen - Rollstuhl
invoeren - einführen, importieren
invoerrechten - Einfuhrzoll
invullen - ausfüllen
inwendig - inwendig, innerlich

J

jaar - Jahr
jaarlijks - jährlich
jacht - Jagd, Jacht
jam - Marmelade
jammer, het is - es ist Schade
jarig zijn - Geburtstag haben
jas - Mantel, Jacket, Sakko
jack - Jacke
jeugdherberg - Jugendherberge
jeuk - Juckreiz
jeuken - jucken
jodium - Jod
jong - Junge(s), jung
jongen - Junge
juist - richtig
jurk - Kleid
juweel - Juwel
juwelier - Juwelier

K

kaak - Kiefer
kaars - Kerze
kaart - karte
kaarten - Karten spielen
kaartje - Kärtchen
kaas - Käse
kabel - Kabel, Seil
kachel - Ofen
kade - Kai
kader - Kader, Rahmen
kakkerlak - Küchenschabe
kalfsvlees - Kalbfleisch
kam - Kamm
kamer - Zimmer
kamermeisje - Zimmermädchen
kamp - Lager
kampeercarnet - Campingausweis
kampeergids - Campingführer

kampeerterrein - Campingplatz
kampeeruitrusting - Campingausrüstung
kampeerverbod - Zeltverbot
kampeervergunning - Campingerlaubnis
kamperen - zelten
kampvuur - Lagerfeuer
kan - Kanne
kanaal - Kanal
kano - Paddelboot
kans - Chance
kant - Kante, Seite, Spitze
kantoor - Büro
kap - Motorhaube
kapot - kaputt, defekt
kappen - umschlagen, frisieren
kapper - Friseur
kar - Karre
karaf - Krug
karnemelk - Buttermilch
kassa - Kasse
kast - Schrank
kasteel - Schloß
kat - Katze
kater - Kater
kathedraal - Kathedrale
katholiek (rooms-) - (römisch) katholisch
katoen - Baumwolle
kauwen - kauen
kauwgom - Kaugummi
keel - Kehle
keelpijn - Halsschmerzen
kelder - Keller
kennis - Kenntnis, Bekannte
kennismaken - kennenlernen
kennismaking - Bekanntschaft machen
kerk - Kirche
kerkdienst - Gottesdienst
kerkhof - Friedhof
ketting - Kette
keuken - Küche
kies - Backenzahn
kiespijn - Zahnschmerzen
kiezen - auswählen, wählen
kijken - schauen
kin - Kinn
kind - Kind
kinderbedje - Kinderbett
kinderstoel - Kinderstuhl
kinderwagen - Kinderwagen
kiosk - Kiosk
kip - Huhn
kippenvlees - Hühnerfleisch
kist - Kiste
klaar - fertig
klacht - Beschwerde
klagen - sich beschweren, wehklagen
klas - Klasse
klederdracht - Tracht
kleding - Kleidung
klein - klein
kleingeld - Kleingeld
kleinkind - Enkel, Enkelin
klep - Klappe
kleren - Kleider
klerenkast - Kleiderschrank
kleur - Farbe
kleuren- erröten
klimaat - Klima
klok - Uhr
klokkentoren - Glockenturm
klontje - Klümpchen, Würfel
klooster - Kloster
kloosterling - Mönch, Nonne
kloosterhof - Klosterhof
kloostertuin - Klostergarten
kloppen - klopfen
klopt, het - es stimmt
knie - Knie
knieschijf - Kniescheibe
knippen - schneiden
knipperlicht - Blinker
knoflook - Knoblauch
knoop - Knoten, Knopf
knop - Türklinke, Knospe, Drückknopf

koek - Kuchen
koekje - Keks
koel - kühl
koelkast - Kühlschrank
koers - (Wechsel)kurs
koffer - Koffer
koffie - Kaffee
koffieboon - Kaffeebohne
koffiepot - Kaffeekanne
kok - Koch
koken - kochen
komen - kommen
kompas - Kompaß
koning - König, Königin
kool - Kohl
koop, te - zu verkaufen
koorts - Fieber
kopen - kaufen
koper - Käufer, Kupfer
kopje - Tasse
koppeling - Kupplung
kort - kurz
korting - Ermäßigung, Rabatt
kortsluiting - Kurzschluß
kosten - kosten
kostuum - Anzug
koud - kalt
kousen - Strümpfe
kraag - Kragen
kraamkliniek - Geburtsklinik
kraampje - Verkaufsbude
kraan - Hahn, Kran (wagen)
krab - Krabbe
krant - Zeitung
kreeft (zee-) - Krebs, Hummer
krijgen - bekommen
krik - Wagenheber
kruiden - Kräuter
kruidenier - Krämer
kruik - Krug
kruis - Kreuz
kruising - Kreuzung
kuil - Grube, Loch
kuit - Wade
kunnen - können
kunst - Kunst
kunstenaar - Künstler, Künstlerin
kunstgebit - Kunstgebiß
kunstmatig(e ademhaling) - künstlich (e Atmung)
kurk - Korken
kurkentrekker - Korkenzieker
kus - Kuß
kussen - küssen, Kissen
kussensloop - Kissenbezug
kust - Küste
kustwacht - Küstenwache
kwaal - Leiden, Übel
kwal - Qualle
kwaliteit - Qualität
kwalijk nemen - übelnehmen
kwalijk, neem mij niet - Verzeihung
kwart - Viertel
kwartier - Viertelstunde
kwijt zijn - verloren haben
kwijtraken - verlieren
kwijtschelden - erlassen
kwitantie - Quittung

L

laag - Schicht, Lage, niedrig
laars - Stiefel
laat - spät
laatste - letzt
lachen - lachen
laken - Laken
lam - gelähmt
lam(svlees) - Lamm (fleisch)
lamp - Lampe
land - Land
landelijk - ländlich
landen - landen
landing - Landung
landkaart - Landkarte
landschap - Landschaft

lang - groß, weit, lang
langdurig - von langer Dauer
langs - entlang
langzaam - langsam
langzamerhand - allmählich
lantaarn - Laterne
lap - Lappen
lassen - schweißen
last - Last
last hebben van - sich stören an, Probleme haben mit
lastig - lästig
lastigvallen - belästigen
lauw - lauwarm
lawaai - Lärm
laxeermiddel - Abführmittel
leeg - leer
leeglopen - Luft verlieren, leerlaufen
leer - Leder
leggen - legen
legitimatiebewijs - Ausweis
lek - Leck
lekke band - Reifenpanne
lekker - schmackhaft, angenehm
lelijk - häßlich
lenen aan - ausleihen
lenen van - leihen von
lengte - Größe, Entfernung, Abstand
lens - Objektiv, Linse
lente - Frühling
lepel - Löffel
lepeltje - Löffelchen, Teelöffel
leren - lehren
leuk - nett, gelungen, fein, toll
leunen op - sich stützen auf
leuning - Lehne, Geländer
leve ... - es lebe ...
leven - leben
levend - lebendig
levensmiddelen - Lebensmittel
lezen - lesen
lichaam - Körper
lichamelijk - körperlich
lichamelijke opvoeding Leibeserziehung
licht - leicht, hell, Licht
lichting (post) - Leerung
lief - lieb
liefde - Liebe
liefhebberij - Liebhaberei
liegen - lügen
liever hebben - lieber haben
lift - Fahrstuhl, Aufzug
lift geven - einen Anhalter mitnehmen
liften - trampen
lifter - Tramper, Tramperin
liggen - liegen
ligstoel - Liegestuhl
lijm - Leim
lijmen - leimen, kleben
lijn - Linie, Seil
likken - lecken
links(af) - (nach) links
linnen - Leinen
linnengoed - Bettwäsche
lint - Band
lip - Lippe
lippenstift - Lippenstift
liter - Liter
logeren - übernachten
logies en ontbijt - Übernachtung und Frühstück
loket - Schalter
long - Lunge
lopen - gehen, laufen
los - lose
losmaken - loslösen
lossen - löschen
lucht - Himmel, Luft
luchtballon - Luftballon
luchtbed - Luftmatratze
luchten - lüften
luchthaven - Flughafen
luchtpost, per - per Luftpost

luchtziek - flugkrank
lucifer - Streichholz
luciferdoosje - Streichholzschachtel
lui - faul
luid - laut
luier - Windel
luisteren - zuhören
lunch - Gabelfrühstück, Lunch
lunchpakket - Lunchpaket

M

maag - Magen
maagpijn - Magenschmerzen
maagzuur - Magensäure
maand - Monat
maandverband - Damenbinde
maat - Größe
mager - mager
makelaar - Makler
maken - herstellen, reparieren
makkelijk - einfach
man - Mann, Ehemann
mand - Korb
mank - lahm
marmer - Marmor
massief - massiv
mast - Mast
matras - Matratze
maximumsnelheid - Höchstgeschwindigkeit
mededeling - Mitteilung
medicijn - Medikament
meel - Mehl
meer - See, mehr
meisje - Mädchen
melk - Milch
melkpoeder - Milchpulver
meloen - Melone
mes - Messer
mevrouw - Frau
middag - Nachmittag, Mittag
midden - Mitte
middernacht - Mitternacht
mier - Ameise
minder (dan) - weniger (als)
misschien - vielleicht
misselijk zijn - sich unwohl fühlen
mist - Nebel
misverstand - Mißverständnis
modder - Schlamm
moe - müde
moeder - Mutter
moeilijk - schwierig
moer - Mutter
moeras - Sumpf
moeten - müssen
mogelijk - möglich
molen - Mühle
mond - Mund
mondeling - mündlich
monnik - Mönch
monteur - Mechaniker
montuur - Fassung, Gestell
mooi - schön
morgen - Morgen
morgens, 's - am Morgen
mosterd - Senf
motor - Motor
motorboot - Motorboot
motorfiets - Motorrad
motorkap - Motorhaube
motorpech - Motorpanne
mouw - Ärmel
mug - Mücke
muis - Maus
munt - Münze
muntenverzamelaar - Münzsammler
museum - Museum
muur - Wand, Mauer
muziek - Musik

N

naaien - nähen
naald - Nadel
naam - Name
naast - neben

nacht - Nacht
nachtwaker - Nachtwächter
nagel - Nagel
nagellak - Nagellack
nagelschaartje - Nagelschere
nagelvijltje - Nagelfeile
nakijken - nachsehen
namaak - Nachahmung
nat - naß
nationaliteit - Nationalität
natuur - Natur
natuurlijk - selbstverständlich, natürlich
nauw - eng
nauwelijks - kaum
nauwkeurig - genau
Nederland - Niederlande
Nederlander - Niederländer
Nederlands - niederländisch
neef - Cousin, Neffe
neerzetten - hinsetzen, hinstellen
negatief - negativ
net - Netz, sauber, anständig, gerade, eben
neus - Nase
nicht - Cousine, Nichte
niemand - niemand
niets - nichts
nieuw - neu
nieuws - Nachrichten
nieuwsblad - Zeitung
niezen - niesen
nodig hebben - benötigen
nodig zijn - nötig sein
nog - noch
noodrem - Notbremse
nooduitgang - Notausgang
noodverband - Notverband
nooit - nie
noorden - Norden
noot - Nuß
normaal - normal
nota - Rechnung
noteren - aufschreiben, notieren
nu - jetzt
nummer - Nummer
nummerplaat - Nummernschild

O

ober - Ober
ochtend - Morgen
oever - Ufer
of - oder
officieel - offiziell
officier - Offizier
ogenblik - Augenblick, Moment
olie - Öl
olijf - Olive
omdat - weil
omgeving - Umgebung
omrijden - umfahren, herumfahren
omweg - Umweg
onbeleefd - unhöflich
onberijdbaar - unbefahrbar
onbewaakt - unbewacht
onder - unter
onderbreken - unterbrechen
onderbroek - Unterhose
onderdeel - Teil
onderdelen - Ersatzteile
ondergronds - unterirdisch
ondergrondse - U-Bahn
onder in - unten
onderkant - Unterseite
onderschrift - Unterschrift
ondertekenen - unterschreiben
onderzoek - Untersuchung
ondiep - untief
oneerlijk - unehrlich
oneven - ungerade
ongedierte - Ungeziefer
ongehuwd - ledig
ongelijk hebben - unrecht haben
ongeluk - Unglück, Unfall
ongelukkig - unglücklich
ongerust - besorgt
ongesteld - die Regel haben, die

Menstruation haben
ongeveer - ungefähr, etwa
ongunstig - ungünstig
onkosten - Unkosten
onmiddellijk - sofort
onmogelijk - unmöglich
onschuldig - unschuldig
ontbijt - Frühstück
ontbreken - fehlen
ontdekken - entdecken
ontmoeten - begegnen
ontmoeting - Begegnung
ontsmetten - desinfizieren
ontsmettingsmiddel - Desinfektionsmittel
ontsteking - Zündung, Entzündung
ontvangen - empfangen
ontwikkelen - entwickeln, entwickeln
onvoldoende - ungenügend
onweer - Gewitter
oog - Auge
oogarts - Augenarzt
oogst - Ernte
ook - auch
oor - Ohr
oorsprong - Ursprung
oosten - Osten
opbellen - anrufen
open - offen, geöffnet
openen - öffnen
opgebroken - aufgebrochen
opgeven - aufhören, aufgeben
oplichten - betrügen
oplichting - Betrug
opmaken - aufessen, verzehren, aufsetzen, schreiben
oponthoud - Aufenthalt
oppas - Babysitter
oppassen - aufpassen
oppompen - aufpumpen
opruimen - aufräumen
opruiming - Ausverkauf
opschrift - Aufschrift, Inschrift
opstaan - aufstehen
opstand - Aufstand
opstopping - Stau
optellen - zusammenzählen, addieren
optillen - aufheben, heben
oud - alt
ouders - Eltern
over - über, vorbei
overdag - tagsüber
overgeven - sich erbrechen, sich ergeben
overhandigen - übergeben
overkant/zijde - gegenüberliegende Seite
overmorgen - übermorgen
overstappen - umsteigen
oversteken - überqueren
overtocht - Überfahrt
overweg - (Bahn)Übergang

P

paal - Pfahl
paar - Paar, einige, ein paar
paard - Pferd
paardenkracht - Pferdestärke
paardenstal - Pferdestall
paardrijden - reiten
pad - Pfad
paddestoel - Pilz
pak - Paket, Anzug
paleis - Palast
pan - Pfanne, Kochtopf
pannenkoek - Pfannkuchen
panty - Strumpfhose
papier - Papier
papieren - Papiere
papiergeld - Papiergeld
paraplu - Regenschirm
parasol - Sonnenschirm
pardon! - Verzeihung!, Entschuldigung!
parfum - Parfüm
park - Park
parkeergarage - Parkhaus
parkeermeter - Parkuhr
parkeerplaats - Parkplatz

parkeerschijf - Parkscheibe
parkeren - parken
pasfoto - Paßbild, Paßfoto
paskamer - Umkleidekabine
pas(poort) - Paß
passen - anprobieren
pauze - Pause
pech - Pech
pen - Füllfederhalter, Kugelschreiber
pension - Pension
peper - Pfeffer
per - per, pro
perron - Bahnsteig
persoon - Person
persoonlijk - persönlich
pier - Mole
pijl - Pfeil
pijn - Schmerzen
pijnstiller - Schmerzmittel
pijp - Pfeife
pil - Pille
pilaar - Säule
plaat - Bild, Blech, Schallplatte
plaats - Stelle, Platz
plaats bespreken - einen Platz reservieren
plaatskaartje - Platzkarte
plaatsnemen - Platz nehmen, sich setzen
plakband - Klebestreifen
plakken - kleben
plan - Plan
plan zijn, van - beabsichtigen
plank - Brett, Einlegeboden
plant - Pflanze
plantaardig - pflanzlich
plastic - Plastik
plat - flach
plattegrond - Stadtplan
platteland - Provinz
plein - Platz
pleister - Pflaster
plezier - Vergnügen
poes - Katze
poetsen - putzen
polis - Police
politie - Polizei
politiebureau - Polizeiwache
pols - Puls, Handgelenk
pomp - Pumpe
pont - Fähre
poort - Tor, Pforte
pop - Puppe
portefeuille - Brieftasche
portemonnee - Portemonnaie
portie - Portion
portier - Wagentür, Pförtner
porto - Porto
post - Post
postbode - Briefträger
postbus - Postfach
postkantoor - Postamt
postzegel - Briefmarke
pot - Topf
potlood - Bleistift
prachtig - prächtig, wundervoll
prijs - Belohnung, Preis
prijskaartje - Preisschild
proberen - versuchen, probieren
procent - Prozent
proces-verbaal - Protokoll
proeven - kosten, probieren
proost! - Prost!
protest - Protest
protestants - evangelisch, protestantisch
puist - Pickel, Pustel
pyjama - Schlafanzug, Pyjama

R

raam - Fenster
rand - Rand
rat - Ratte
rauw - roh
recept - Rezept
recht - gerade
rechtbank - Gericht
rechtdoor - geradeaus

rechter - Richter, Richterin
rechts - rechts
rechtsaf - nach rechts, rechts abbiegen
rechtuit - geradeaus
redden - retten
reddingsboot - Rettungsboot
reddingsvest - Schwimmweste
rederij - Reederei
reep - Riegel
regen - Regen
regenjas - Regenmantel
register - Register
reinigen - reinigen
reis - Reise
reisbureau - Reisebüro
reisleider - Reiseleiter, Reiseleiterin
rem - Bremse
reparatie - Reparatur
reserveonderdelen - Ersatzteile
reservewiel - Reserverad
retourtje - Rückfahrkarte
rib - Rippe
richting - Richtung
riem - Gurt, Gürtel, Sicherheitsgurt
rijbewijs - Führerschein
rijden - fahren, reiten
rijp - reif
rijst - Reis
ring - Ring
risico - Risiko
rit - Fahrt, Ritt
ritssluiting - Reißverschluß
rivier - Fluß
Rode-Kruispost - Rote-Kreuz-Station
roeiboot - Ruderboot
roeien - rudern
roeiriemen - (Ruder)Riemen
roepen - rufen
roer - Ruder
roest - Rost
roesten - rosten
rok - Rock
roken - rauchen
roltrap - Rolltreppe
rond - rund, um ... herum
rondrit, rondvaart - Rundfahrt
rondweg - Umgehungsstraße
rood - rot
rookcoupé - Raucherabteil
room - Sahne
roos - Schuppen, Rose
roosteren - rösten
rot - faul
rots - Felsen
route - Route, Strecke
rug - Rücken
rugzak - Rucksack
ruilen - tauschen
rundvlees - Rindfleisch
rusten - ruhen
rustig - ruhig, still
ruw - rauh
ruzie - Streit

S

salade - Salat
salaris - Gehalt
samen - zusammen
sap - Saft
saus - Soße
schaafwond - Schürfwunde
schaap - Schaf
schaar - Schere
schade - Schaden
schaduw - Schatten
schakelen - schalten
schaken - Schach spielen
scheef - schief
scheepvaart - Schiffahrt, Seefahrt
scheerapparaat - Rasierapparat
scheerlijn - Scherleine
scheermesje - Rasierklinge
schelp - Muschel
schep - Schaufel, Schippe, Löffelvoll, Schaufelvoll

scheren - rasieren
scherp - scharf
scherven - Scherben
scheur - Riß
scheuren - zerreißen
schilderij - Gemälde
schip - Schiff
schoen - Schuh
schoenlepel - Schuhanzieher
schoenmaker - Schuster, Schuhmacher
schoensmeer - Schuhcreme
schoenveter - Schnürsenkel
school - Schule
schoon - sauber
schoonmaken - säubern, saubermachen
schotel - Schüssel, Untertasse
schouder - Schulter
schroef - Schraube
schroevendraaier - Schraubenzieher
schroeven - schrauben
schuld - Schulden
schuldig - Schuld
seizoen - Saison
serveerster - Serviererin
serveren - servieren
servetje - Serviette
sieraad - Schmuck (stück)
sigaret - Zigarette
sinaasappel - Apfelsine
sinaasappelsap - Apfelsinensaft,
sla - Kopfsalat
slaap - Schlaf
slaapwagen - Schlafwagen
slaapzak - Schlafsack
slachten - schlachten
slager - Schlachter, Fleischer,
slagerij - Schlachterei, Fleischerei
slagroom - Schlagsahne
slak - Schnecke
slang - Schlauch, Schlange
slap - schlaff
slecht - schlecht
slechthorend - schwerhörig
slecht ter been zijn - gehbehindert sein
slechtziend - sehbehindert, sehschwach
sleepkabel - Abschleppseil
sleepwagen - Abschleppwagen
slepen - abschleppen
sleutel - Schlüssel
sleutelgat - Schlüsselloch
slijm - Schleim
slingeren - schleudern
slipje - Schlüpfer
slippen - ins Schleudern kommen
sloot - Graben
slot - Schloß
sluis - Schleuse
sluiten - schließen
sluitingstijd - Geschäftsschluß
smal - schmal
smeermiddel - Schmiermittel
smeren - schmieren
smerig - schmutzig
snee - Schnitte, Schnittwunde
sneeuw - Schnee
snel - schnell, rasch
snelheid - Geschwindigkeit
sneltrein - Eilzug
snoepgoed - Süßigkeiten
snoer - Schnur
snor - Schnurrbart
soda - Soda
sodawater - Sodawasser
soep - Suppe
sok - Socke
soort - Art, Gattung, Sorte
souvenir - Andenken, Souvenir
spannend - spannend
spanning - Spannung
specialist - Spezialist
speelgoed - Spielzeug
speelplaats - Spielplatz
spek - Speck
speld - Stecknadel

spelen - spielen
spellen - buchstabieren
spelletje - Spiel
spiegel - Spiegel
spier - Muskel
spierpijn - Muskelkater
spijker - Nagel
spijsvertering - Verdauung
spin - Spinne
spiritus - Spiritus
splinter - Splitter
spoed, met - schnell, eilig, schleunig
spoedbehandeling - Sofortbearbeitung
spoedgeval - dringender Fall
spoedig - bald
spons - Schwamm
spoorboekje - Taschenfahrplan
spoorbomen - Schranken
spoorkaartje - Fahrkarte
spoorwegen - Eisenbahn
spoorwegovergang - Bahnübergang
sport - Sport
spreekkamer - Sprechzimmer
spreekuur - Sprechstunde
springen - springen
springplank - Sprungbrett
spuwen - spucken
staal - Stahl, Muster
staan - stehen
staan op - bestehen auf
stad - Stadt
stadhuis - Rathaus
stal - Stall
stallen - unterstellen
standbeeld - Statue
stank - Gestank
starten - anfangen, beginnen, anlassen
statief - Stativ
statiegeld - Pfandgeld
station - Bahnhof
steeds (meer) - immer (mehr)
steen - Stein
steenpuist - Furunkel
steenslag - Steinschlag
steil - steil
stekker - Stecker
stelpen - stillen
stem - Stimme
stemmen - wählen, stimmen
stempel - Stempel
stempelen - stempeln
sterk - stark, kräftig
sterkte - Kraft, Stärke
stevig - kräftig
stijf - steif
stil - still, ruhig
stilte! - Ruhe!
stinken - stinken
stoel - Stuhl
stoep - Stufe, Gehsteig
stof - Stoff, Staub
stok - Stock
stomerij - Reinigung
stop - Sicherung
stop! - halt!
stopcontakt - Steckdose
stoplicht - Ampel
stoppen - anhalten
stoptrein - Bummelzug
storen - stören, hindern
storm - Sturm
straat - Straße
strak - straff
straks - bald, gleich, nachher
straks!, tot - bis nachher!
strand - Strand
strandstoel - Strandkorb
streek - Gegend, Region
streekgerecht - regionales Gericht
streekwijn - regionaler Wein
strijken - bügeln, streichen
strijkijzer - Bügeleisen
strijkplank - Bügelbrett
stromen - fließen, strömen

stromend water - fließendes, Wasser
stroming, stroom - Strömung, Strom
struik - Strauch
student - Student, Studentin
studeren - studieren
studie - Studium
stuk - Teil, Stück, defekt, kaputt
stuur - Lenkrad, Lenker, Ruder
suiker - Zucker
suikerpot - Zuckerdose
suikerziekte - Diabetes
supermarkt - Supermarkt

T

taai - zäh
taal - Sprache
taalgids - Sprachführer
taart - Torte
taartje - Törtchen
tabak - Tabak
tabakswinkel - Tabaksladen
tafel - Tisch
tafelkleedje - Tischdecke
tak - Ast, Zweig
tam - zahm
tampon - Tampon
tand - Zahn
tandarts - Zahnarzt
tandenborstel - Zahnbürste
tandpasta - Zahncreme
tang - Zange
tank - Tank
tanken - tanken
tankstation - Tankstelle
tarief - Gebühr
tas(je) - Tasche (Täschchen)
taxistandplaats - Taxistand
te - zu, zuviel, in
teen - Zehe
tegelijkertijd - zugleich
tegen - gegen
tegenover - gegenüber
tegenstander - Gegner, Gegnerin
tegenwoordig - gegenwärtig
tegoedbon - Gutschein
teken - Zeichen
tekenen - zeichnen, unterschreiben
tekening - Zeichnung
telefoon - Telefon
telefoonboek - Telefonbuch
telefooncel - Telefonzelle
telefoonkaart - Telefonkarte
telefoonnummer - Telefonnummer
telefoneren - telefonieren
telegram - Telegramm
televisie - Fernseher
temperatuur - Temperatur
tennisbaan - Tennisplatz
tennissen - Tennis spielen
tent - Zelt
tentharing - Zelthäring
tentoonstelling - Ausstellung
terras - Terasse
terug - zurück
terugreis - Rückkehr, Rückreise
tevreden (met) - zufrieden sein (mit)
thermometer - Thermometer
thermoskan - Thermosflasche
thuis - zu Hause
thuiskomst - Heimkehr
tijd - Zeit
tijdperk - Zeitalter
tijdschrift - Zeitschrift
tocht - Zugluft, Ausflug
tocht, het - es zieht
toegang - Eintritt, Zugang
toegangshek - Absperrgitter
toegangskaartje - Eintrittskarte
toeslag - Zuschlag
toestaan - erlauben
toestemming - Einwilligung, Genehmigung
toilet - Toilette, WC
toiletpapier - Toilettenpapier
tolk - Dolmetscher
tomaat - Tomate

toneel - Bühne
toneelvoorsteling - Theatervorstellung
tonen - vorzeigen
tong - Zunge
toosten - einen Toast ausbringen
top - Gipfel
toren - Turm
touw - Tau
trap - Treppe, Tritt
trein - Zug
treinkaartje - Zugfahrkarte
trekken - ziehen, wandern
trekkershut - Wanderhütte
trommel - Trommel, Blechdose
trui - Pullover
tuin - Garten
tunnel - Tunnel
tussen - zwischen
tweedehands - gebraucht
tweeling - Zwilling
tweepersoonsbed - Doppelbett
tweepersoonskamer - Doppelzimmer

U

ui - Zwiebel
uit - aus
uitgaan - ausgehen
uitgang - Ausgang
uitkijken - ausschauen
uitlenen - verleihen
uitrusten - ausruhen, ausrüsten
uitrusting - Ausrüstung
uitspraak - Aussprache, Urteil
uitstapje - Ausflug
uitstekend - vortrefflich, herausragend
uitstel - Aufschub
uitverkoop - Ausverkauf
uitwendig - äußerlich
uitwijken - ausweichen
uitzicht op - Aussicht auf
uitzien op - ausschauen auf
uur - Stunde
uurwerk - Uhrwerk

V

vaak - oft
vaartuig - Fahrzeug
vaas - Vase
vader - Vater
vakantie - Ferien, Urlaub
val - Falle, Fall
valhelm - Sturzhelm
vallen - fallen
van - von, aus
vanaf - ab, von ... an
vandaag - heute
varen - fahren
varken(svlees) - Schwein(efleisch)
vast - fest
vasten - fasten
vastentijd - Fastenzeit
vasthouden - festhalten
vastmaken - befestigen
vee - Vieh
veehouder - Viehhalter
veel, (te) - (zu) viel
veemarkt - Viehmarkt
veer - Feder
veerboot - Fähre
vegen - fegen
vegetarisch - vegetarisch
veilig - sicher
veiligheid - Sicherheit
veiligheidsgordel - Sicherheitsgurt
veiligheidsspeld - Sicherheitsnadel
veld - Feld
veldfles - Feldflasche
ver - weit, fern
veranderen - verändern
verantwoordelijk - verantwortlich
verbaasd - erstaunt
verband - Verbindung
verband met, in - zusammenhängen mit
verband(gaas) - Verband(mull)
verbandkist - Verbandkasten
verbazing - Erstaunen

verbinden - verbinden
verblijfplaats - Aufenthaltsort
verblijfsvergunning - Aufenthaltsgenehmigung
verblinden - blenden
verbod - Verbot
verboden te - ... verboten
verbranden - verbrennen
verder - weiter
verdergaan - weitergehen
verdwalen - sich verirren
verf - Farbe
verfkwast - Anstreichpinsel
vergeten - vergessen
vergezellen - begleiten
vergezeld van - begleitet von
vergiftiging - Vergiftung
vergissen, zich - sich irren
vergissing - Irrtum
vergoeding - Entschädigung
vergroting - Vergrößerung
vergunning - Genehmigung
verhuizen - umziehen
verhuren - vermieten
verhuurbedrijf - Verleihbetrieb
verhuurd - vermietet
verjaardag - Geburtstag
verkeer - Verkehr
verkcerd - falsch
verkeersbord - Verkehrsschild
verkering hebben - eine Beziehung haben mit
verkopen - verkaufen
verkoper - Verkäufer, Verkäuferin
verkouden - erkältet
verkoudheid - Erkältung
verlaten - verlassen, öde
verleden - Vergangenheit
verleden week - vorige Woche
verlichten - beleuchten, erleichtern
verlies - Verlust
verliezen - verlieren
verloofde - Verlobter, Verlobte
verloving - Verlobung
verlopen - ungültig
verloren - verloren
verminderen - vermindern
verpleger - Krankenpfleger, Krankenpflegerin
verplicht - verpflichtet
verrassing - Überraschung
vers - frisch, Vers
verschil - Unterschied
verschillend - unterschiedlich
versiering - Verzierung
versleten - verschlissen
versnelling - Beschleunigung, Gangschaltung
versperring - Sperre
verstaan - begreifen, verstehen
verstellen - ändern
verstopping - Verstopfung
verstopt - versteckt, verstopft
vertalen - übersetzen
vertaling - Übersetzung
verte, in de - in der Ferne
vertraging - Verspätung
vertrek - Zimmer, Raum, Abfahrt
vertrekken - abfahren
vervangen - auswechseln
verwachten - erwarten
verwachting - Erwartung
verwachting, in - schwanger sein
verwarming - Heizung
verwisseld - verwechselt
verwonding - Verletzung
verzekeren - versichern
verzekering - Versicherung
verzekeringsmaatschappij - Versicherungsgesellschaft
verzekeringspolis - Versicherungspolice
verzenden - versenden
verzoek - Bitte
verzoeken - bitten

vest - Weste
vestigen - sich niederlassen
vesting - Festung
vet - fettig, Fett
viaduct - Überführung
vierkant - Viereck, Quadrat
vies - schmutzig
vijl - Feile
vinden - finden
vis - Fisch
visitekaartje - Visitenkarte
visser - Fischer
Vlaams - flämisch
Vlaanderen - Flandern
Vlaming - Flame, Flämin
vlag - Fahne
vlak - flach
vlakbij - nahebei
vlakte - Ebene
vlam - Flamme
vlees - Fleisch
vleeswaren - Fleischwaren
vlek - Fleck
vlekkenmiddel - Fleckenwasser
vlieg - Fliege
vliegen - fliegen
vliegtuig - Flugzeug
vliegveld - Flughafen
vlo - Floh
vloed - Flut
vloedgolf - Flutwelle
vloeien - fließen
vloeistof - Flüssigkeit
vloer - Fußboden
vlooienmarkt - Flohmarkt
vlucht - Flug, Flucht
vluchteling - Flüchtling
vluchtig - flüchtig
vlug - schnell
vocht - Feuchtigkeit
vochtig - feucht
vochtwerend - imprägniert
voedsel - Nahrung
voelen - fühlen
voet - Fuß
voetbal - Fußball
voetbalstadion - Fußballstadion
voetganger - Fußgänger, Fußgängerin
voetpad - Fußweg
vogel - Vogel
vol - voll, besetzt
volgen - folgen
volgend - nächster, nächste, nächstes
volk - Volk
volkorenbrood - Vollkornbrot
volkskunst - Volkskunst
volkslied - Volkslied
volledig - vollständig
vonk - Funke
voor - für, vor
vooraan - vorn
vooraanstaand - führend
voorbehoedsmiddel - Verhütungsmittel
voorbij - vorbei, vorüber
voorhoofd - Stirn
voorkant - Vorderseite
voornaam - Vorname, bedeutend
voorrang verlenen - Vorfahrt geben
voorrangsweg - Vorfahrtsstraße
voorstel - Vorschlag
voorstellen - darstellen, vorstellen
voorstelling - Aufführung, Darstellung
voortdurend - andauernd
voortmaken - sich beeilen
voortreffelijk - vorzüglich
vooruit - voran
vooruit! - vorwärts!
voorwaarde - Bedingung
voorwaardelijk - bedingt
voorzichtig! - Vorsicht!
vorige week - letzte Woche
vork - Gabel
vorm - Form
vorst - Fürst, Frost

vraag - Frage
vragen - fragen, bitten
vreemd - fremd, merkwürdig
vreemdeling - Fremder, Fremde
vreemdelingendienst - Fremdenpolizei
vriend - Freund, Freundin
vriendelijk - freundlich
vrij - frei
vrijen - schmusen
vrijgezel - Junggeselle
vrijheid - Freiheit
vroeg - früh
vroeger - früher
vrouw - Frau, Ehefrau
vrucht - Frucht
vruchtensap - Fruchtsaft
vuil - schmutzig
vuilnisbak - Mülleimer
vuilnisman - Müllfahrer
vulkaan - Vulkan
vullen - füllen
vuur - Feuer
vuurwerk - Feuerwerk

W

waar - wo, wahr
waar, het is - es ist wahr
waarde - Wert
waardeloos - wertlos
waarheen - wohin
waarheid - Wahrheit
waarom - worum, warum, weshalb
waarschuwen - warnen, verständigen
waarschuwing - Warnung
wachten - warten
wachtkamer - Wartezimmer
wagen - wagen, Wagen
wagenziekte - Reisekrankheit
wal - Wall
wandelen - wandern, spazieren gehen
wandeling - Wanderung, Spaziergang
wang - Wange
wanneer - wann, wenn
warenhuis - Kaufhaus
warm - warm
warmte - Wärme
wasautomaat - Waschmaschine
wasbenzine - Waschbenzin
wapen - Waffe, Wappen
wasgoed - Wäsche
wasknijper - Wäscheklammer
waslijn - Wäscheleine
wasmiddel - Waschmittel
wasruimte - Waschraum
wassen, (zich) - (sich) waschen
wat - was, welcher, welche, welches,
water - Wasser
watersport - Wassersport
waterskiën - Wasserski laufen
watje - Wattebausch
w.c. - Toilette, WC
wedstrijd - Wettkampf, Spiel
week - weich, Woche
weekeinde - Wochenende
weer - wieder, Wetter
weerbericht - Wetterbericht
weg - weg, fort
weg! - verschwinde!
wegdek - Straßendecke
wegen - wiegen
wegenkaart - Straßenkarte
wegenwacht - Pannenhilfe
weggaan - weggehen
wegomlegging - Umleitung
wegsplitsing - Weggabelung
wegwijzer - Wegweiser
weigeren - weigern
weinig - wenig
wekken - wecken
wekker - Wecker
wèl - wohl, doch
welk(e) - welcher, welche, welches
welkom! - Willkommen!
welterusten! - gute Nacht!
wens - Wunsch

wensen - sich wünschen, wünschen
wereld - Welt
werk - Arbeit, Job
werken - arbeiten, funktionieren
werkgever - Arbeitgeber, Arbeitgeberin
werknemer - Arbeitnehmer, Arbeitnehmerin
wesp - Wespe
westen - Westen
weten - wissen
wie - wer
wieg - Wiege
wiel - Rad
wijd - weit
wijk - Bezirk
wijn - Wein
wijnboer - Winzer, Winzerin
wijngaard - Weinberg
wijnkaart - Weinkarte
wijnkelder - Weinkeller
wijzen - zeigen
wijzigen - verändern
wijziging - Veränderung
wild - wild
willen - wollen
wind - Wind
windkracht - Windstärke
windscherm - Windschirm
windvaan - Wetterfahne
winkel - Laden, Geschäft
winkelcentrum - Einkaufszentrum
winkelwagentje - Einkaufswagen
winter - Winter
wisselen - wechseln
wisselkantoor - Wechselstube
wol - Wolle
wond - Wunde
wonen - wohnen
woord - Wort
worst - Wurst
wortel - Wurzel, Karotte, Möhre
wrijven - reiben

Y

ij... zie onder i...
yoghurt - Joghurt

Z

zaad - Samen
zacht - weich, leise
zade - Sattel
zak - Tüte, Tasche
zakdoek - Taschentuch
zaklantaarn - Taschenlampe
zakmes - Taschenmesser
zalf - Salbe
zand - Sand
zebra(pad) - Zebra (streifen)
zee - Meer
zeef - Sieb
zeem - Lederlappen
zeep - Seife
zeer - sehr
zeer doen - weh tun
zeevis - Seefisch
zeewater - Seewasser
zeeziek - seekrank
zeggen - sagen
zeil - Plane, Segel
zeildoek - Segeltuch
zeiljack - Segeljacke
zeiljacht - Segeljacht
zeilsport - Segelsport
zeker - sicher, gewiß
zekerheid - Sicherheit
zekering - Sicherung
zelden - selten
zeldzaam - selten
zelf - selbst, selber
zelfde - derselbe, dieselbe, dasselbe
zelfs - sogar
zenden - senden, schicken
zicht - Sicht
zicht op - Aussicht auf
zichtbaar - sichtbar
ziek - krank

ziekenauto - Krankenwagen
ziekenfonds - Krankenkasse
ziekenhuis - Krankenhaus
ziekte - Krankheit
ziektekostenverzekering - Krankenversicherung
zien - sehen
zijde - Seite
zijdelings - indirekt
zijstraat - Nebenstraße
zilver - Silber
zin - Lust, Satz, Sinn
zindelijk - stubenrein
zinloos - sinnlos
zinvol - sinnvoll
zitplaats - Sitzplatz
zitten - sich befinden, sitzen
zo - so
zoeken naar - suchen nach
zoekraken - verlorengehen
zoen - Kuß
zoet - süß, lieb, brav
zoetjes - Süßstoff
zoetwater - Süßwasser
zoetzuur - süßsauer
zolder - Dachboden
zomer - Sommer
zomertijd - Sommerzeit
zon - Sonne
zonnebaden - sich sonnen
zonnebrand - Sonnenbrand
zonnebrandcrème - Sonnencreme
zonnebrandolie - Sonnenöl
zonnebril - Sonnenbrille
zonnescherm - Sonnenschirm
zonnesteek - Sonnenstich
zool - Sohle
zoon - Sohn
zorgen voor - versorgen, sorgen für
zout - Salz
zoutarm - salzarm
zoutloos - salzlos, fade
zoutpan - Salzpfanne
zuiden - Süden
zuinig - sparsam
zuiver - rein
zuiveringszout - Speisesoda
zuster - Schwester, Krankenschwester
zuur - sauer
zwaar - schwer, schlimm, gewichtig
zwager - Schwager
zwak - schwach
zwanger - schwanger sein
zwangerschap - Schwangerschaft
zwart - schwarz
zweer - Geschwür
zweet - Schweiß
zwembad - Schwimmbad
zwembroek - Badehose
zwemmen - schwimmen
zwemvest - Schwimmweste

Niederländische abkürzungen

afd.	afdeling	Abteilung
afz.	afzender	Absender
ANWB	----	Schwesterorganisation des ADAC/ÖAMTC/TCS
a.s.	aanstaande	nächst, kommend
a.u.b.	alstublieft	bitte
B, BG, P	begane grond	(im Fahrstuhl:) Erdgeschoß
betr.	betreft, betreffend	betreffend
b.g.g.	bij geen gehoor	wenn sich niemand meldet
blz., pag.	blad(zijde), pagina	Seite
BRT	Belgische Radio en Televisie	belgische Rundfunk- und Fernsehanstalt
BTW	Belasting Toegevoegde Waarde	Mehrwertsteuer
b.v., bijv.	bijvoorbeeld	zum Beispiel
B.V., b.v.	besloten vennootschap	GMBH
dhr.	de heer	Herr
dr.	doctor	Doktor/Arzt
drs.	doctorandus	niederländisches Äquivalent des Magistertitels
ds.	dominee	Pastor
d.w.z.	dat wil zeggen	das heißt
EG	Europese Gemeenschap	Europäische Gemeinschaft
EHBO	Eerste Hulp bij Ongelukken	Erste Hilfe bei Unfällen
ENFB	Eerste Nederlandse Fietsersbond	Erster niederländischer Fahrradklub
enz.	enzovoort(s)	usw.
excl.	exclusief	exklusiv
***f*, fl.**	----	Gulden
fa.	firma	Firma
ing.	ingenieur	Ingenieur
inz.	inzake	bezüglich
i.p.v.	in plaats van	statt
ir.	ingenieur	Ingenieur
j.l.	jongstleden	am letzten (vorigen)
K	kelder	Keller (im Aufzug)
KLM	Koninklijke Luchtvaart Maatschappij	Königliche Luftverkehrsgesellschaft (niederländische Fluggesellschaft)
km/u	kilometer per uur	Stundenkilometer

KNAC	Koninklijke Nederlandse Automobiel Club	Königlicher niederländischer Automobilclub
m.a.w.	met andere woorden	anders gesagt
mevr.	mevrouw	Frau
m.i.v.	met ingang van	von ... an
mr.	meester	Volljurist
m.u.v.	met uitzondering van	ausgenommen
NBT	Nederlands Bureau voor Toerisme	niederländisches Fremdenverkehrsamt
nl.	namelijk	nämlich
NMBS	Nationale Maatschappij der Belgische Spoorwegen	belgische Eisenbahngesellsch
NOS	Nederlandse Omroep Stichting*	niederländische Rundfunkstift
NS	Nederlandse Spoorwegen	niederländische Eisenbahngesellschaft
n.v.	naamloze vennootschap	Aktiengesellschaft
n.v.t.	niet van toepassing	nicht zutreffend
o.a., o.m.	onder andere(n), onder meer	unter anderem
p/a	per adres	per Adresse
s.v.p.	s'il vous plaît	bitte
t.a.v.	ter attentie van	zu Händen
t.a.v.	ten aanzien van	in Bezug auf
TCB	Touring Club van België	belgischer Automobilclub
t/m	tot en met	bis ... einschließlich
t.o.	tegenover	gegenüber
v.a.	vanaf	ab
VN	Verenigde Naties	Vereinte Nationen
VTB	Vlaamse Toeristenbond	flämische Schwesterorganisation des ADAC/ÖAMTC/T
VVV	Vereniging voor Vreemdelingenverkeer	Fremdenverkehrsverein
zg., zgn.	zogenaamd	sogenannt
z.o.z.	zie ommezijde	bitte wenden

* In den Niederlanden gibt es keine koordinierende öffentlich-rechtliche Rundfunk- u Fernsehanstalt. Rundfunkanstalten, die eine bestimmte Meinung oder Gesellschaftsgruppe vertreten und Mitglieder werben, können eine Sendeerlaubnis bekommen, z.B. AVRO (liberal), Vara (sozialistisch), EO und NCRV (protestantisch), KR((katholisch), IOS (islamitisch), oder auch Rundfunkanstalten die weniger festgelegt sir (TROS). Die Sendezeit dieser Rundfunkanstalten ist von ihrer Mitgliederzahl abhängig. Nachrichten werden von einer unabhängigen Stiftung ohne Mitglieder produziert (NO Sowohl in den Niederlanden (RTL-4, RTL-5, Veronica, SBS-6, Fox, usw.) als auch in Belgien (VTM) gibt es kommerzielle Privatsender und Regionalsender.